나는
기도라

정순혁 지음

humilitas
후밀리타스

차례

2부. 경험에 의하면

서문

"나는 사랑하나 그들은 도리어 나를 대적하니 나는 기도할 뿐이라"

(시 109:4)

시편 109편은 억울한 일을 당한 사람의 기도입니다. 잘못이 없는데 고발을 당해 억울한 사람이 자신의 심정을 하나님께 아뢰는 기도입니다. 그래서 이 시는 험한 저주를 담고 있습니다. 그런데 히브리어 원문을 보면 4절 후반부에 약간 미스터리한 말씀이 있습니다. '나는 기도라'는 표현입니다. 시편 109:4를 직역하면 '나는 사랑하나 그들은 도리어 나를 대적한다. 그러나 나는 기도라' 이런 뜻입니다. 『개역성경』의 번역처럼 '나는 기도할 뿐이라'가 아니라 단순히 '나는 기도라'고 되어 있습니다.

그래서 4절 번역에 곤란을 겪습니다. 『개역성경』은 '나는 기도할 뿐이라'고 번역했습니다. 『쉬운 성경』은 '나는 기도의 사람이라'고 번역했습니다. 한 개신교 영어 성경은 '나는 그들을 위해 기도하노라'고 번역했습니다.(Revised Standard Version) 한 가톨릭 영어 성경은 '내가 할 수 있는 일은 기도뿐이라'고 번역했습니다.(The New Jerusalem Bible) 한 유대교 영어 성경은 '나는 심판을 받아야 한다'라고 번역했습니다. 그러면서 '그러나 나는 모든 기도라'는 해석도 가능하다는 주(注)를 달았습니다. 그리

고 원문의 의미가 불확실하다는 설명을 덧붙였습니다.(Tanakh: the Holy Scripture)

"나는 기도라"(*ani t'phila*, 아니 트필라)

저는 시편 109:4 후반부를 글자 그대로 '나는 기도라'고 번역하고 싶습니다. 여기에 시인의 간절한 심정과 순전(純全)한 믿음이 들어있다고 믿기 때문입니다. 저는 이 표현에 시인의 간절함과 굳센 믿음이 들어있다고 생각합니다. 시인은 너무 억울합니다. 그렇지만 기도 밖에 할 수 있는 일이 없습니다. 그래서 기도 그 자체가 되고 싶은 것입니다. 저는 '나는 기도라'는 표현이 정말 힘들고 어려울 때 '나는 오직 기도로 구원을 얻으리라'는 믿음을 토로한 것이라고 믿습니다. 시인은 간절하고 순전한 믿음을 '나는 기도라'고 표현한 것입니다. 저는 이 표현을 글자 그대로 받아들이고 싶습니다.

'당신을 영원히 사랑해'라는 고백은 서로가 죽지 않을 것이라는 말이 아닙니다. '나와 당신은 죽지 않아, 영원히 살면서 서로 사랑할 거야'라는 뜻이 아닙니다. '당신을 진심으로 사랑한다, 이 사랑이 변치 않을 것을 약속한다'는 뜻입니다. '나는 기도라'는 표현이 그렇습니다. '저는 오직 기도할 뿐입니다. 하나님만 의지하고 소망하오니 저를 불쌍히 여기소서. 제게 자비를 베푸소서' 이런 뜻입니다. 고난에 처한 시인의 간절하고 순전한 믿음의 표현입니다.

한편, '나는 기도라'는 말씀은 기도의 사람이 되라는 권면입니다. '내가 기도가 되면' 하나님의 사랑을 체험할 수 있습니다. 그리스도의 은혜를 체험할 수 있습니다. 성령의 도우심을 체험할 수 있습니다. '내가 기도가 되면' 믿음, 소망, 사랑의 사람이 될 수 있습니다. 소망을 이루고 풍성한 은혜를 누릴 수 있습니다. '내가 기도가 되면' 하나님의 기쁨이 될 수 있습니다.

　이 말씀은 또한 기도의 사명자가 되라는 명령입니다. '내가 기도가 되면' 세상의 소금과 빛이 될 수 있습니다. 가정과 이웃, 교회와 사회를 살릴 수 있습니다. '내가 기도가 되면' 세상의 복이 될 수 있습니다. 가정과 이웃, 교회와 세상에 하나님의 사랑과 은혜를 전할 수 있습니다. 가정과 이웃, 교회와 사회는 그런 기도의 사명자가 필요합니다. '내가 기도가 되면' 그런 사명을 감당할 수 있습니다.

　　"새벽 아직도 밝기 전에 예수께서 일어나 나가 한적한 곳으로 가사 거기서 기도하시더니"(막 1:35)
　　"이때에 예수께서 기도하시러 산으로 가사 밤이 새도록 하나님께 기도하시고"(눅 6:12)

　저는 젊어서 기도에 관해 두 번 무서운 잘못을 저질렀습니다. 그것은 사람의 말을 듣고 따른 잘못입니다. 한 번은 죽고 사는 문제를 놓고도 기도하지 않았다는 말이었습니다. 바쁘신 하나님을 귀찮게 해드리고 싶지 않았다는 이유였습니다. 저는 그 사람의 말에 크게 감동했습니다. 저도 그런 믿음을 가지고 싶었습니다. 그래서 기도하지 않았습니다. 다른 한 번은 삶이 곧 기도라는 말이었습니다. 열심히 사는 게 곧 기도라고 하면서 학생은 공부가 기도라고 했습니다. 저는 그 말에 격하게 공감했습니다. 그래서 열심히 공부한다는 이유로 기도하지 않았습니다. 그러면서 저는 신학교 입학 후 약 20년 동안 기도하지 않고 살았습니다.

　저는 그때 그런 말이 성경에 있는지 살펴보아야 했습니다. 그랬다면 그런 말이 성경에 없음을 알았을 것입니다. 그런 말이 하나님의 말씀이 아니라 사람의 말이라는 사실을 알았을 것입니다. 그랬으면 기도하지 않고 사는 죄를 빨리 벗어났을 것입니다. 믿는 자는 반드시 성경의 기도를 알아야 합니다. 그리고 항상 기도하며 살아야 합니다. 예수님도 열심히 기도하셨습니다.(막 1:35, 눅 6:12) 사람은 말할 필요도 없습니다.

> "사랑하는 자들아 너희는 너희의 지극히 거룩한 믿음 위에 자신을 세우며 성령으로 기도하며"(유 1:20)

이 책은 기도의 입문서입니다. 기도를 소개하고 설명하면서 기도를 권면하는 책입니다. 이 책은 기도의 깊은 경지를 체험한 사람이 기도의 신비를 밝히는 책이 아닙니다. 저는 그런 경험이 없으며 그런 책을 쓸 수 있는 능력이 없습니다. 저는 한 때 '이렇게 기도하지 않는 목사는 처음 봤다'라는 말을 들은 사람입니다. 이제 조금 나아진 정도입니다.

믿는 자 중에 기도해야 하는데 기도하지 않는 사람이 있습니다. 기도하고 싶은데 기도하지 못하는 사람도 있습니다. 기도를 오해하는 경우도 있습니다. 엉뚱한 기도, 잘못된 기도를 하는 경우도 있습니다. 이 책은 그런 사람들을 돕기 위한 책입니다. 유다서 1:20에 '지극히 거룩한 믿음 위에 자신을 세우며 성령으로 기도하라'고 권면하는 말씀이 있습니다. 이 책은 믿는 자들이 모두 그렇게 되기를 소망하는 책입니다.

바쁘신 중에 이 책의 출판을 도와주신 '후밀리타스' 출판사의 장성환 목사님의 사랑과 수고에 감사합니다. 창의진 교회 성도님들의 기도와 격려에 감사합니다. 함께 기도했던 밴쿠버 주훈교회 성도님들의 섬김에 감사합니다. 그리고 늘 기도와 재정으로 도우시는 강남교회 성도님들과 가족들의 사랑에 감사합니다. 무엇보다 이 모든 일들을 주관하시는 하나님의 은혜와 섭리를 찬양합니다.

2024년 6월 정순혁 목사

· 1부 ·

성경에 따르면

1장.
기도란 무엇인가(기도의 본질)

1. 하나님께 간구

• 삼위일체 하나님과 기도의 본질

"나의 기도가 주의 앞에 분향함과 같이 되며 나의 손 드는 것이 저녁 제사 같이 되게 하소서"(시 141:2)

"그 두루마리를 취하시매 네 생물과 이십사 장로들이 그 어린 양 앞에 엎드려 각각 거문고와 향이 가득한 금 대접을 가졌으니 이 향은 성도의 기도들이라"(계 5:8)

"또 다른 천사가 와서 제단 곁에 서서 금 향로를 가지고 많은 향을 받았으니 이는 모든 성도의 기도와 합하여 보좌 앞 금 제단에 드리고자 함이라"(계 8:3)

"향연이 성도의 기도와 함께 천사의 손으로부터 하나님 앞으로 올라가는지라"(계 8:4)

기도란 무엇입니까? 무엇이 기도의 본질입니까? 기도를 어떻게 정의해야 합니까? 존 번연(1628-1688)은 '자주 기도하라. 기도는 영혼의 방패, 하나님께 대한 희생, 사탄에 가해지는 채찍이기 때문이다'라는 말을 했습니다.(『1001가지 기독교 명언』, 론 로즈, 정옥배 역, 디모데, 2012, 59쪽) 이는 그의 체험에서 나온 말일 것입니다. 존 번연은 기도를 통해 유혹을 이겼습니다. 자기 십자가를 지는 삶을 살았습니다. 그리고 사탄과 싸워 이겼습니다. 그런 체험에 기초해서 기도를 그렇게 정의한 것입니다.

기도에 대한 체험적 정의가 있습니다. '기도는 영혼의 양식이다, 하나님과의 대화다, 영혼의 호흡이다, 하나님과의 행복한 교제다, 기도란 지금 여기서 하나님과 함께 사는 삶이다' 등과 같은 정의입니다. 기도의 경험을 통해 이런 정의를 얻은 것입니다. 이런 체험적 정의는 기도의 핵심을 전달하고 기도 이해에 도움을 줍니다. 그리고 오류가 없습니다. 경험에 기초했기 때문입니다. 그래서 기도에 대한 이런 체험적 정의를 신뢰할 수 있습니다. 그런데 이런 체험적 정의는 주로 기도의 능력과 은혜를 강조합니다. 기도하면서 기도의 능력과 은혜를 경험했기 때문입니다.

그렇지만 정말 중요한 것은 기도에 대한 성경적 정의입니다. 성경이 하나님이 원하시는 기도를 가장 바르고 정확하게 계시하기 때문입니다. 성경의 계시와 사람의 체험은 본질적 차이가 있습니다. 그것은 마치 발광체인 해와 반사체인 달이 다른 것과 같습니다. 성경의 계시는 완전하고 불변합니다. 그리고 단일합니다. 그렇지만 사람의 경험은 부분적이고 변합니다. 그리고 사람마다 다릅니다.

그래서 믿는 자는 먼저 성경이 가르치는 기도를 알아야 합니다. 성경이 말하는 기도의 본질과 이유와 내용과 방법을 알아야 합니다. 그래야 성숙한 기도를 할 수 있습니다. 성경의 계시를 따라야 하나님이 원하시는 기도를 할 수 있습니다. 성령의 도우심을 받을 수 있습니다. 기도의 진정한 능력과 신령한 은혜를 체험할 수 있습니다. 마귀의 유혹을 이길 수 있습니다. 사람의 악한 본성을 극복할 수 있습니다. 기도하는 자는 반드시 성경의 기도를 배워야 합니다.

기도는 하나님께 올려드리는 향입니다.(시 141:2, 계 5:8, 8:3, 4) 그래서 기도는 온전하고 순결하고 거룩해야 합니다. 성경의 기도를 알아야 그렇게 기도할 수 있습니다. 예수님의 기도를 배워야 그렇게 기도할 수 있습니다. 이것이 기도에 대한 성경적 정의를 알아야 하는 이유입니다. 기도에 대한 성경적 정의가 개인의 체험적 정의보다 훨씬 더 중요합니다.

> "그러므로 너희는 이렇게 기도하라 하늘에 계신 우리 아버지여 이름
> 이 거룩히 여김을 받으시오며"(마 6:9)
> "너희가 내 이름으로 무엇을 구하든지 내가 행하리니 이는 아버지로
> 하여금 아들로 말미암아 영광을 받으시게 하려 함이라"(요 14:13)
> "모든 기도와 간구를 하되 항상 성령 안에서 기도하고 이를 위하여 깨
> 어 구하기를 항상 힘쓰며 여러 성도를 위하여 구하라"(엡 6:18)

성경은 기도를 '사람의 일을 성령 안에서 예수 이름으로 하나님께 간구하는 것'이라고 가르칩니다.(마 6:9, 요 14:13, 엡 6:18) 성경은 기도를 이렇게 정의합니다. 이것이 성경이 말하는 기도의 본질입니다. 기도는 성령을 통한, 성자로 인한, 성부를 향한 사람의 간구입니다. 사람은 성령의 능력 안에서 성자의 은혜를 통해 성부께 기도합니다. 기도는 성부의 사랑과 성자의 은혜와 성령의 능력을 간구하는 것입니다.

성경의 기도는 철저하게 삼위일체 하나님과 연관되어 있습니다. 기도는 삼위일체 하나님 안에서만 가능한 일입니다. 삼위일체 하나님과 연관된 기도만이 유효합니다. 능력과 은혜를 체험할 수 있습니다. 사람의 소원은 오직 삼위일체 하나님으로 인해 기도가 됩니다.

기도는 성부 하나님께 올려드리는 것입니다.(마 6:9) 성부가 빠지면 기도가 아닙니다. 기도는 성자 이름으로 하는 것입니다.(요 14:13) 성자가 빠지면 기도가 아닙니다. 기도는 성령 안에서 하는 것입니다.(엡 6:18) 성령이 빠지면 기도가 아닙니다. 삼위일체 중에서 한 위격만 빠져도 참된 기도가 아닙니다. 하나님께서 기뻐하시는 향이 될 수 없습니다. 기도의 능력과 은혜가 없습니다.

> "그들이 섬기는 것은 하늘에 있는 것의 모형과 그림자라 모세가 장막
> 을 지으려 할 때에 지시하심을 얻음과 같으니"(히 8:5)
> "그리스도께서는 참 것의 그림자인 손으로 만든 성소에 들어가지 아
> 니하시고 바로 그 하늘에 들어가사"(히 9:24)
> "율법은 장차 올 좋은 일의 그림자일 뿐이요 참 형상이 아니므로 해마
> 다 늘 드리는 같은 제사로는 나아오는 자들을 언제나 온전하게 할 수
> 없느니라"(히 10:1)

물론 구약시대 이스라엘 백성도 하나님께 기도했습니다. 그들은 성자와 성령을 몰랐습니다. 그러므로 기도는 삼위일체 하나님과 관계가 없는 기도였습니다. 그렇지만 그들의 기도가 거짓 기도는 아니었습니다. 하나님께서 그들의 기도를 들으시고 응답하셨습니다.

그러나 그들의 기도는 율법에 기초한 것입니다. 그래서 그림자와 같은 기도였습니다.(히 8:5, 9:24, 10:1) 예수 그리스도가 오시기 전 한시적으로 유대인들에게만 인정된 기도였을 뿐입니다. 유대인 외의 다른 민족은 하나님께 기도할 수 없었습니다. 하나님께 기도할 줄 몰랐습니다.

이는 하나님께서 원하시는 기도의 진정한 모습이 아닙니다. 기도의 본질적 모습이 아닙니다. 하나님은 이 세상 모든 민족이 하나님께 기도하기를 원하십니다. 하나님께서 온 세상의 구원을 원하시기 때문입니

다. 그래서 하나님께서 두 번 이 세상에 오셨습니다. 한 번은 육신으로 오시고 한 번은 영으로 오셨습니다. 그 결과 온 세상 민족이 하나님께 기도하는 일이 가능해졌습니다. 이것이 하나님께서 원하시는 기도의 진정한 모습입니다. 참된 기도는 오직 삼위일체 하나님으로 인해 가능합니다. 삼위일체 하나님과 상관이 없는 기도는 기도가 아닙니다.

> "너희가 내 이름으로 무엇을 구하든지 내가 행하리니 이는 아버지로 하여금 아들로 말미암아 영광을 받으시게 하려 함이라 내 이름으로 무엇이든지 내게 구하면 내가 행하리라"(요 14:13-14)
> "너희가 내 안에 거하고 내 말이 너희 안에 거하면 무엇이든지 원하는 대로 구하라 그리하면 이루리라"(요 15:7)
> "지금까지는 너희가 내 이름으로 아무 것도 구하지 아니하였으나 구하라 그리하면 받으리니 너희 기쁨이 충만하리라"(요 16:24)
> "그 후에 말씀하시기를 보시옵소서 내가 하나님의 뜻을 행하러 왔나이다 하셨으니 그 첫째 것을 폐하심은 둘째 것을 세우려 하심이라"
> (히 10:9)

예수께서 잡히시던 날 저녁 제자들에게 기도에 대한 가르침을 주셨습니다. 그 핵심은 '이제부터는 내 이름으로 아버지께 구하라'는 것입니다.(요 14:13-14, 15:7, 16:23-24) 제자들은 그때까지 예수의 이름으로 기도하지 않았습니다. 그러나 이제 예수의 이름으로 하나님께 구하는 때가 온 것입니다. 기도는 예수의 이름으로 하나님께 구하는 것입니다. 이것이 기도의 본질입니다.

'이제부터는 내 이름으로만 구하라'는 예수님의 명령은 율법에 속한 유대교의 기도를 폐기하신 것입니다.(히 10:9) 유대인들의 기도는 예수 그리스도 이전에는 유효한 기도였습니다. 그러나 예수 그리스도 이후에는 아무 효력이 없습니다. 성자와 성령이 없는 기도이기 때문입니다. 유대교의 기도는 예수 그리스도 이후 무의미한 기도가 되었습니다.

> "그리하여 온 유대와 갈릴리와 사마리아 교회가 평안하여 든든히 서
> 가고 주를 경외함과 성령의 위로로 진행하여 수가 더 많아지니라"
> (행 9:31)

성령 강림 후 유대와 갈릴리와 사마리아 땅에 교회가 설립되었습니다.(행 9:31) 교회가 설립된 후 하나님은 유대인들의 기도를 더 이상 듣지 않으십니다. 삼위일체 하나님과 무관한 기도이기 때문입니다. 기도는 성령 안에서 성령 안에서 하나님께 간구하는 것입니다. 이것이 기도의 본질입니다.

나사렛 예수의 오심과 오순절 성령 강림 이후 기도는 반드시 '성령 안에서 예수의 이름으로 하나님께 간구하는 것'이 되어야 합니다. 그렇지 않은 기도는 사람의 말이나 생각일 뿐입니다. 참된 기도가 아닙니다. 하나님이 듣지 않으십니다. 하나님은 오직 삼위일체 하나님과 관계가 있는 기도만 인정하십니다.

> "우리 주 예수 그리스도의 하나님, 영광의 아버지께서 지혜와 계시의
> 영을 너희에 게 주사 하나님을 알게 하시고"(엡 1:17)

에베소서 1:15-23은 에베소 교회를 위한 바울의 기도입니다. 그중에서 에베소서 1:17에 주목할 필요가 있습니다. 삼위일체 하나님이 언급되어 있기 때문입니다. 바울은 여기서 삼위일체 하나님을 중심으로 기도하고 있습니다. 바울의 이 기도가 기도의 핵심을 잘 가르칩니다.

사람이 성부 하나님께 기도하는 이유는 하나님이 유일하신 신이

기 때문입니다. 하나님만 사람의 기도를 듣고 이루어주실 수 있습니다. 다른 존재나 다른 신에 대한 기도는 아무런 의미가 없습니다. 그것은 허공에 뱉어진 말에 불과합니다.

사람이 성자 예수의 이름으로 기도하는 이유는 인간의 한계 때문입니다. 피조물인 인간은 창조주 하나님께 직접 말할 자격이 없습니다. 피조물의 한계입니다. 죄 많은 인간은 거룩하신 하나님께 직접 아뢸 수 있는 자격이 없습니다. 죄인의 한계입니다. 그러나 예수의 이름으로 기도하면서 기도할 수 있는 자격을 얻습니다. 피조물이 창조주에게 직접 말할 수 있는 자격을 얻습니다. 죄인이 거룩하신 분에게 직접 아뢸 수 있는 자격을 얻습니다.

사람이 성령 안에서 기도하는 이유는 그래야 인간의 기도가 하나님께 상달되기 때문입니다. 사람의 말은 하나님께 직접 전달될 수 없습니다. 피조물의 언어는 창조주께 도달할 수 있는 능력이 없습니다. 그렇지만 성령의 도우심을 받으면 그 일이 가능해집니다. 사람의 기도가 하나님께 상달되는 것입니다. 성령께서 인간의 기도를 하나님께 전달하십니다.

사람의 기도는 오직 삼위일체 하나님으로 인해 가능합니다. 성령을 통한, 성자로 인한, 성부를 향한 간구만이 기도입니다. 그렇지 않은 기도는 아무 소용이 없습니다. 사람의 소원을 중얼거리는 것일 뿐 아무 능력이 없습니다. 기도의 형식만 가질 뿐 진짜 기도가 아닙니다. '성령 안에서 예수의 이름으로 하나님께 간구하는 것'만 진짜 기도입니다. 그런 기도에만 능력과 은혜가 있습니다.

> "구하라 그러면 너희에게 주실 것이요 찾으라 그러면 찾아낼 것이요
> 문을 두드리라 그러면 너희에게 열릴 것이니 구하는 이마다 받을 것
> 이요 찾는 이는 찾아낼 것이요 두드리는 이에게는 열릴 것이니라"

(눅 11:9-10)

"내 이름으로 무엇이든지 내게 구하면 내가 행하리라"(요 14:14)

"내 이름으로 아버지께 무엇을 구하든지 다 받게 하려 함이라"
(요 15:16)

모든 기도가 삼위일체 하나님의 사랑과 은혜와 능력을 구하는 것입니다. 그래서 기도의 본질은 간구입니다. 사람은 하늘 아버지의 사랑을 구해야 합니다. 예수 그리스도의 은혜를 구해야 합니다. 성령의 능력을 구해야 합니다. 그래야 구원받을 수 있습니다. 은혜를 누리고 하나님의 인도하심을 체험할 수 있습니다. 성령의 도우심을 따라 살 수 있습니다. 거룩하게 살 수 있고 영원한 생명과 상급을 얻을 수 있습니다.

"조금 나아가사 얼굴을 땅에 대시고 엎드려 기도하여 이르시되 내 아버지여 만일 할 만하시거든 이 잔을 내게서 지나가게 하옵소서 그러나 나의 원대로 마시옵고 아버지의 원대로 하옵소서 하시고"(마 26:39)
"다시 두 번째 나아가 기도하여 이르시되 내 아버지여 만일 내가 마시지 않고는 이 잔이 내게서 지나갈 수 없거든 아버지의 원대로 되기를 원하나이다 하시고"(마 26:42)

예수께서 겟세마네에서 아버지의 이름을 부르며 간절히 기도하셨습니다. 하나님의 은혜와 하나님의 뜻을 간구하신 것입니다. 기도는 사람의 일을 하나님께 아뢰는 것입니다. 예수님조차 하나님께 간구하셨습니다. 기도는 사람의 소원을 하나님께 간구하는 것입니다. 이것이 기도의 본질입니다.

"우리 하나님 여호와께서 우리가 그에게 기도할 때마다 우리에게 가

까이 하심과 같이 그 신이 가까이 함을 얻은 큰 나라가 어디 있느
냐"(신 4:7)

"지금까지는 너희가 내 이름으로 아무 것도 구하지 아니하였으나 구
하라 그리하면 받으리니 너희 기쁨이 충만하리라"(요 16:24)

이 간구가 은혜로 이어집니다. 간구하는 하나님의 백성은 기도의
은혜를 누리게 됩니다. 기도할 때마다 하나님께서 그와 가까이 하시기
때문입니다.(신 4:7) 하늘 아버지께서 그의 기도를 들어주시기 때문입니
다.(요 16:24) 그래서 하나님의 자녀는 기도의 기쁨으로 충만하게 됩니다.
오직 삼위일체 하나님만이 그렇게 사람의 기도를 듣고 이루어주십니다.

"예수께서 또 말씀하여 이르시되 나는 세상의 빛이니 나를 따르는 자
는 어둠에 다니지 아니하고 생명의 빛을 얻으리라"(요 8:12)

"너희는 믿지 않는 자와 멍에를 함께 메지 말라 의와 불법이 어찌 함
께 하며 빛과 어둠이 어찌 사귀며"(고후 6:14)

"너희가 전에는 어둠이더니 이제는 주 안에서 빛이라 빛의 자녀들처
럼 행하라"(엡 5:8)

"너희는 다 빛의 아들이요 낮의 아들이라 우리가 밤이나 어둠에 속하
지 아니하나니"(살전 5:5)

성경은 믿는 자와 아닌 자를 빛과 어둠으로 구별합니다. 믿는 자
는 빛의 자녀이지만 믿지 않는 자는 어둠에 속한 자입니다.(엡 5:8, 살전
5:4-5) 서로 완전히 다른 존재라는 뜻입니다. 믿는 자와 믿지 않는 자는
빛과 어둠만큼이나 서로 다릅니다. 모든 것이 다릅니다. 그래서 빛과 어
둠은 구별될 수밖에 없습니다.

기도가 그렇습니다. 믿는 자는 삼위일체 하나님께 기도합니다. 빛

에 속하는 기도입니다. 믿지 않는 자는 우상이나 자연이나 조상에게 기도합니다. 어둠에 속하는 기도입니다. 삼위일체 하나님께 기도하는 것과 아닌 것은 빛과 어둠만큼이나 다릅니다. 하늘과 땅만큼 차이가 납니다.

기도는 하나님의 백성이 누리는 특권입니다. 빛의 자녀들만 누릴 수 있는 은혜입니다. 기도를 통해 전지전능하신 창조주 하나님의 사랑과 은혜와 능력을 체험합니다. 기도하면서 하늘 아버지의 사랑과 창조주의 능력을 체험합니다. 예수 그리스도의 구원의 은혜를 누립니다. 성령의 도우심을 경험합니다.

어둠에 속한 자들은 무능력한 피조물에 기도합니다. 그래서 하늘 아버지의 사랑과 창조주의 능력을 체험할 수 없습니다. 구원의 은혜를 누릴 수 없고 성령의 도우심을 받을 수 없습니다. 피조물에 기도하는 사람은 어리석은 사람입니다. 어둠에 속한 자들이 그렇습니다.

삼위일체 하나님께 기도하지 않는 것은 죄입니다. 몰라서 간구하지 않는 것도 죄입니다. 게을러서 간구하지 않는 것도 죄입니다. 알면서 간구하지 않는 것도 죄입니다. 결국 기도하지 않는 것 자체가 죄입니다. 삼위일체 하나님의 사랑과 은혜를 무시하는 것이기 때문입니다. 어둠에 속한 자들이 그렇습니다. 자신의 능력을 믿고 하나님께 간구하지 않습니다. 그것을 자랑스럽게 여깁니다. 무서운 죄를 자랑으로 여기는 것입니다. 어둠에 속한 자들의 보편적인 모습입니다.

• **거룩하고 경건한 시간**

"나의 영혼이 잠잠히 하나님만 바람이여 나의 구원이 그에게서 나오는도다"(시 62:1)

"나의 영혼아 잠잠히 하나님만 바라라 무릇 나의 소망이 그로부터 나

오는도다"(시 62:5)

　　기도는 오직 하나님을 향한 시간이 되어야 합니다. 온전히 하나님께 집중하는 시간이 되어야 합니다. 기도가 삼위일체 하나님께 간구하는 행위이기 때문입니다. 기도는 성령을 통한, 성자로 인한, 성부를 향한 간구입니다. 그러므로 모든 기도는 거룩하고 경건해야 합니다. 하나님만 연관된 시간이 되어야 합니다. 이 사실이 매우 중요합니다.

　　기도는 고요한 가운데 하나님을 바라는 시간입니다.(시 62:1, 5) 다른 일을 하면서 기도할 수 없습니다. 그것은 하나님을 가볍게 여기는 것입니다. 부모를 만나 식사하면서 휴대폰으로 드라마를 볼 수는 없습니다. 스승을 만나 대화하면서 노트북으로 영화를 볼 수는 없습니다. 그것은 상대방에 대한 예의가 아닙니다. 하나님과의 관계는 말할 필요가 없습니다. 기도는 오직 하나님만 소망하는 시간입니다. 기도와 사람의 일을 함께 섞지 말아야 합니다. 하나님과 관계된 일에 인간적 융통성을 부리지 말아야 합니다.

　　생활과 기도를 연결하는 사람들이 있습니다. 그들은 삶이 곧 기도라는 식으로 말합니다. 그래서 학생은 공부가 곧 기도라는 것입니다. 학생은 공부하는 것이 곧 기도하는 것이니까 굳이 따로 기도할 필요는 없다는 뜻입니다. 마귀가 주는 지혜입니다. 학생은 공부가 곧 기도가 아니라 공부는 공부고 기도는 기도입니다.

　　공부는 자신의 지식을 쌓는 혼의 행위입니다. 그러나 기도는 삼위일체 하나님께 간구하는 영의 행위입니다. 이 둘은 근본적으로 다른 일입니다. 장미와 고양이가 다른 만큼 공부와 기도는 다릅니다. 장미에 물을 주면서 고양이가 배부르기를 기대할 수는 없습니다. 열심히 사는 것이 곧 열심히 기도하는 것은 아닙니다. 그렇다고 하는 것은 거짓 지혜입니다. 교회 안에 이런 거짓 지혜들이 있습니다.

운동하면서 기도하는 것은 기도가 아닙니다. 그것은 운동하면서 하나님을 생각한 것입니다. 청소하면서 기도하는 것은 기도가 아닙니다. 그것은 청소하면서 하나님을 생각한 것입니다. 잠자리에 누워서 기도하는 것은 기도가 아닙니다. 그것은 자기 전에 하나님을 생각한 것입니다. 그런 것은 기도가 아니라 선한 생각입니다. 선한 생각은 좋은 것입니다. 그러나 기도와 선한 생각은 다릅니다. 선한 생각을 한 것을 가지고 기도했다고 할 수 없습니다. 이 두 가지를 구별해야 합니다.

운동이나 청소를 하면서 동시에 기도도 하는 일은 없습니다. 그런 일석이조 기도는 없습니다. 기도는 오직 하나님께 드리는 경건한 시간이어야 합니다. 하나님만 바라보는 거룩한 시간이어야 합니다. 운동하고 청소하는 경건하고 거룩한 시간이 아닙니다. 열심히 산 시간일 뿐입니다. 기도가 그런 것이라면 이 세상 모든 사람이 기도하고 사는 꼴이 됩니다.

> "슬프다 범죄한 나라요 허물 진 백성이요 행악의 종자요 행위가 부패
> 한 자식이로다 그들이 여호와를 버리며 이스라엘의 거룩하신 이를 만
> 홀히 여겨 멀리하고 물러갔도다"(사 1:4)

열심히 사는 것이 곧 기도라는 생각은 성경의 가르침이 아닙니다. 기도는 좁은 의미로 정의해야 합니다. 농부는 농사짓는 게 기도고 학생은 공부하는 게 기도라는 식으로 생각하지 말아야 합니다. 그것은 열심히 산 것이지 기도한 것이 아닙니다. 그런 생각은 무서운 유혹입니다. 기도하지 않았는데 기도했다고 생각하기 때문입니다. 그런 생각 때문에 기도하지 않기 때문입니다.

사람의 일과 연관된 시간은 기도가 아닙니다. 인간의 시간과 하나님의 시간이 섞인 것도 기도가 아닙니다. 오직 삼위일체 하나님만 바

라는 거룩하고 경건한 시간이 기도 시간입니다. 기도를 이렇게 엄격하게 정의해야 바르고 성숙한 기도를 할 수 있습니다.

이사야 1:4에 '만홀히 여긴다'는 표현이 있습니다. '함부로 대하고 업신여긴다, 무심하고 소홀히 여긴다'는 뜻입니다. 이 표현은 하나님을 경멸하는 불신적인 태도를 경고할 때 사용됩니다. 열심히 살았기 때문에 따로 기도할 필요가 없다고 말하는 것은 하나님을 만홀히 여기는 일입니다. 세속적인 시간을 거룩한 시간이라고 말하는 것이기 때문입니다.

• 성부 하나님과 기도

> "모든 백성이 사무엘에게 이르되 당신의 종들을 위하여 당신의 하나님 여호와께 기도하여 우리가 죽지 않게 하소서"(삼상 12:19)
> "그러나 내 하나님 여호와여 주의 종의 기도와 간구를 돌아보시며 이 종이 오늘 주 앞에서 부르짖음과 비는 기도를 들으시옵소서"(왕상 8:28)
> "나의 왕, 나의 하나님이여 내가 부르짖는 소리를 들으소서 내가 주께 기도하나이다"(시 5:2)

기도는 성부 하나님께 간구하는 것입니다.(삼상 12:19, 왕상 8:28, 시 5:2 등) 이것이 기도의 중요한 본질입니다. 그래서 성부 하나님에 관해 알아야 합니다. 하나님이 어떤 분이신가 알아야 그 뜻에 맞게 간구할 수 있습니다. 하나님이 기뻐하시는 기도를 할 수 있습니다. 하나님이 역사의 신이라면 역사에 대한 기도를 기뻐하실 것입니다. 하나님이 자연의 신이라면 자연에 대한 간구를 원하실 것입니다. 성부 하나님에 관해 바로 알아야 기도하는 목적과 이유와 방법 등을 제대로 알 수 있습니다.

하나님과 인간 사이에는 극복할 수 없는 존재론적 차이가 있습니다. 하나님은 창조주로서 만물(萬物)과 만사(萬事)의 근원이십니다. 하나님은 무한하시고 영원하십니다. 하나님은 초월적 존재로서 모든 한계를 초월하십니다. 인간의 모든 지각과 감각과 인지 능력을 넘어서 존재하십니다.

그래서 인간은 하나님을 알 수 없습니다. 한시적 존재는 영원한 존재를 알 수 없습니다. 인간의 언어로 하나님을 규정할 수 없습니다. 유한이 무한을 담을 수 없는 이치입니다. 사람이 하나님을 아는 일이 그렇습니다.

그렇지만 인간은 성경을 통해 하나님을 알 수 있습니다. 성경이 하나님이 어떤 분이신지 가르쳐줍니다. 하나님의 본질을 알려줍니다. 성경에 하나님의 본성과 속성이 나타나 있습니다. 사람은 성경의 계시를 통해 하나님을 알 수 있습니다.

> "내가 땅을 만들고 그 위에 사람을 창조하였으며 내가 내 손으로 하늘을 펴고 하늘의 모든 군대에게 명령하였노라"(사 45:12)
> "이것을 네게 나타내심은 여호와는 하나님이시요 그 외에는 다른 신이 없음을 네게 알게 하려 하심이니라"(신 4:35)
> "이같이 너희 빛이 사람 앞에 비치게 하여 그들로 너희 착한 행실을 보고 하늘에 계신 너희 아버지께 영광을 돌리게 하라"(마 5:16)
> "여호와와 같이 거룩하신 이가 없으시니"(삼상 2:2)

성경이 강조하는 하나님의 모습이 있습니다. 그것을 크게 네 가지로 요약할 수 있는데 바로 '창조주, 유일신, 하늘 아버지, 거룩하신 분'입니다. 성경은 성부 하나님에 관해 이 네 가지를 강조합니다.

하나님은 창조주로서 만물과 인간을 창조하셨습니다. 우주 안에 있는 모든 사물과 현상이 하나님의 피조물입니다. 그리고 하나님은 오직 유일하신 신입니다. 하나님 외의 다른 신은 존재하지 않습니다. 하나님 외의 다른 신은 전부 거짓이며 우상이며 헛된 것입니다. 또한 하나님은 하늘 아버지이십니다. 하나님은 부모가 자식을 사랑하듯이 인간을 사랑하십니다. 인간을 죄에서 구원해 영원한 생명을 주고자 하십니다. 그리고 하나님은 거룩하신 분이십니다. 거룩함이 하나님의 가장 확실한 본성입니다. 하나님은 그 존재 자체가 거룩하십니다.

그래서 기도는 '유일하시고 거룩하신 창조주 하나님 아버지께 간구하는 행위'입니다. 성부 하나님이 그런 분이시기 때문입니다. 믿는 자의 기도는 자연에게 간구하는 것이 아닙니다. 자연을 만드신 창조주께 간구하는 것입니다. 나와 관계없는 존재에게 간구하는 것이 아닙니다. 나를 창조하신 분에게 간구하는 것입니다. 많은 신들 가운데 하나의 신에게 간구하는 것이 아닙니다. 오직 유일무이하신 신에게 간구하는 것입니다. 나를 모르고 나에게 무관심한 존재에게 간구하는 것이 아닙니다. 나를 지극히 사랑하시는 하늘 아버지께 간구하는 것입니다. 기도는 또한 지극히 거룩하신 분께 간구하는 것입니다. 그래서 기도하는 자 역시 거룩해집니다. 기도해야 거룩한 사람이 될 수 있습니다.

> "태초에 하나님이 천지를 창조하시니라"(창 1:1)
> "하늘과 모든 하늘의 하늘과 땅과 그 위의 만물은 본래 네 하나님 여호와께 속한 것이로되"(신 10:14)
> "주께서 옛적에 땅의 기초를 놓으셨사오며 하늘도 주의 손으로 지으신 바니이다"(시 102:25)

성경은 '태초에 하나님이 천지를 창조하시니라'는 말씀으로 시작합니다.(창 1:1) 하나님의 천지 창조를 강조하는 말씀입니다. 그 이유는 하나님이 창조주시라는 사실이 몹시 중요하기 때문입니다. 하나님은 홀로 말씀으로 세상 만물을 창조하시고 우주의 질서를 세우셨습니다. 전지전능하신 분만 가능한 일입니다. 그래서 창조주라는 호칭은 하나님의 전지전능하심을 뜻합니다.

하나님이 천지만물과 인간의 근원이 되십니다. 만물과 인류는 하나님으로 인해 존재합니다. 하나님이 유일한 창조주이십니다. 하나님 외에 다른 창조주는 없습니다. 그러므로 우주 안에 존재하는 모든 것이 다 하나님의 피조물입니다. 하나님의 피조물이 아닌 것은 단 하나도 없습니다.

하나님이 모든 것을 창조하셨습니다. 하나님이 해, 달, 별 전부를 창조하셨습니다. 산, 바다, 강, 나무, 돌, 동물, 식물 전부를 창조하셨습니다. 인간도 창조하셨습니다. 눈에 보이지 않는 존재를 다 창조하셨습니다. 천사, 악마, 귀신도 하나님의 피조물입니다. 박테리아, 바이러스도 마찬가지입니다. 하나님은 우주 안에 존재하는 것 전부를 창조하셨습니다. 우주 그 자체를 창조하신 것입니다.

믿는 자는 그런 창조주 하나님께 기도합니다. 전지전능하신 분, 우주의 질서를 세우신 분에게 기도합니다. 역사를 주관하시는 분에게 기도합니다. 사람의 생사화복을 주관하시는 분에게 기도합니다. 이는 불가능한 일이 없는 분에게 기도한다는 뜻입니다. 믿는 자는 모든 일을 이루어주실 수 있는 분에게 기도합니다. 하나님은 이루지 못하실 일이 없습니다. 창조주이시기 때문입니다.

창조 신앙을 가진 사람은 겸손하게 기도합니다. 창조주 앞에서 피조물의 겸손을 배우기 때문입니다. 그는 범사에 하나님을 인정하고 신뢰합니다. 범사에 하나님을 의지하고 감사합니다. 그는 죄를 회개하고 죄사함을 받습니다. 그는 구원의 약속을 믿고 영생을 소망합니다. 그 소망이 참된 기쁨과 평안을 줍니다. 창조주에게 기도한다는 것은 이런 것을 의미합니다.

> "나 외에는 신이 없도다 나는 죽이기도 하며 살리기도 하며 상하게도
> 하며 낫게도 하나니 내 손에서 능히 빼앗을 자가 없도다"(신 32:39)
> "이스라엘의 왕인 여호와, 이스라엘의 구원자인 만군의 여호와가 이
> 같이 말하노라 나는 처음이요 나는 마지막이라 나 외에 다른 신이 없
> 느니라"(사 44:6)
> "영원하신 왕 곧 썩지 아니하고 보이지 아니하고 홀로 하나이신 하나
> 님께 존귀와 영광이 영원무궁하도록 있을지어다 아멘"(딤전 1:17)

하나님은 또한 유일무이한 신이십니다. 인간의 상상력은 많은 신들을 만들어 냈습니다. 고대 이집트, 메소포타미아 신화에 많은 신들이 등장합니다. 그리스, 로마 신화에 역시 많은 신들이 등장합니다. 거의 모든 민족의 신화에 신들이 등장합니다. 힌두교의 신은 3억 3천이라는 말이 있고 일본에는 8백만의 신이 있다고 합니다.

세상에 그렇게 많은 신들이 있지만 사실은 오직 한 분의 신만 존재합니다. 이 세상의 유일한 신은 삼위일체 하나님이십니다. 성경이 계시하는 삼위일체 하나님만이 유일하신 신입니다. 나머지는 다 가짜이며 상상의 산물일 뿐입니다. 아니면 악한 영들입니다. 이것이 진실입니다.

세계 3대 유일신 종교가 있습니다. 유대교, 기독교, 회교입니다. 그렇지만 참된 유일신 종교는 기독교뿐입니다. 오직 삼위일체 하나님이 참된 신이시기 때문입니다. 유대교는 성자를 거부하고 성령을 외면함으로써 삼위일체 하나님을 놓쳤습니다. 회교는 구약과 신약을 약간 이용했을 뿐 역시 삼위일체 하나님과 무관합니다. 유일신이라고 해서 같은 유일신이 아닙니다. 오직 성부, 성자, 성령 삼위일체의 하나님만 진정한 유일신입니다. 그러므로 소위 3대 유일신 종교 중에 기독교만 진짜 유일신

을 섬기는 것입니다.

성경은 하나님의 존재하심과 더불어 하나님의 유일하심을 강조합니다. 오직 하나님만 유일한 신이라는 것입니다. 사람들이 신이라고 생각하고 믿는 그 어떤 것도 신이 아닙니다. 하나님만이 참신이시고 하나님 외의 다른 신은 모두 거짓 신입니다. 오직 삼위일체 하나님만 이 세상에 존재하시는 유일신입니다. 그 외에는 그 어떤 것도 신이 아닙니다.

> "나 외에 다른 신이 없나니 나는 공의를 행하며 구원을 베푸는 하나님이라 나 외에 다른 이가 없느니라 땅의 모든 끝이여 내게로 돌이켜 구원을 받으라 나는 하나님이라 다른 이가 없느니라"(사 45:21-22)
> "너희 중에서 살아남은 자가 사로잡혀 이방인들 중에 있어서 나를 기억하되 그들이 음란한 마음으로 나를 떠나고 음란한 눈으로 우상을 섬겨 나를 근심하게 한 것을 기억하고 스스로 한탄하리니 이는 그 모든 가증한 일로 악을 행하였음이라"(겔 6:9)

하나님은 우상 숭배를 지극히 싫어하십니다. 신이 아닌 것을 신이라고 하고 거짓 신을 참 신이라고 하기 때문입니다. 십계명이 우상 숭배의 죄를 강조합니다. 십계명의 제1 계명이 '너희는 나 외에는 다른 신들을 두지 마라'입니다. 제2 계명은 '너희는 우상을 만들지 마라'는 것입니다. 하나님 외에 다른 어떤 것도 신으로 섬기지 말라는 명령입니다. 우상 숭배가 하나님께 대한 가장 큰 모독이기 때문입니다. 이 사실이 너무 중요해서 십계명의 제1, 제2 계명이 되었습니다.

기도의 대상은 오직 하나님이십니다. 하나님만이 유일하신 참신이기 때문입니다. 성도의 기도는 유일신 하나님께 드리는 것입니다. 우상에게 기도하는 것은 큰 죄입니다. 그것은 하나님을 모독하는 것입니다. 에스겔 6:9는 우상을 섬기는 것을 '음란한 마음, 음란한 눈'으로 표현합니다. 이 표현에 따르면 우상에게 기도하는 것은 음란한 기도입니다.

유일하신 하나님께 기도한다는 것은 그 기도에 응답이 있다는 뜻입니다. 하나님은 기도를 들으시고 그 기도에 응답하실 수 있습니다. 그러나 하나님 외에는 그 어떤 존재도 사람의 기도에 응답할 수 없습니다. 그들이 참신이 아니기 때문입니다. 기도에 응답할 능력이 없습니다. 악한 영은 사람의 기도를 방해할 수 있을 뿐입니다. 다니엘이 기도할 때 페르시아를 책임진 천상적 존재가 다니엘의 기도를 방해했습니다. (단 10:12-13) 기도 중에 악한 영의 방해를 받았다는 간증들이 있습니다. 악한 영은 기도를 방해하는 존재일 뿐입니다. 기도에 응답할 수 있는 능력이 없습니다.

넓은 의미의 우상 숭배가 있습니다. 돈, 명예, 성공 등을 하나님보다 더 사랑하는 것입니다. 취미, 오락, 쾌락을 하나님보다 더 사랑하는 것입니다. 부모와 자식, 그리고 자신을 하나님보다 더 사랑하는 것입니다. 하나님보다 더 사랑하는 것은 넓은 의미의 우상 숭배입니다. 거짓 신을 쫓는 것입니다. 이런 것을 간구할 때 지극히 조심해야 합니다. 자칫하면 우상 숭배에 해당되는 기도가 될 수 있기 때문입니다. 우상 숭배는 하나님께서 반드시 심판하시는 가장 무서운 죄입니다.

> "이같이 한즉 하늘에 계신 너희 아버지의 아들이 되리니"(마 5:45)
> "그러므로 하늘에 계신 너희 아버지의 온전하심과 같이 너희도 온전하라"(마 5:48)
> "사람에게 보이려고 그들 앞에서 너희 의를 행하지 않도록 주의하라 그리하지 아니하면 하늘에 계신 너희 아버지께 상을 받지 못하느니라"(마 6:1)
> "찬송하리로다 그는 우리 주 예수 그리스도의 하나님이시요 자비의 아버지시요 모든 위로의 하나님이시며"(고후 1:3)

"너희에게 아버지가 되고 너희는 내게 자녀가 되리라 전능하신 주의
말씀이니라 하셨느니라"(고후 6:18)
"보라 아버지께서 어떠한 사랑을 우리에게 베푸사 하나님의 자녀라
일컬음을 받게 하셨는가, 우리가 그러하도다"(요일 3:1)
"사랑하는 자들아 우리가 지금은 하나님의 자녀라"(요일 3:2)

한편, 성경은 하나님을 아버지라고 합니다. 유일하신 창조주 하나
님은 모든 믿는 자의 하늘 아버지가 되십니다.(마 5:45, 48, 6:1, 9, 14, 26, 32,
고후 6:18, 요일 3:2 등) 성경은 이 사실을 누누이 강조합니다.(삼하 7:14, 사
43:6, 호 1:10, 요 1:12, 롬 8:14, 16 등) 이는 신앙생활에 있어서 가장 친숙한 호
칭입니다.
예수의 이름을 믿는 자는 누구나 하나님의 자녀가 되는 자격을
가집니다.(요 1:12) 하나님은 분명히 모든 믿는 자의 하늘 아버지가 되십
니다. 이것은 영원히 변치 않는 사실입니다. 하나님 아버지라는 호칭은
하나님의 무한한 사랑과 자비와 위로를 의미합니다.(고후 1:3, 요일 3:1)

"사랑하지 아니하는 자는 하나님을 알지 못하나니 이는 하나님은 사
랑이심이라"(요일 4:8)
"사랑은 여기 있으니 우리가 하나님을 사랑한 것이 아니요 하나님이
우리를 사랑하사 우리 죄를 속하기 위하여 화목제물로 그 아들을 보
내셨음이라"(요일 4:10)

하나님 아버지는 사랑이십니다.(요일 4:8) 진실한 사랑은 하나 밖
에 없습니다. 그것은 사람을 향한 하나님의 사랑입니다.(요일 4:10) 사람
의 사랑은 진실하지 않습니다. 사람을 향한 사람의 사랑은 진실하지 않
습니다. 하나님을 향한 사람의 사랑도 진실하지 않습니다. 오직 사람을

향한 하나님의 사랑만 진실합니다. 하나님의 자녀를 위한 하늘 아버지의 사랑만이 진실한 것입니다.

하나님은 하늘 아버지이십니다. 믿는 자는 하나님의 자녀입니다. 그러므로 믿는 자는 하나님의 자녀로서 하늘 아버지께 기도합니다. 하나님은 마치 부모가 자식의 모든 요구를 듣고 그 필요를 채워주듯이 사람의 간구를 들어주십니다. 사람의 일을 인도하시고 보호하시고 깨우쳐주시고 채워주십니다. 그리고 잘못을 뉘우치고 회개할 때까지 기다려주십니다.(시 103:8-10) 예수님은 '너희가 악할지라도 좋은 것을 자식에게 줄 줄 알거든 하물며 너희 하늘 아버지께서 구하는 자에게 성령을 주시지 않겠느냐 하시니라'고 말씀하십니다.(눅 11:13) 하늘 아버지께서 기도하는 자에게 가장 좋은 것을 주신다는 약속의 말씀입니다.

> "나는 너희의 하나님이 되려고 너희를 애굽 땅에서 인도하여 낸 여호와라 내가 거룩하니 너희도 거룩할지어다"(레 11:45)
> "너희를 거룩하게 하는 나 여호와는 거룩함이니라"(레 21:8)
> "이같이 내가 여러 나라의 눈에 내 위대함과 내 거룩함을 나타내어 나를 알게 하리니 내가 여호와인 줄을 그들이 알리라"(겔 38:23)

그리고 성경은 하나님의 거룩하심을 강조합니다. 하나님은 거룩하신 분이라는 것입니다. 하나님 스스로 이 사실을 여러 번 밝히십니다.(레 11:45, 21:8, 사 43:3, 15, 겔 20:41, 38:16, 23, 39:7, 27)

> "서로 불러 이르되 거룩하다 거룩하다 거룩하다 만군의 여호와여 그의 영광이 온 땅에 충만하도다 하더라"(사 6:3)
> "네 생물은 각각 여섯 날개를 가졌고 그 안과 주위에는 눈들이 가득하더라 그들이 밤낮 쉬지 않고 이르기를 거룩하다 거룩하다 거룩하다

주 하나님 곧 전능하신 이여 전에도 계셨고 이제도 계시고 장차 오실 이시라 하고"(계 4:8)

이사야가 본 하늘 보좌 환상이 대표적인 말씀입니다. 이사야는 사명을 받을 때, 하나님 보좌 주변의 스랍들이 '거룩하다 거룩하다 거룩하다 만군의 여호와여'라고 찬양하는 모습을 환상으로 보았습니다.(사 6:3) 요한도 사명을 받을 때, 하나님 보좌 주변의 네 생물이 밤낮 쉬지 않고 '거룩하다 거룩하다 거룩하다 주 하나님 곧 전능하신 이여'라고 찬양하는 모습을 환상으로 보았습니다.(계 4:8) 하나님의 거룩하심을 강조하는 말씀입니다.

성경 전체에 하나님의 거룩하심이 언급되어 있습니다.(삼상 2:2, 욥 6:10, 계 16:5) 예언서도 마찬가지입니다.(렘 51:5, 겔 28:22) 특히 이사야가 그렇습니다.(사 1:4, 5:16, 19, 24, 10:17, 20, 12:6, 17:7, 29:19, 23, 30:11-12, 15, 31:1, 37:23, 40:25, 41:14, 16, 20, 43:3, 14-15, 45:11, 48:17, 49:7, 55:5 참고) 시편에도 하나님의 거룩하심을 찬양하는 말씀들이 있습니다.(시 22:3, 30:4, 71:22, 99:3, 9)

이런 말씀들의 결론은 분명합니다. 하나님은 거룩하시다는 것입니다. 하나님이 모든 거룩함의 근원이십니다. 하나님께 속한 모든 것이 거룩하고 하나님을 위한 모든 것이 거룩합니다. 하나님으로 인한 모든 것이 거룩합니다.

하나님의 거룩하심을 해치는 일은 매우 큰 죄입니다. 하나님의 본성을 해치는 일이기 때문입니다. 대표적인 예가 모세와 아론의 '므리바 물' 사건입니다.(민 20:2-13) 가데스에서 백성들이 물 때문에 불평했습니다. 그때 하나님께서 모세와 아론에게 바위에게 '말하여' 물을 내라고 명령하셨습니다. 그러나 모세는 바위를 '지팡이로 두 번 쳐서' 물이 나오도록 했습니다. 하나님의 명령을 다르게 실천한 것입니다. 하나님은 모세와 아론이 하나님 자신의 거룩하심을 나타내지 않았다고 책망하셨습니다.(민 20:12, 27:14, 신 32:51) 이 일로 인해 모세와 아론은 가나안 땅에 들어갈 수 없게 되었습니다. 하나님의 거룩하심을 해친 벌을 받은 것입니다.

기도는 거룩하신 분께 간구하는 것입니다. 그래서 예수께서 제자들에게 기도를 가르치실 때 하나님의 거룩하심을 강조하셨습니다. '그러므로 너희는 이렇게 기도하라 하늘에 계신 우리 아버지여 이름이 거룩히 여김을 받으시오며'라고 가르치셨습니다.(마 6:9, 눅 11:2) 그러므로 기도의 내용 역시 거룩한 것이 되어야 합니다. 하나님의 거룩하심을 해치는 것이 되지 말아야 합니다. 그리고 기도하는 자 역시 거룩한 사람이어야 합니다. 그래야 하나님이 기뻐하시는 성숙한 기도를 할 수 있습니다.

• 하나님 들으소서

"그러나 내 하나님 여호와여 주의 종의 기도와 간구를 돌아보시며 이 종이 오늘 주 앞에서 부르짖음과 비는 기도를 들으시옵소서"(왕상 8:28)

"원하건대 주는 눈을 들어 종의 간구함과 주의 백성 이스라엘의 간구함을 보시고 주께 부르짖는 대로 들으시옵소서"(왕상 8:52)

"이제 종이 주의 종들인 이스라엘 자손을 위하여 주야로 기도하오며 우리 이스라엘 자손이 주께 범죄한 죄들을 자복하오니 주는 귀를 기울이시며 눈을 여시사 종의 기도를 들으시옵소서"(느 1:6)

"주여 구하오니 귀를 기울이사 종의 기도와 주의 이름을 경외하기를 기뻐하는 종들의 기도를 들으시고 오늘 종이 형통하여 이 사람 앞에서 은혜를 입게 하옵소서"(느 1:11)

솔로몬은 예루살렘 성전 건축을 마친 뒤 성전에서 기도합니다.(왕상 8:22-53) 이 기도에서 솔로몬은 하나님께서 자신의 기도와 백성의 기도를 들어달라고 간절히 간구합니다.(왕상 8:28, 29, 30, 32, 34, 36, 39, 43, 45, 49, 52) 느헤미야는 예루살렘의 참혹한 형편을 알고 난 후 하나님께 기도하면서 자신의 기도를 들어달라고 간구합니다.(느 1:6, 11) 기도는 본질적으로 하나님께 드리는 간청입니다. '하나님, 들으소서'라고 간구하는 것입니다.

> "여호와여 의의 호소를 들으소서 나의 울부짖음에 주의하소서 거짓되지 아니한 입술에서 나오는 나의 기도에 귀를 기울이소서"(시 17:1)
> "하나님이여 내게 응답하시겠으므로 내가 불렀사오니 내게 귀를 기울여 내 말을 들으소서"(시 17:6)
> "하나님이여 내 기도를 들으시며 내 입의 말에 귀를 기울이소서"(시 54:2)
> "하나님이여 내 기도에 귀를 기울이시고 내가 간구할 때에 숨지 마소서"(시 55:1)
> "하나님이여 나의 부르짖음을 들으시며 내 기도에 유의하소서"(시 61:1)

시편에 신을 섬기는 인간의 내면적 모습이 나타나 있습니다. 탄식과 감사, 찬양과 고백의 내용이 하나님 앞에 선 인간의 마음을 잘 드러냅니다. 유대교와 기독교는 시편을 기도의 보고(寶庫)로 생각합니다. 시편에 기도의 내용이 많이 들어 있기 때문입니다. 시편이 기도를 가르치기 때문입니다. 그런 시편에 '하나님, 들으소서'라는 간구가 많이 있습니다.(시 17:1, 6, 54:2, 55:1, 61:1 등)

"야베스가 이스라엘 하나님께 아뢰어 이르되 주께서 내게 복을 주시려거든 나의 지역을 넓히시고 주의 손으로 나를 도우사 나로 환난을 벗어나 내게 근심이 없게 하옵소서 하였더니 하나님이 그가 구하는 것을 허락하셨더라"(대상 4:10)

브루스 윌킨슨이 쓴 『야베스의 기도』라는 책이 있습니다. 역대상 4:10 말씀에 기초한 작은 책으로 한 때 한국에서 유행했습니다. 이 책에 '천국에 간 존 이야기'가 있습니다.(『야베스의 기도』, 브루스 윌킨슨, 마영례, 디모데, 2001, 38-41쪽) 존이 천국에 가서 베드로의 안내를 받아 걷다가 이상하게 생긴 큰 건물을 발견합니다. 호기심이 생긴 존이 '저 건물은 뭐냐, 안을 보고 싶다'는 말을 했습니다. 베드로가 난색을 표하며 '안 보는 게 낫다'라고 대답합니다.

하지만 궁금증을 못 이긴 존은 결국 그 안을 보게 되었습니다. 그 건물은 빨간 리본이 묶인 하얀 상자들이 가득 찬 창고였습니다. 베드로는 그 상자들이 하나님이 주고자 하신 복인데, 사람들이 구하지 않아서 받지 못한 복들이 들어 있다고 설명했습니다. 기도하지 않아서 받지 못한 복 상자들이라는 말입니다.

존이 이번에는 자기 상자를 보고 싶다고 말했습니다. 그러자 베드로가 또 안 보는 게 나을 거라고 말렸습니다. 하지만 존은 궁금증을 참지 못하고 급히 달려가서 자기 상자를 찾아 풀어보았습니다. 그랬더니 세상에서 자기가 그렇게 갖고 싶었던 것들이 가득 차 있었습니다. 존의 실망을 상상할 수 있습니다.

윌킨슨의 설명에 의하면 천국의 비밀창고에 받지 못한 복 상자들이 그냥 쌓여 있는 이유가 있습니다. 사람들이 구하지 않았기 때문입니다. 기도하지 않았던 것입니다. 그래서 복을 잃어버린 것입니다. 하나님은 엄청난 복을 가지고 계시면서 사람들이 간구하기를 기다리십니다. 그런데 사람들이 구하지 않아서 그 복들을 주지 못하신다는 것입니다.

김영봉 목사는 『바늘귀를 통과한 부자』(김영봉, Ivp, 2003, 93-95쪽) 라는 책에서 윌킨슨의 말을 비판합니다. 이 책에서 김 목사는 '구하지 않아서 복을 받지 못한다, 구해야 복을 받는다'는 윌킨슨의 말이 틀렸다고 합니다. 김 목사는 '구하는 것'이 중요한 것이 아니라 '무엇을 구하느냐'가 중요한 것이라고 합니다. 기도의 태도가 아니라 기도의 내용이 중요하다는 말입니다. 하나님의 뜻을 따라 바르게 구하면 물질적인 문제는 하나님이 알아서 주신다고 합니다.

김영봉 목사는 선한 아버지가 자식에게 가장 좋은 것을 알아서 주듯이 하나님도 그러하시다는 것입니다. 그 이유는 하나님의 선한 성품 때문입니다. 김영봉 목사는 하나님이 누가복음 11장에 나오는 귀찮아하는 친구가 아니라고 합니다. 누가복음 18장에 나오는 타락한 재판관이 아니라고 합니다. 그들처럼 애걸복걸하며 괴롭혀야 마지못해 주시는 분이 아니라고 합니다.

그래서 김영봉 목사는 죽기를 각오하고 기도하라는 것은 하나님의 선의를 의심하는 처사라고 말합니다. 윌킨슨을 신랄하게 비판한 것입니다. 이사야 65:24에 '그들이 부르기 전에 내가 응답하겠고 그들이 말을 마치기 전에 내가 들을 것이며'라는 말씀이 있습니다. 김영봉 목사는 이런 말씀의 입장에 선 것입니다.

> "이는 다 이방인들이 구하는 것이라 너희 하늘 아버지께서 이 모든
> 것이 너희에게 있어야 할 줄을 아시느니라 그런즉 너희는 먼저 그의
> 나라와 그의 의를 구하라 그리하면 이 모든 것을 너희에게 더하시리
> 라"(마 6:32-33)
> "주 여호와께서 이같이 말씀하셨느니라 그래도 이스라엘 족속이 이같
> 이 자기들에게 이루어 주기를 내게 구하여야 할지라 내가 그들의 수

효를 양 떼 같이 많아지게 하되"(겔 36:37)

결론은 이렇습니다. 기도의 내용에 관해서는 김영봉 목사의 말을 들어야 합니다.(마 6:32-33) 그러나 기도의 태도에 관해서는 윌킨슨의 말을 들어야 합니다.(겔 36:37) 믿는 자는 『바늘귀를 통과한 부자』가 말하는 기도의 내용을 가지고 『야베스의 기도』가 말하는 것처럼 기도해야 합니다. 『바늘귀를 통과한 부자』는 기도의 타락을 막아줍니다. 그러나 『야베스의 기도』는 기도하지 않는 잘못을 방지해 줍니다.

> "여호와께서는 자기에게 간구하는 모든 자 곧 진실하게 간구하는 모든 자에게 가까이 하시는도다 그는 자기를 경외하는 자들의 소원을 이루시며 또 그들의 부르짖음을 들으사 구원하시리로다"(시 145:18-19)
> "여호와는 자기를 경외하는 자들과 그의 인자하심을 바라는 자들을 기뻐하시는도다"(시 147:11)

기도의 본질은 간구입니다. 그러나 그 간구의 목표가 소원 성취는 아닙니다. 간구의 목표는 하나님 경외라고 할 수 있습니다. 이를 시편 145:18-19에서 알 수 있습니다. 시편 145:18은 기도하는 자를 가리켜 하나님께 간구하는 자라고 합니다. 그런데 그 다음 145:19에서 그렇게 간구하는 자를 하나님을 경외하는 자라고 합니다. 간구하는 자는 곧 하나님을 경외하는 자라는 뜻입니다.

기도는 사람 편에서 보면 간구입니다. 그런데 하나님 편에서 보시면 하나님 경외입니다. 하나님은 간구하는 자를 보시고 '그래, 네가 나를 경외하는구나'라고 말씀하십니다. 기도한다는 것은 곧 하나님을 경외한다는 뜻입니다. 하나님을 경외하는 자는 기도합니다.

하나님은 진실하게 기도하는 모든 자에게 가까이 계십니다.(시

145:18) 그리고 그들의 소원을 이루어주시고 또 구원하십니다.(시 145:19) 그들이 하나님을 경외하기 때문입니다. 하나님은 자신을 경외하는 자를 기뻐하십니다.(시 147:11) 그들은 천사의 보호를 받습니다.(시 34:7) 그리고 부족함이 없습니다.(시 34:9) 하나님 경외가 모든 지식의 근본이기 때문입니다.(잠 1:7, 9:10)

기도의 궁극적 목표는 소원 성취가 아니라 하나님 경외입니다. 소원 성취가 기도의 시작이 될 수는 있습니다. 그러나 기도의 끝은 아닙니다. 모든 기도의 끝은 하나님 경외입니다. 그래서 기도하는 사람은 『바늘귀를 통과한 부자』가 말하는 기도의 내용에 주목해야 합니다. 사람의 이기적 소원을 버리고 하나님의 거룩한 뜻을 구해야 합니다. 그래야 참된 하나님 경외를 배울 수 있습니다.

그러나 이를 아는 것만으로는 부족합니다. 실제로 기도해야 합니다. 그것도 열심히 끈기 있게 기도해야 합니다. 굳센 믿음과 거룩한 삶을 위해 열심히 기도해야 합니다. 그래야 믿음의 열매를 맺고 하나님의 은혜를 체험할 수 있습니다. 하나님은 기도에 관해 아는 사람이 아니라 실제로 기도하는 사람을 기뻐하십니다. 그래서 기도하는 사람은 『야베스의 기도』가 말하는 기도의 태도에 주목해야 합니다. 항상 기도해야 합니다. 그래야 참된 하나님 경외를 배울 수 있습니다.

· **하나님 들으신다**

"여호와께서 그에게 이르시되 네 기도와 네가 내 앞에서 간구한 바를 내가 들었은즉 나는 네가 건축한 이 성전을 거룩하게 구별하여 내 이름을 영원히 그 곳에 두며 내 눈길과 내 마음이 항상 거기에 있으리니"(왕상 9:3)

솔로몬이 예루살렘 성전을 지은 후 기도하면서 '하나님, 기도를 들어주시옵소서'라고 간구했습니다. 하나님께서 그 기도를 들으시고 응답하셨습니다. 솔로몬에게 나타나셔서 '네 기도와 간구를 들었다'고 말씀하셨습니다.(왕상 9:3) 하나님은 사람의 기도를 들으십니다.

"그가 환난을 당하여 그의 하나님 여호와께 간구하고 그의 조상들의 하나님 앞에 크게 겸손하여 기도하였으므로 하나님이 그의 기도를 받으시며 그의 간구를 들으시사 그가 예루살렘에 돌아와서 다시 왕위에 앉게 하시매 므낫세가 그제서야 여호와께서 하나님이신 줄을 알았더라"(대하 33:12-13)

하나님은 솔로몬의 기도뿐만 아니라 므낫세와 같이 악한 왕의 기도도 들으십니다. 므낫세는 악한 일을 많이 저질렀습니다.(왕하 21:2-16) 우상을 섬기고 점을 치고 사술을 행했습니다. 성전에 아세라 목상을 세웠으며 죄없는 자들을 많이 죽였습니다. 므낫세는 대표적인 악한 왕이었습니다. 유다의 멸망이 결국은 므낫세의 죄 때문이었다는 말씀이 있을 정도입니다.(왕하 23:26, 24:2-4) 그러나 하나님은 그런 므낫세의 기도까지도 들어주십니다.(대하 33:12-13) 하나님을 찾고 부르는 모든 사람의 기도를 들으십니다.

"내가 그를 부를 때에 여호와께서 들으시리로다"(시 4:3)
"기도를 들으시는 주여 모든 육체가 주께 나아오리이다"(시 65:2)

지금은 고인이 되신 어느 여 목사님의 집회 설교에서 들은 이야기입니다. 이 목사님은 3살부터 몸이 약했습니다. 19살에는 심장과 신장에 병이 있었고 폐결핵까지 앓았습니다. 밥도 거의 못 먹고 물도 제대로 못 마시면서 거의 약으로 살았습니다. 그래서 19살 나이에 얼마 살지 못한다는 진단을 받았습니다. 가족과 본인도 그렇게 알고 있었습니다.

그런데 어린 나이에 죽는 게 좀 억울했습니다. 죽는 게 크게 두렵지는 않았습니다. 그렇지만 세상에 태어나 효도 한 번 제대로 못하고 한창 꾸미고 다닐 꽃 같은 나이에 죽는 게 억울했던 것입니다. 그리고 죽음 이후가 무척 궁금했습니다. 그래서 유명하다는 스님들을 찾아다니며 죽음 후를 물어보았지만 속 시원한 대답을 들을 수 없었습니다. 집안이 아주 독실한 불교 집안이었습니다.

그렇게 억울하고 궁금해서 어느 날 하늘을 쳐다보며 이런 기도를 했습니다. '부처님이든 관세음보살이든, 하나님이든 예수님이든, 공자님이든 맹자님이든 누구든지 좋습니다. 만약 진짜 살아서 내 기도를 들을 수 있는 신이 있다면 나한테 한 번 대답 좀 해주십시오'라고 기도했습니다.

그 기도 후에 교회에 가보고 싶다는 마음이 불같이 일어났습니다. 우여곡절 끝에 결국 친척 언니를 따라 오산리 금식기도원에 가게 되었습니다. 그리고 거기서 난생 처음 하나님께 기도하면서 하나님의 살아계심을 체험했습니다. 그때까지 하나님을 믿지 않고 산 죄가 가장 큰 죄라는 것을 깨닫고 온몸과 마음으로 회개했습니다. 그때까지 우상을 섬기고 산 것이 하나님이 제일 싫어하시는 죄라는 것을 깨닫고 온몸과 마음으로 회개했습니다.

그 후 열심히 예배드리고 기도하고 전도하면서 남다른 신앙생활을 했습니다. 그리고 하나님의 은혜로 병도 고침 받았습니다. 결혼하고 아이를 낳고 목사가 되어 열심히 하나님의 일을 했습니다. 그리고 2019년 58세의 나이로 세상을 떠났습니다. 사람이 힘들고 어려울 때 간절한 마음으로 부처, 관세음보살, 하나님, 예수님, 공자, 맹자를 부르며 '누구든지 살아있는 신이 있다면 대답 좀 해주십시오'라고 기도하면 하나님만 대답하십니다. 하나님만 살아계시기 때문입니다.

> "우리 하나님 여호와께서 우리가 그에게 기도할 때마다 우리에게 가
> 까이 하심과 같이 그 신이 가까이 함을 얻은 큰 나라가 어디 있느
> 냐"(신 4:7)

> "그때에 제사장들과 레위 사람들이 일어나서 백성을 위하여 축복하였
> 으니 그 소리가 하늘에 들리고 그 기도가 여호와의 거룩한 처소 하늘
> 에 이르렀더라"(대하 30:27)

> "그를 향하여 우리가 가진 바 담대함이 이것이니 그의 뜻대로 무엇을
> 구하면 들으심이라 우리가 무엇이든지 구하는 바를 들으시는 줄을 안
> 즉 우리가 그에게 구한 그것을 얻은 줄을 또한 아느니라"(요일 5:14-15)

아브라함의 종이 이삭의 아내를 위해 기도했을 때 하나님은 그
종의 기도를 들으셨습니다.(창 24:12-14) '하나님, 은혜를 베풀어주십시오'
라는 기도가 끝나자마자 곧 리브가를 만나게 되었습니다. 아브라함의 종
은 '나의 주인 아브라함의 하나님 여호와를 찬송하나이다'라고 감사할
수밖에 없었습니다.(창 24:27) 하나님은 이렇게 하나님의 이름을 부르는
자의 기도를 들으십니다.

한나는 자식을 얻기 위해 간절히 기도했습니다.(삼상 10-16) 그리
고 사무엘을 얻었습니다. 뿐만 아니라 하나님은 한나에게 세 아들과 두
딸을 더 주셨습니다.(삼상 2:21) 다윗이 그일라에서 사울의 위험을 피해 기
도했을 때 하나님께서 응답하셨습니다.(삼상 23:10-13) 다윗은 하나님의
기도 응답을 듣고 그일라를 떠났습니다. 다윗은 사울이 죽은 뒤 블레셋
땅을 떠나 유다로 가는 문제로 기도했습니다. 하나님은 다윗의 기도를
듣고 헤브론으로 가라고 응답하셨습니다.(삼하 2:1)

솔로몬은 언약궤를 성전으로 옮긴 후 '주의 종과 주의 백성 이스
라엘이 이곳을 향하여 기도할 때에 주는 그 간구함을 들으시되 주께서

계신 곳 하늘에서 들으시고 들으시사 사하여 주옵소서'라고 기도합니다.(왕상 8:30) 하나님이 모든 기도를 듣고 계심을 믿었던 것입니다.

엘리야가 갈멜 산에서 바알의 선지자들과 대결할 때 그들을 비웃습니다. 바알 선지자들의 기도에 아무런 반응이 없자 '바알이 생각에 빠졌거나 바쁘거나 여행 중이거나 잠이 들어 듣지 못하는 것이냐' 하고 비웃은 것입니다.(왕상 18:27) 바알 선지자들은 부르짖고 춤을 추고 칼과 창으로 몸을 찔러 피를 흘리면서 기도했습니다. 그러나 아무런 반응이 없었습니다. 바알 자체가 존재하지 않기 때문입니다. 그 후에 엘리야가 '하나님 들으소서! 응답하소서! 하나님 살아계심을 알게 하소서!'라고 기도했고 그 기도에 응답이 있었습니다.(왕상 18:36-37) 하나님께서 기도를 들으시기 때문입니다.

히스기야가 병들어 죽게 되었을 때 히스기야는 간절하고 절박한 심정으로 기도했습니다. 성경은 이를 가리켜 '히스기야가 심히 통곡하더라'고 표현합니다.(왕하 20:3) 하나님께서 히스기야의 기도를 들으시고 이사야에게 '내가 네 기도를 들었고 네 눈물을 보았노라 내가 너를 낫게 하리니'라고 전하라고 말씀하셨습니다.(왕하 20:5)

다니엘은 예루살렘 멸망에 대한 예레미야의 예언을 읽고 하나님께 간절히 기도했습니다.(단 9:1-19) 그러자 가브리엘 천사가 나타나 하나님께서 처음부터 다니엘의 기도를 들으셨다고 말합니다.(단 9:23) 그러면서 일흔 이레에 대한 설명을 합니다.(단 9:24) 하나님은 다니엘의 기도를 처음부터 듣고 계셨습니다.

> "그러나 하나님이 실로 들으셨음이여 내 기도 소리에 귀를 기울이셨
> 도다 하나님을 찬송하리로다 그가 내 기도를 물리치지 아니하시고 그
> 의 인자하심을 내게서 거두지도 아니하셨도다"(시 66:19-20)

예수께서 기도하셨을 때 하나님은 적은 빵과 물고기로 수천 명을 먹이시는 기적을 일으키셨습니다.(마 14:13-21, 15:32-38) 예수님이 겟세마네에서 괴로움 중에 기도하셨을 때 하나님은 예수님께 평안을 주셨습니다.(마 26:36-46) 고넬료가 기도했을 때 하나님은 고넬료와 그 가족들을 구원하셨습니다.(행 10:1-48) 하나님은 모든 기도를 들으십니다. 그래서 시편의 시인은 하나님의 인자하심을 찬양합니다. 하나님께서 자신의 기도를 들으시고 귀 기울이시고 물리치지 않으셨기 때문입니다.(시 66:19-20)

> "주께서 구름으로 자신을 가리사 기도가 상달되지 못하게 하시고"
> (애 3:44)

하나님은 믿는 자의 삶을 전부 다 살피십니다. 그래서 하나님은 모든 기도를 들으십니다.(신 4:7, 대하 30:27, 시 4:3, 5:3, 6:9, 18:6, 65:2, 요일 5:14-15) 하나님이 듣지 않으시는 기도는 없습니다. 하나님이 듣지 못하시는 기도도 없습니다. 잘못 구해서 이루어지지 않는 기도는 있어도 하나님께서 듣지 못하시는 기도는 없습니다.

혹자는 땅에 떨어지는 기도가 있다는 표현을 씁니다. 이 말이 응답받지 못할 기도라는 뜻이라면 타당한 표현입니다. 이기적인 기도, 욕심에 사로잡힌 기도, 하나님의 뜻에 어긋나는 기도가 있기 때문입니다. 예를 들면 복권에 당첨되게 해달라는 기도 같은 것입니다.

그러나 땅에 떨어지는 기도라는 표현이 하나님이 듣지 못하시는 기도라는 뜻이라면 틀린 말입니다. 하나님이 듣지 못하시는 기도는 없습니다. 세례 받은 모든 성도가 곧 성령의 전이기 때문입니다. 그 사람 안에 계시는 성령께서 모든 기도를 듣고 하나님께 전하십니다. 그러므로 어떤 이유로도 기도에 게을러질 수 없습니다.

예레미야 애가 3:44에 '주께서 구름으로 자신을 가리사 기도가 상달되지 못하게 하시고'라는 말씀이 있습니다. 하나님께 상달되지 못하는 기도가 있다는 말씀입니다. 죄인의 기도가 그렇습니다. 그렇지만 이는 기도가 땅에 떨어진다기보다는 하나님께서 죄인의 간구를 이루어주지 않으신다는 뜻입니다.

"이러므로 너희는 장차 올 이 모든 일을 능히 피하고 인자 앞에 서도록 항상 기도하며 깨어 있으라 하시니라"(눅 21:36)

"소망 중에 즐거워하며 환난 중에 참으며 기도에 항상 힘쓰며"
(롬 12:12)

"모든 기도와 간구를 하되 항상 성령 안에서 기도하고 이를 위하여 깨어 구하기를 항상 힘쓰며 여러 성도를 위하여 구하라"(엡 6:18)

"기도를 계속하고 기도에 감사함으로 깨어 있으라"(골 4:2)

"쉬지 말고 기도하라"(살전 5:17)

성경에 기도에 대한 권면이 무척 많습니다. 그러면서 항상 기도하고 쉬지 말고 기도하라고 가르칩니다.(눅 21:36, 롬 12:12, 엡 6:18, 골 4:2, 살전 5:17) 가장 대표적인 말씀이 누가복음 21:36의 '항상 기도하며 깨어 있으라'는 예수님의 말씀입니다. 그리고 데살로니가전서 5:17의 '쉬지 말고 기도하라'는 말씀입니다. 그 이유는 바로 하나님께서 모든 기도를 듣고 그 기도에 응답하시기 때문입니다. 하나님은 기도의 향기를 기뻐하십니다.(계 5:8, 8:3-4)

2. 예수 이름으로

• 오직 예수로만

"내 이름으로 무엇이든지 내게 구하면 내가 행하리라"(요 14:14)

"내 이름으로 아버지께 무엇을 구하든지 다 받게 하려 함이라"
(요 15:16)

"지금까지는 너희가 내 이름으로 아무 것도 구하지 아니하였으나 구
하라 그리하면 받으리니 너희 기쁨이 충만하리라"(요 16:24)

육십 년 이상 교회를 다니면서 '예수님 이름으로 기도합니다'로
끝나지 않은 기도를 두 번 들었습니다. 한 번은 중학교 3학년 때입니다.
어느 주일 중등부 예배에서 사회를 보고 있었습니다. 그런데 그날 대표
기도를 한 여학생의 기도가 중간에 끊겼습니다. 침묵이 너무 길어져 이
상해서 살짝 눈을 떠보았더니 그 여학생이 저를 보며 웃고 있었습니다.
'예수님 이름으로 기도합니다'라는 말을 생략한 체 기도가 끝났다는 뜻
이었습니다. '이게 뭐지? 미리 말을 하던가'라는 생각이 들었지만 그냥
넘어갔습니다. 같은 중학생의 치기어린 행동이라 생각했습니다. 그래서
별 일 아닌 것처럼 계속 예배를 진행했습니다. 그 여학생도 두 번 다시
그러지 않았습니다.

두 번째는 밴쿠버에서 목회할 때였습니다. 금요기도회 때 어느 여
집사님이 기도하면서 '예수님 이름으로 기도합니다'라는 말을 생략하고
기도를 마쳤습니다. 다른 교인들도 있었기 때문에 그냥 넘어갈 수 없어
서 '성경은 기도가 예수님 이름으로 기도합니다로 끝나야 한다고 가르치
고 있습니다'라고 언급했습니다. 크게 문제 삼지는 않았고 다른 교인들

도 그냥 넘어가는 분위기였습니다. 그 여 집사님은 평소에 다소 엉뚱한 모습을 보이곤 했습니다.

앞에서 언급한 것처럼 기도는 '사람의 일을 성령 안에서 예수의 이름으로 하나님께 구하는 것'입니다. 기도는 성령의 능력과 성자의 은혜로 성부께 구하는 것입니다. 이 삼위 중 한 위격만 빠져도 기도가 아닙니다. 기도는 예수의 이름으로 구하는 것입니다. 예수의 이름이 빠져서는 기도가 아닙니다. 예수의 이름이 빠진 기도는 사람의 말일 뿐입니다. 기도의 능력이 없습니다. 하나님은 응답하지 않으십니다. 기도가 아니기 때문입니다. 하나님은 기도에만 응답하십니다. 예수 이름으로 기도할 때 진짜 기도가 됩니다. 기도는 예수 이름으로만 가능합니다.

개는 인간과 말로 소통할 수 없습니다. 그런 능력이 없습니다. 개의 뇌는 인간의 뇌와 달라서 개에게는 언어 능력이 없습니다. 개의 구강구조는 인간의 그것과 달라서 개가 인간처럼 말할 수는 없습니다. 아무리 훈련시키고 애를 써도 개가 인간처럼 말하고 듣고 대화를 할 수는 없습니다. 개에게는 인간과 언어로 대화할 수 있는 능력이 없는 것입니다.

인간은 신에게 말할 수 있는 자격이 없습니다. 추하고 더럽고 죄로 물들었기 때문입니다. 하나님은 거룩하고 거룩하십니다. 온전히 거룩하십니다. 인간은 전혀 거룩하지 않습니다. 온전히 죄로 물든 존재입니다. 그래서 인간은 하나님께 말을 할 수 있는 자격이 없습니다. 추하고 더럽고 악한 존재로서 온전히 거룩하신 분에게 말을 건넬 수 있는 자격이 없는 것입니다.

숱한 부정을 저지른 남편이나 아내가 배우자에게 '당신을 사랑한다'고 말할 수 없습니다. 자식을 학대하고 방치하고 굶긴 부모가 자식에게 '너를 사랑한다'고 말할 수 없습니다. 오물이 잔뜩 묻은 악취 나는 옷을 입고 1년은 씻지 않은 몰골을 하고서 친구 결혼식에 참석할 수는 없습니다. 그럴 자격이 없는 것입니다. 인간이 하나님께 말하는 것이 그렇습니다. 죄로 물든 추하고 악한 본성으로 인해 하나님과 대화할 수 있는 자격이 없습니다.

> "여호와께서 말씀하시되 오라 우리가 서로 변론하자 너희의 죄가 주홍 같을지라도 눈과 같이 희어질 것이요 진홍 같이 붉을지라도 양털 같이 희게 되리라"(사 1:18)

성경은 인간의 영혼이 주홍 같이 붉고 진홍 같이 붉다고 합니다.(사 1:18) 죄로 물들어 그렇습니다. 그렇게 죄로 물든 영혼을 가진 인간은 하나님 앞에서 감히 한 마디도 할 수 없습니다. 더럽고 더러우며 모든 것이 더럽기 때문입니다.

> "그때에 내가 말하되 화로다 나여 망하게 되었도다 나는 입술이 부정한 사람이요 나는 입술이 부정한 백성 중에 거주하면서 만군의 여호와이신 왕을 뵈었음이로다 하였더라"(사 6:5)

이사야는 환상 중에 하나님의 보좌를 보고 자신은 입술이 부정한 사람이라고 하면서 이제 망하게 되었다고 말합니다. 그렇습니다. 입술이 부정한 사람은 하나님 보좌를 바라보는 것만으로도 망하게 됩니다. 그 더러운 입술을 놀려 감히 하나님께 말을 하는 것은 있을 수 없는 일입니다. 철저하게 망하는 길입니다.

> "그때에 그 스랍 중의 하나가 부젓가락으로 제단에서 집은 바 핀 숯을 손에 가지고 내게로 날아와서 그것을 내 입술에 대며 이르되 보라 이것이 네 입에 닿았으니 네 악이 제하여졌고 네 죄가 사하여졌느니라

하더라"(사 6:6-7)

그때 스랍 중 하나가 하늘 제단의 숯으로 이사야의 입술을 정하게 했습니다. 이사야가 가진 악을 제하고 이사야의 죄를 사한 것입니다. 그래서 이사야의 주홍 같이 진홍 같이 붉은 영혼이 눈과 같이 양털 같이 희어졌습니다. 그 후에 이사야는 하나님께 말할 수 있게 되었습니다. 하나님께 말할 수 있는 자격이 주어진 것입니다.

> "내가 또 주의 목소리를 들으니 주께서 이르시되 내가 누구를 보내며 누가 우리를 위하여 갈꼬 하시니 그때에 내가 이르되 내가 여기 있나이다 나를 보내소서 하였더니"(사 6:8)
> "내가 이르되 주여 어느 때까지니이까 하였더니 주께서 대답하시되 성읍들은 황폐하여 주민이 없으며 가옥들에는 사람이 없고 이 토지는 황폐하게 되며"(사 6:11)

이사야는 하늘 제단의 숯으로 입술이 정결해졌습니다. 악이 제하여지고 죄를 사함 받았습니다. 그 영혼이 눈과 같이 희어졌습니다. 그리고 하나님께 '내가 여기 있나이다 나를 보내소서'라고 말합니다. '주여 어느 때까지이니까' 하고 묻습니다. 하나님께 기도할 수 있는 자격을 얻은 것입니다. 하나님께 말할 수 있는 자격을 얻은 것입니다. 하나님께 기도하기 위해서는 이사야가 얻은 이런 자격을 얻어야 합니다.

예수께서 이런 자격을 주십니다. 예수를 믿는 모든 사람에게 이사야가 특별히 얻었던 그런 자격을 주시는 것입니다. 그래서 예수 이름으로 기도하는 것입니다. 그래서 예수 이름으로 기도해야 합니다. 예수 이름으로 하지 않는 기도는 아무 소용이 없습니다. 자격이 없는 사람이 말하는 것이기 때문입니다. 하나님은 아무런 반응도 하지 않으십니다. 그것은 기도가 아닙니다. 의미 없는 소리일 뿐입니다. 영혼이 더러운 피조물의 소리는 신세 한탄이고 횡설수설입니다. 이룰 수 없는 소원의 나열일 뿐입니다.

• 십자가 은혜로

"이와 같이 그리스도도 많은 사람의 죄를 담당하시려고 단번에 드리신바 되셨고"(히 9:28)
"그리스도께서도 단번에 죄를 위하여 죽으사 의인으로서 불의한 자를 대신하셨으니 이는 우리를 하나님 앞으로 인도하려 하심이라"(벧전 3:18)

사람이 하나님께 기도할 수 있는 자격은 예수 그리스도의 십자가 은혜로 주어집니다. 그 은혜는 인간이 되신 신의 죽음으로 인한 것입니다. 신이 인간이 되기는 하셨지만 그래도 예수는 여전히 신이십니다. 예수는 죽지 않으셨을 수도 있지만 십자가 죽음을 선택하셨습니다. 하나님의 뜻에 순종하신 것입니다. 그 동기와 과정과 목적을 다 생략하고 결과만 이야기 하면 이렇습니다.

십자가 사건은 신이 인간을 위해 인간에 의해 죽임을 당하신 것입니다. 있을 수 없는 전대미문의 사건입니다. 동시에 유일무이한 사건입니다. 그래서 십자가 사건은 어떤 신학자의 표현처럼 우주적 사건입니다. 인간은 이 우주적 사건을 통해 하나님께 기도할 수 있는 자격을 얻었습니다.

"예수께서 다시 크게 소리 지르시고 영혼이 떠나시니라 이에 성소 휘

장이 위로부터 아래까지 찢어져 둘이 되고 땅이 진동하며 바위가 터지고"(마 27:50-51)

"예수께서 큰 소리를 지르시고 숨지시니라 이에 성소 휘장이 위로부터 아래까지 찢어져 둘이 되니라"(막 15:37-38)

"성소의 휘장이 한가운데가 찢어지더라 예수께서 큰 소리로 불러 이르시되 아버지 내 영혼을 아버지 손에 부탁하나이다 하고 이 말씀을 하신 후 숨지시 니라"(눅 23:45-46)

유대인들은 예루살렘 성전을 거룩한 곳으로 생각했습니다. 특히 지성소는 가장 거룩한 장소였습니다. 하나님께서 현현하신다고 믿었기 때문입니다. 지성소는 이 세상에서 가장 거룩한 장소였습니다. 그래서 지성소는 아무나 들어갈 수 없었습니다. 오직 대제사장만 들어갈 수 있었습니다. 대제사장도 함부로 들어가지 못하고 일 년에 단 하루, 대 속죄일에만 들어갈 수 있었습니다.

그것도 일주일 전부터 정결함을 유지하기 위하여 온갖 규정을 다 지킨 후에 들어갈 수 있었습니다. 그러고도 허리에 동아줄을 묶고 들어갔습니다. 혹시 지성소에서 하나님의 진노를 받아 죽으면 그 시체를 밖에서 줄로 끌어내겠다고 생각한 것입니다. 왜냐하면 새로운 대제사장이 생기기까지는 죽은 대제사장을 꺼내기 위해 들어갈 사람이 없었기 때문입니다. 지성소는 이렇게 거룩한 곳이었습니다.

그런데 예수께서 십자가에서 돌아가실 때 그 거룩한 지성소의 휘장이 찢어졌습니다. 이는 대속의 은혜를 상징적으로 보여주는 사건입니다. 예수님의 십자가 죽음은 인간의 죄를 대속하기 위한 은혜입니다. 십자가 사건으로 인간의 모든 죄를 사할 수 있는 길이 열렸습니다. 십자가 은혜로 하나님의 형상이 회복되는 길이 열렸습니다. 인간이 다시 거룩해질 수 있게 된 것입니다. 십자가 은혜로 인간이 의롭게 되는 길이 열리고 인간이 하나님과 화해하게 되었습니다.(롬 5:9-10) 그래서 십자가 은혜는 은혜 중의 은혜입니다. 십자가 은혜를 상징적으로 설명하는 것이 성전 휘장이 찢어진 사건입니다.

> "염소와 송아지의 피로 하지 아니하고 오직 자기의 피로 영원한 속죄
> 를 이루사 단번에 성소에 들어가셨느니라"(히 9:12)
> "그러므로 형제들아 우리가 예수의 피를 힘입어 성소에 들어갈 담력
> 을 얻었나니 그 길은 우리를 위하여 휘장 가운데로 열어 놓으신 새로
> 운 살 길이요 휘장은 곧 그의 육체니라"(히 10:19-20)

지성소 휘장이 찢어진 사건은 히브리서 9:12와 10:19-20에 기초해서 이해하는 것이 옳습니다. 이 말씀은 예수님의 대속의 피로 인하여 성도들이 지성소에 들어갈 수 있게 되었다는 뜻입니다. 예수님이 먼저 지성소에 들어가시고 이를 통해 믿는 자들이 지성소에 들어갈 수 있도록 하신 것입니다. 예수님은 육체의 죽음을 통해 지성소의 휘장을 찢어 새로운 길을 열어 놓으셨습니다. 그 길이 바로 사람이 살 길입니다.

예수의 피를 힘입어 성소에 들어갈 담력을 얻었다는 말은 훼손된 인간의 형상이 다시 회복되었다는 뜻입니다. 그래서 거룩하신 하나님을 만날 수 있게 되었다는 말입니다. 그렇지 않은 경우 지성소는 대속죄일 단 하루 대제사장만이 들어갈 수 있었습니다. 그러나 이제는 모든 하나님의 백성이 지성소에 들어갈 수 있게 되었습니다. 예수님의 피로 거룩해지고 온전해졌기 때문입니다.

교회는 예수님의 죽음을 통해 하나님과 인간 사이를 가로 막는 지성소의 휘장이 찢어졌다고 이해했습니다. 이는 인간이 다시 하나님을 만날 수 있게 되었다는 뜻입니다. 선악과의 죄를 용서받는 길이 열린 것입니다. 거룩함을 잃은 인간이 다시 거룩해 질 수 있는 길이 열린 것입니

다. 달리 말해서 사람이 하나님께 기도할 수 있는 자격이 생긴 것입니다. 사람이 하나님께 기도할 수 있는 자격은 오직 십자가 은혜를 통해서 얻을 수 있습니다. 그래서 기도는 오직 예수의 이름으로만 가능합니다.

• 유일하게 참된 기도

"너희가 내 이름으로 무엇을 구하든지 내가 행하리니 이는 아버지로 하여금 아들로 말미암아 영광을 받으시게 하려 함이라"(요 14:13)
"내 이름으로 무엇이든지 내게 구하면 내가 행하리라"(요 14:14)
"너희가 내 안에 거하고 내 말이 너희 안에 거하면 무엇이든지 원하는 대로 구하라 그리하면 이루리라"(요 15:7)
"내 이름으로 아버지께 무엇을 구하든지 다 받게 하려 함이라"
(요 15:16)
"너희가 무엇이든지 아버지께 구하는 것을 내 이름으로 주시리라"
(요 16:23)
"구하라 그리하면 받으리니 너희 기쁨이 충만하리라"(요 16:24)
"그 날에 너희가 내 이름으로 구할 것이요 내가 너희를 위하여 아버지께 구하겠다 하는 말이 아니니"(요 16:26)

요한복음 14-16장은 예수님의 마지막 교훈입니다. 그런데 여기에 기도에 대한 가르침이 있습니다. 그 핵심은 '이제부터는 내 이름으로 구하라'는 것입니다. 예수님은 '너희가 내 이름으로 무엇이든지 구하면 내가 다 이루어주겠다, 내 아버지께서 다 이루어주실 것이다'라는 말씀을 일곱 번 하십니다.(요 14:13, 14, 15:7, 15:16, 16:23, 24, 26)
여기서 강조된 사실은 '내 이름으로 구하라'는 것입니다. 기도는 예수님의 이름으로 구하는 것입니다. 오직 예수 이름으로 드리는 기도만이 진짜 기도입니다. 구세주이신 하나님의 아들만 하실 수 있는 선언입니다. 이 말씀은 유대교의 기도를 폐지합니다. 이제 더 이상 유대교의 기도는 기도가 아닙니다. 이 말씀은 기독교만이 세상의 참된 종교임을 선포하시는 것입니다. 그래서 다른 모든 기도를 무용지물로 만듭니다. 하나님은 오직 예수 이름으로 구하는 기도에만 응답하십니다.

> "하나님이 세상을 이처럼 사랑하사 독생자를 주셨으니 이는 그를 믿는 자마다 멸망하지 않고 영생을 얻게 하려 하심이라"(요 3:16)
> "나를 보내신 이의 뜻은 내게 주신 자 중에 내가 하나도 잃어버리지 아니하고 마지막 날에 다시 살리는 이것이니라 내 아버지의 뜻은 아들을 보고 믿는 자마다 영생을 얻는 이것이니 마지막 날에 내가 이를 다시 살리리라 하시니라"(요 6:39-40)

'예수 이름으로만 기도해야 한다, 예수 이름으로만 기도할 수 있다'는 사실에 깊은 신학적 이유가 있습니다. 첫째, 이는 예수님의 구세주 되심을 선포하는 것입니다.(요 6:39-40) 하나님께서 인간의 구원 계획을 세우셨지만 예수님 없이 그 계획이 이루어질 수는 없습니다. 구원에 있어 예수 그리스도의 역할은 필수적입니다.

예수님을 통해 메시아 대망의 약속이 이루어졌습니다. 하나님께서 예언자들을 통해 약속하신 메시아가 오셨습니다. 드디어 이스라엘 백성이 오래 동안 기다린 구세주가 오셨습니다. 예수님은 구원에 대한 하나님의 뜻을 세상에 밝히셨습니다. 그것은 구원의 목표가 이 세상 모든 사람의 영원한 생명이라는 사실입니다.(요 3:16) 이스라엘 민족의 정치적 승리가 아니었습니다.

"영원부터 만물을 창조하신 하나님 속에 감추어졌던 비밀의 경륜이
어떠한 것을 드러내게 하려 하심이라"(엡 3:9)
"이 비밀은 만세와 만대로부터 감추어졌던 것인데 이제는 그의 성도
들에게 나타났고 하나님이 그들로 하여금 이 비밀의 영광이 이방인
가운데 얼마나 풍성한지를 알게 하려 하심이라 이 비밀은 너희 안에
계신 그리스도시니 곧 영광의 소망이니라"(골 1:26-27)

그런데 하나님의 진정한 구원 계획은 오래 동안 사람들에게 감추
어져 있었습니다.(엡 3:9, 골 1:26) 이 비밀이 예수님을 통해 밝히 드러났습
니다. 죄 사함과 부활, 그리고 영원한 생명이 구원의 내용임이 밝혀진 것
입니다. 예수 그리스도는 구세주가 분명합니다. 인간은 죄인으로서 오직
구세주의 능력을 빌려 하나님께 기도할 수 있습니다.

"예수께서 대답하여 이르시되 하나님께서 보내신 이를 믿는 것이 하
나님의 일이니라 하시니"(요 6:29)
"내가 하늘에서 내려온 것은 내 뜻을 행하려 함이 아니요 나를 보내신
이의 뜻을 행하려 함이니라"(요 6:38)
"예수께서 이르시되 너희는 아래에서 났고 나는 위에서 났으며 너희
는 이 세상에 속하였고 나는 이 세상에 속하지 아니하였느니라 그러
므로 내가 너희에게 말하기를 너희가 너희 죄 가운데서 죽으리라 하
였노라 너희가 만일 내가 그인 줄 믿지 아니하면 너희 죄 가운데서 죽
으리라"(요 8:23-24)

둘째, 유대교의 폐지를 이야기하는 것입니다. 예수님은 복음을 전
하시면서 계속 하나님이 자신을 보내셨음을 강조하셨습니다.(요 6:29, 38)
그리고 자신의 교훈은 예수 자신의 것이 아니라 하나님의 것임을 강조

하셨습니다.(요 7:16) 그러나 유대인들은 끝까지 이를 믿지 않고 예수님을 조롱하고 멸시했습니다. 예수께서 자신의 죽음을 암시하시면서 '지금 나를 믿지 않으면 영원한 죽음에 이를 것이라'고 말씀하셨을 때, 유대인들은 전혀 심각하게 듣지 않았습니다. 오히려 예수님이 자살이라도 해서 지옥에 가려는 것인가 하면서 조롱했습니다.(요 8:21-22)

이에 예수님은 '너희는 아래에서 났고 나는 위에서 났다'고 말씀하십니다.(요 8:23) 예수님과 유대인들의 대립 관계를 이원론적인 용어로 표현하신 것입니다. 아래는 지상 세계, 위는 천상 세계를 의미합니다. 예수님의 이 격조 높은 말씀은 유대인들의 조롱과 경멸에 대한 역습입니다.

그리고 예수님은 요한복음 8:44에서 유대인들을 가리켜 마귀의 자식이라고 하십니다. 유대인들의 완고한 태도, 불신, 예수님을 믿지 못하는 태도는 마귀가 시키는 대로 하기 때문이라는 것입니다. 유대인들이 하나님의 자녀라면 하나님이 보내신 예수님을 믿어야 합니다. 진리의 자녀로서 진리를 믿어야 합니다. 그런데 예수님을 믿지 않고 죽이려 하는 것을 보면 그들이 하나님의 자녀가 아니라 마귀의 자녀라는 증거라는 것입니다.

그래서 이제 유대인으로서 기도하는 것이 모두 무효입니다. 예수님은 이 사실을 선포하신 것입니다. 지금까지 유대인들은 하나님의 백성으로서 하나님께 기도해 왔습니다. 그러나 예수님을 거부함으로써 하나님을 거부하게 되었습니다. 왜냐하면 하나님께서 예수님을 보내셨기 때문입니다. 유대인들은 이제 하나님의 자녀에서 마귀의 자식이 되었습니다. 그러므로 하나님께 기도할 수 있는 자격을 잃어버렸습니다.

하나님은 이스라엘 백성을 선택하셔서 제사장 나라, 거룩한 백성이 되게 하셨습니다.(출 19:6) 하나님은 이스라엘 백성과 계약을 맺으셨습니다.(출 24:1-11) 하나님은 이스라엘의 신이 되시고 이스라엘은 하나님의 백성이 된 것입니다. 그래서 다윗은 '주께서 주의 백성 이스라엘을 세우사 영원히 주의 백성으로 삼으셨사오니'라고 기도했습니다.(삼하 7:24) 하나님은 그런 계약 백성을 버리셨습니다. 그들에게 유기(遺棄)의 벌을 내리셨습니다. 그들이 예수님을 거부했기 때문입니다.

예수께서 '이제부터는 내 이름으로만 기도하라'고 말씀하신 것은 결국 유대교가 더 이상 하나님의 백성이 아니라는 뜻입니다. 유대교는 예수를 거부함으로써 구원의 은혜를 거부했습니다. 예수 이름으로만 기도해야 한다는 선언은 유대교의 폐지를 의미합니다. 유대교는 더 이상 하나님의 백성이 아닙니다. 하나님의 아들이신 예수를 거부함으로써 아버지 하나님께 거부당한 것입니다.

> "예수께서 이르시되 내가 곧 길이요 진리요 생명이니 나로 말미암지
> 않고는 아버지께로 올 자가 없느니라"(요 14:6)

셋째, 오직 기독교만이 참된 종교임을 선포하는 것입니다. 요한복음 14:6은 요한복음의 기독론과 구원론의 최고봉이라고 할 수 있습니다. 가장 유명한 예수님의 자기 계시의 말씀입니다. 예수님 자신이 '나는 하나님께로 나아가는 유일한 길이요, 하나님을 아는 유일한 진리요, 또한 영생을 제공할 수 있는 유일한 생명이다'라고 말씀하셨습니다. 이는 자신의 정체성과 사명을 한 문장으로 밝히신 것입니다.

예수 이름으로만 기도할 수 있다는 것도 같은 맥락의 말씀입니다. 예수님의 이름으로 기도하지 않는 기도는 아무 소용이 없습니다. 그것은 기도가 아니라 자기 생각의 연장일 뿐입니다. 자기의 소원을 밝히는 독백일 뿐입니다. 그 말을 들을 수 있는 신은 하나님 외에는 존재하지 않습니다. 그런데 그 유일하신 하나님은 예수 이름으로 하는 기도만 기도로 인정하십니다. 그리고 응답하십니다. 결국 '내 이름으로 기도하라'는 예

수님 말씀은 기독교만 유일한 구원의 종교, 참된 종교임을 선포하신 것입니다.

3. 성령 안에서

• 성령의 도우심

"모든 기도와 간구를 하되 항상 성령 안에서 기도하고 이를 위하여 깨어 구하기를 항상 힘쓰며 여러 성도를 위하여 구하라"(엡 6:18)
"사랑하는 자들아 너희는 너희의 지극히 거룩한 믿음 위에 자신을 세우며 성령으로 기도하며"(유 1:20)

에베소서 6:18에 '성령 안에서 기도하고'라는 말씀이 있습니다. 유다서 1:20에는 '성령으로 기도하며'라는 말씀이 있습니다. 이는 기도의 본질 중 하나를 밝히는 중요한 말씀입니다. 성령 안에서 기도해야 합니다. 성령으로 기도해야 합니다. 그렇지 않은 기도는 마귀의 유혹에 쉽게 넘어집니다. 사람의 생각으로 쉽게 왜곡됩니다. 능력이 약하거나 아예 없습니다. 하나님이 기뻐하시는 기도가 될 수 없는 것입니다.

"내 양심이 성령 안에서 나와 더불어 증언하노니"(롬 9:1)
"이방인을 제물로 드리는 것이 성령 안에서 거룩하게 되어 받으실 만하게 하려 하심이라"(롬 15:16)
"우리 하나님의 성령 안에서 씻음과 거룩함과 의롭다 하심을 받았느니라"(고전 6:11)
"이는 그로 말미암아 우리 둘이 한 성령 안에서 아버지께 나아감을 얻게 하려 하심이라"(엡 2:18)

신약에 '성령 안에서'라는 표현이 있습니다.(롬 9:1, 15:16, 고전 6:11,

엡 2:18, 22, 6:18, 골 1:8) 이는 '성령과 함께, 성령의 도우심을 받아'라는 뜻입니다. 그러므로 '성령 안에서 기도한다, 성령으로 기도한다'라는 말씀은 '성령의 도우심을 받아 기도한다, 성령의 인도하심을 따라 기도한다'라는 뜻입니다. 사실 진리의 영이신 성령은 보혜사이십니다. 믿는 자를 도우시는 분이신 것입니다. 당연히 성도의 기도를 도우십니다. 성도가 기도할 때 그 기도를 격려하시고 바르게 기도하도록 하십니다. 성령의 도우심을 받아 성령 안에서 기도해야 합니다.

> "이와 같이 성령도 우리의 연약함을 도우시나니 우리는 마땅히 기도
> 할 바를 알지 못하나 오직 성령이 말할 수 없는 탄식으로 우리를 위하
> 여 친히 간구하시느니라 마음을 살피시는 이가 성령의 생각을 아시
> 나니 이는 성령이 하나님의 뜻대로 성도를 위하여 간구하심이니라"
> (롬 8:26-27)

보혜사 성령께서 성도의 기도를 도와주십니다. 로마서 8:26-27이 이에 대한 대표적 말씀입니다. 성령께서 믿는 자로 하여금 올바른 것을 간구할 수 있도록 도와주십니다. 친히 그를 위해 간구하십니다. 사람이 기도할 바를 제대로 모르기 때문입니다. 연약하고 얕은 믿음 때문에 그렇습니다.

겟세마네 동산의 베드로, 야고보, 요한은 마땅히 기도해야 할 장소와 시간에서 기도하지 못했습니다. 예수님의 부탁을 듣고도 기도하지 못했습니다.(마 26:36-46) 육신의 연약함으로 인해 기도하지 못했습니다. 영적인 눈이 흐려서 기도하지 못했습니다.

예수님의 제자들은 권력을 탐했습니다. 그들은 천국에서 누가 크냐 하는 문제로 서로 다투었습니다.(마 18:1-4, 막 9:33-35) 세상에서 서로 높은 자리에 앉기를 원했습니다.(마 20:20-24) 그들은 예수님의 십자가 죽

음에 대한 말씀을 듣고 난 후에 서로 다투었습니다.(마 20:17-19)

모든 인간이 그렇습니다. 구해야 할 것을 구하지 않습니다. 구하지 말아야 할 것을 구합니다. 성령께서 그런 인간의 기도를 도우십니다. 성령께서 마음의 눈을 밝혀 하나님을 알게 하십니다. 그리고 하나님이 원하시는 것을 기도하게 하십니다.(엡 1:1718) 뿐만 아니라 직접 성도를 위해 중보기도를 하십니다. 모든 중보기도에 능력이 있습니다. 성도를 위한 성령의 중보기도는 말할 필요가 없습니다.

성령 안에서 기도할 때 참된 회개를 하게 됩니다. 사람은 자신의 죄를 충분히 인식하지 못합니다. 스스로를 괜찮은 믿음의 사람이라고 생각하고 별로 회개할 것이 없다고 착각하기 마련입니다. 자신의 믿음을 과대평가하는 것입니다. 그렇지만 성령의 도우심을 받아 기도할 때 자신의 진짜 모습을 알게 됩니다. 게으르고 교만한 자신을 알게 됩니다. 죄를 인식하지 못하는 무지한 모습을 알게 되는 것입니다. 성령께서 회개를 도와주십니다.

성령 안에서 기도할 때 영원한 것을 간구하게 됩니다. 사람의 본성은 이 세상에서의 평안과 행복을 추구하기 마련입니다. 그래서 먼저 자신의 건강과 일용할 양식을 위해 기도합니다. 가족의 행복과 평안을 위해 기도합니다. 그렇지만 성령의 도우심을 받아 기도할 때 영원한 것을 소망하게 됩니다. 성령께서 깨우쳐주십니다. 그것이 하나님의 진정한 선물이기 때문입니다. 하나님은 사람에게 영원한 것을 약속하십니다.

성령 안에서 기도할 때 끈기 있게 기도할 수 있습니다. 사람은 쉽게 기도를 포기합니다. 원하는 일이 원하는 때에 원하는 모양으로 이루어지지 않으면 쉽게 포기합니다. 기도의 능력을 의심하면서 낙심하는 것입니다. 그러나 성령의 도우심을 받으면 끈기 있게 기도할 수 있습니다. 끝까지 인내할 수 있습니다. 성령께서 사람의 나약함을 도와주시기 때문입니다. 기도에 힘을 주시기 때문입니다.

성령 안에서 기도할 때 하나님의 일을 위해 기도하게 됩니다. 성령으로 충만하면 하나님을 사랑하게 됩니다. 하나님을 사랑하는 사람은 하나님의 일을 위해 기도합니다. 교회의 사역을 위해 기도하고 교회의 부흥을 위해 기도합니다. 전도와 선교를 위해 기도합니다. 하나님의 영광이 세상에 드러날 수 있도록 기도합니다.

성령 안에서 기도할 때 이웃을 위해 기도하게 됩니다. 성령으로 충만하면 이웃을 사랑하게 됩니다. 이웃을 사랑하는 사람은 이웃을 위해 기도합니다. 이웃을 위한 중보기도야말로 다른 사람을 사랑하는 가장 좋은 방법입니다. 사람을 사랑하면 그를 위해 기도하게 됩니다. 그에게 자신이 줄 수 있는 것 이상을 주고 싶기 때문입니다. 사랑하는 사람에게 자신의 능력 이상의 것을 주고 싶은 사람은 그를 위해 기도합니다.

성령 안에서 기도할 때 마귀의 유혹을 이길 수 있습니다. 사람은 마귀의 유혹을 쉽게 깨닫지 못합니다. 마귀의 유혹이 그만큼 은밀하기 때문입니다. 마귀는 아주 교묘하고 은밀합니다. 그러나 성령의 도우심을 받으면 마귀의 유혹을 알 수 있습니다. 그리고 쉽게 물리칠 수 있습니다. 사람의 능력으로 마귀를 이기는 것이 아니라 성령의 도우심으로 이기는 것입니다. 오직 성령의 능력으로 마귀를 이길 수 있습니다. 그래서 성령 안에서 기도해야 합니다.

• 성령의 전

"그는 진리의 영이라 세상은 능히 그를 받지 못하나니 이는 그를 보지도 못하고 알지도 못함이라 그러나 너희는 그를 아나니 그는 너희와 함께 거하심이요 또 너희 속에 계시겠음이라"(요 14:17)
"그 날에는 내가 아버지 안에, 너희가 내 안에, 내가 너희 안에 있는 것

을 너희가 알리라"(요 14:20)

"내 안에 거하라 나도 너희 안에 거하리라 가지가 포도나무에 붙어 있
지 아니하면 스스로 열매를 맺을 수 없음 같이 너희도 내 안에 있지 아
니하면 그러하리라"(요 15:4)

믿는 자는 성령 안에서 기도해야 합니다. 그 이유는 모든 성도가
성령의 전이기 때문입니다. 믿는 자는 성령 안에서 기도할 수 있습니다.
그 이유는 성령께서 믿는 자 안에 내재하시기 때문입니다. 성령께서 성
도를 지성소 삼아 사람 안에 거하십니다.(요 14:17, 20, 15:4) 성령은 하나님
의 영이시며 그리스도의 영이십니다. 그런 성령께서 성도 안에 거하심으
로 믿는 자는 하나님의 성전이 됩니다. 그리스도의 처소가 됩니다.

성령께서 성도 안에 거하신다는 말은 하나님께서 성도와 항상 함
께 하신다는 뜻입니다. 그를 거룩하게 하신다는 뜻입니다. 하나님께서
생명의 근원이 되시고 그리스도께서 인격의 뿌리가 되신다는 뜻입니다.
그러므로 믿는 자는 성령께서 자신 안에 내재하심을 믿어야 합니다.

성령의 내재하심은 성화를 위한 은혜입니다. 성령의 내재하심이
있어야 거룩한 내면을 가질 수 있습니다. 거룩하게 살 수 있습니다. 하나
님의 진리를 온전히 이해하고 실천할 수 있습니다. 성령의 내재하심은
구원의 완성을 위한 필수조건입니다. 그래야 인간에게 영생을 주시려는
하나님의 뜻이 이루어질 수 있습니다.

하나님께서 성령을 통해 계획하신 은혜를 네 가지로 요약할 수
있습니다. 첫째는 성령 세례로 사람을 새롭게 하는 은혜입니다. 둘째는
성령의 내재로 하나님과 동행하는 은혜입니다. 셋째는 성령의 열매로 그
리스도의 성품을 주시는 은혜입니다. 넷째는 성령의 은사로 교회를 섬기
는 능력을 주시는 은혜입니다.

네 가지 은혜 모두가 진실로 놀라운 은혜입니다. 성령의 내재하심

역시 그렇습니다. 이는 사람이 곧 하나님의 처소가 된다는 뜻입니다. 사람이 곧 지성소가 되는 것입니다. 이 사실을 믿는 사람은 하나님의 뜻에 자신의 뜻을 복종시킵니다. 하나님의 뜻을 따라 살기 원합니다. 성숙한 믿음의 사람이 되는 것입니다.

> "예수께서 대답하여 이르시되 너희가 이 성전을 헐라 내가 사흘 동안에 일으키리라 유대인들이 이르되 이 성전은 사십육 년 동안에 지었거늘 네가 삼 일 동안에 일으키겠느냐 하더라 그러나 예수는 성전 된 자기 육체를 가리켜 말씀하신 것이라"(요 2:19-21)

요한복음 2:19-21에서 예수님은 자신의 몸을 하나님의 성전이라고 하셨습니다. 하나님께 예배를 드리는 장소라는 뜻입니다. 이는 십자가 죽음과 부활을 의미하신 것으로 새 시대, 새 예배를 말씀하신 것입니다. 그런 의미에서 이 말씀은 '아버지께 참되게 예배하는 자들은 영과 진리로 예배할 때가 오나니 곧 이 때라 아버지께서는 자기에게 이렇게 예배하는 자들을 찾으시느니라 하나님은 영이시니 예배하는 자가 영과 진리로 예배할지니라'는 말씀과 같은 맥락입니다.(요 4:23-24)

> "너희는 너희가 하나님의 성전인 것과 하나님의 성령이 너희 안에 계시는 것을 알지 못하느냐 누구든지 하나님의 성전을 더럽히면 하나님이 그 사람을 멸하시리라. 하나님의 성전은 거룩하니 너희도 그러하니라"(고전 3:16-17)
> "너희 몸은 너희가 하나님께로부터 받은바 너희 가운데 계신 성령의 전인 줄을 알지 못하느냐 너희는 너희 자신의 것이 아니라 값으로 산 것이 되었으니 그런즉 너희 몸으로 하나님께 영광을 돌리라"(고전 6:19-20)

"하나님의 성전과 우상이 어찌 일치가 되리요. 우리는 살아계신 하나님의 성전이라"(고후 6:16)

그런데 바울은 성도 역시 하나님의 성전이라고 합니다.(고전 3:16-17, 고후 6:16) 또는 성령의 전이라고 합니다.(고전 6:19-20) 예수님만 하나님의 성전이 아니라 믿는 자도 하나님의 성전이라고 말한 것입니다. 이는 성령의 내재하심을 강조한 것입니다. 사람이 곧 하나님의 성전이라는 선언은 놀라운 신학적 발상입니다. 그 당시 유대인들은 결코 받아들일 수 없는 생각이었습니다. 바울의 이런 확신은 당시 유대인들의 지성소 개념을 생각할 때 정말 놀라운 것입니다.

그 당시 유대인들은 지성소를 지극히 거룩한 곳으로 생각했습니다. 그러므로 자신이 곧 성령의 전이라는 사실을 믿는 성도는 거룩한 생활을 합니다. 성령의 내재하심을 믿는 사람은 거룩한 생활을 할 수밖에 없습니다. 성령을 모신 영 안에 추한 것을 채울 수는 없습니다. 그것은 하나님을 모신 곳에 하나님이 싫어하시는 것을 잔뜩 집어넣는 격입니다. 하나님을 모독하는 일입니다. 하나님을 모독하는 죄가 가벼울 리 없습니다. 성령의 내재하심을 믿는 자는 성령의 전에 어울리는 거룩한 삶을 살아야 합니다.

자신이 성령의 전임을 아는 사람은 악하고 추한 마음을 용납할 수 없습니다. 성령이 계시는 곳에 악하고 추한 것을 함께 둘 수는 없기 때문입니다. 그래서 그런 생각이 들 때마다 회개합니다. 세례 교인은 남을 미워할 수 있는 권리가 없습니다. 남을 싫어할 수 있는 권리도 없습니다. 성령께서 그 사람 안에 거하시기 때문입니다. 그렇게 정결한 마음으로 기도하는 것이 성령 안에서 기도하는 것입니다.

성령의 내재하심을 믿는 성도는 절망하지 않고 근심하지 않습니다. 음욕에 불타지 않습니다. 탐욕과 시기와 질투를 외면합니다. 그런 죄를 회개합니다. 지성소 안에는 언약궤만 둘 수 있었습니다. 그처럼 성령의 전에는 성령의 열매만 둘 수 있습니다. 믿음, 소망, 사랑만 둘 수 있습니다. 절망, 근심, 음욕, 탐욕, 시기, 질투 같이 악하고 추한 것을 둘 수 없습니다. 그렇게 거룩한 영혼으로 기도하는 것이 성령 안에서 기도하는 것입니다.

> "그를 향하여 우리가 가진 바 담대함이 이것이니 그의 뜻대로 무엇을 구하면 들으심이라"(요일 5:14)

성령 안에서 기도하는 사람은 성령의 뜻을 따라 기도합니다. 성령께서 기뻐하시는 기도를 하는 것입니다. 그는 하나님의 나라와 그의 의를 구하는 기도를 합니다. 먹고 마시는 문제는 하나님께 맡깁니다. 그는 성령 충만을 위한 기도를 합니다. 풍성한 성령의 열매와 충만한 성령의 은사를 구합니다. 그는 회개하는 기도를 합니다. 마음과 생각과 입술로 짓는 죄를 회개하고 자신도 모르고 짓는 죄를 회개합니다. 그는 용서하는 기도를 합니다. 원수를 위한 기도를 합니다. 그는 중보기도를 합니다. 이웃과 세상을 사랑하는 기도를 합니다. 성령께서 기뻐하시는 기도입니다.

반대로 성령께서 근심하시는 기도가 있습니다. 이기적이고 탐욕스러운 기도입니다. 기도의 내용 전부가 자신과 가족의 건강과 성공을 위한 것입니다. 직장에서 성공하고 하는 사업이 다 잘 되고 자식들 미래가 창창하고 가족 모두가 건강하고 이런 기도만 하는 것입니다.

신앙적으로 교만한 기도도 있습니다. 다른 사람보다 더 큰 은사 받기를 바라는 것입니다. 더 큰 은사로 더 많이 봉사하겠다는 것입니다. 말은 그렇지만 자신을 남보다 높게 여기는 마음일 수 있습니다. 교만한 마음으로 그런 기도를 할 수 있습니다. 그런 기도는 성령께서 기뻐하시는 기도가 아닙니다. 교만한 기도이거나 무지한 기도이기 때문입니다. 기도원에서 남들보다 더 큰 은사를 구하다가 오히려 귀신이 들려 내려왔다는 간증을 들은 적이 있습니다. 기도할 때 성령의 뜻을 따라 구해야 합니다. 성령 안에서 기도해야 하는 것입니다. 그렇지 않고 성령의 뜻을 거슬러 잘못 구하면 오히려 성령께서 근심하십니다.

> "너희 중에 아버지 된 자로서 누가 아들이 생선을 달라 하는데 생선 대신에 뱀을 주며 알을 달라 하는데 전갈을 주겠느냐 너희가 악할지라도 좋은 것을 자식에게 줄 줄 알거든 하물며 너희 하늘 아버지께서 구하는 자에게 성령을 주시지 않겠느냐 하시니라"(눅 11:11-13)

누가복음 11:5-11 말씀도 같은 교훈입니다. 이 말씀 역시 기도에 관한 교훈인데 그 시작은 간청입니다. 한밤 중 깊이 잠들었을 때 이웃이 찾아와 빵 좀 빌려달라고 하면 일어나기가 싫습니다. 그러나 계속 문을 두드리면 할 수 없이 일어나 빵을 빌려준다는 말씀입니다. 문 두드리는 소리에 잠을 잘 수가 없는 것입니다. 그러면서 예수님은 '구하라 주실 것이요 찾으라 찾아낼 것이요 문을 두드리라 열릴 것이다'라고 말씀하십니다.

그런데 이 말씀에서 보는 기도에 대한 결론은 '성령 충만'입니다.(눅 11:11-13) 믿는 자가 간구하면 다 주신다고 하면서 그 마지막은 성령도 주신다는 말씀입니다. 성령 충만함이 가장 좋은 것이기 때문입니다. 믿는 자는 기도하면서 성령으로 충만해집니다. 누가복음 11:5-13을 연결해서 이해하면 기도의 시작은 간구지만 기도의 끝은 '성령 충만'입니다. 이 모든 것이 성령 안에서 기도해야 한다는 교훈입니다.

・ 언제 어디서나

"예수는 물러가사 한적한 곳에서 기도하시니라"(눅 5:16)
"무리를 보내신 후에 기도하러 따로 산에 올라가시니라 저물매 거기
혼자 계시더니"(마 14:23)

한편, 기도는 언제 어디서나 할 수 있습니다. 특별한 장소, 특별한
시간이 필요한 것이 아닙니다. 성령께서 늘 함께하시기 때문입니다. 믿
는 자들이 성령의 전이기 때문입니다. 그래서 하나님께서 항상 들으시기
때문입니다. 예수께서도 한적한 곳이나 산에서 기도하셨습니다.

"이 때에 예수께서 기도하시러 산으로 가사 밤이 새도록 하나님께 기
도하시고 밝으매 그 제자들을 부르사 그 중에서 열둘을 택하여 사도
라 칭하셨으니"(눅 6:12-13)
"예수께서 떡 다섯 개와 물고기 두 마리를 가지사 하늘을 우러러 축사
하시고 떼어 제자들에게 주어 무리에게 나누어 주게 하시니 먹고 다
배불렀더라 그 남은 조각을 열두 바구니에 거두니라"(눅 9:16-17)
"예수께서 이 말씀을 하시고 눈을 들어 하늘을 우러러 이르시되 아버
지여 때가 이르렀사오니 아들을 영화롭게 하사 아들로 아버지를 영화
롭게 하게 하옵소서"(요 17:1)
"예수께서 힘쓰고 애써 더욱 간절히 기도하시니 땀이 땅에 떨어지는
핏방울 같이 되더라"(눅 22:44)

예수님은 중요한 일이 있을 때마다 항상 기도하셨습니다. 제자들
을 선출하기 전에 밤이 새도록 기도하셨습니다.(눅 6:12-13) 오병이어 기
적을 일으키시기 전에 기도하셨습니다.(눅 9:16-17) 제자들을 위해 마지막

으로 기도하셨습니다.(요 17:1-26) 십자가 죽음 전에 겟세마네에서 간절히 기도하셨습니다.(눅 22:39-46)

뿐만 아니라 십자가 위에서도 기도하셨습니다. '아버지 저들을 사하여 주옵소서 자기들이 하는 것을 알지 못함이니이다'라고 기도하셨습니다.(눅 23:34) 그리고 '아버지 내 영혼을 아버지 손에 부탁하나이다'라고 기도하셨습니다.(눅 23:46) 성령 안에서 기도하기 때문에 사람은 언제 어디서나 기도할 수 있습니다. 예수께서 그리하셨습니다.

> "베드로가 사람을 다 내보내고 무릎을 꿇고 기도하고 돌이켜 시체를 향하여 이르되 다비다야 일어나라 하니 그가 눈을 떠 베드로를 보고 일어나 앉는지라"(행 9:40)
> "이에 베드로는 옥에 갇혔고 교회는 그를 위하여 간절히 하나님께 기도하더라"(행 12:5)

사도들과 교회는 복음을 위해 언제 어디서나 기도했습니다. 베드로는 다비다를 살리기 위해 기도했습니다.(행 9:40) 예루살렘 교회는 옥에 갇힌 베드로를 위해 기도했습니다.(행 12:5) 안디옥 교회는 바나바와 사울을 파송할 때 기도했습니다.(행 13:3) 바울은 보블리오 부친의 병을 위해 기도했습니다.(행 28:8) 바울은 빌립보 교회를 향해 '아무 것도 염려하지 말고 다만 모든 일에 기도와 간구로, 너희 구할 것을 감사함으로 하나님께 아뢰라'고 권면합니다.(빌 4:6) 골로새 교회를 향해서는 '기도를 계속하고 기도에 감사함으로 깨어 있으라'고 권면합니다.(골 4:2)

> "내가 곧 그들을 나의 성산으로 인도하여 기도하는 내 집에서 그들을 기쁘게 할 것이며 그들의 번제와 희생을 나의 제단에서 기꺼이 받게 되리니 이는 내 집은 만민이 기도하는 집이라 일컬음이 될 것임이

라"(사 56:7)

"그들에게 이르시되 기록된 바 내 집은 기도하는 집이라 일컬음을
받으리라 하였거늘 너희는 강도의 소굴을 만드는도다 하시니라"
(마 21:13)

"제 구 시 기도 시간에 베드로와 요한이 성전에 올라갈새"(행 3:1)

언제 어디서나 기도하는 전통은 구약에도 있습니다. 아브라함의
종은 우물가에서 잠깐 기도했습니다.(창 24:12) 히스기야는 병상에서 간절
히 기도했습니다.(왕하 20:2) 느헤미야는 왕 앞에서 잠깐 기도했습니다.(느
2:4) 요나는 물고기 뱃속에서 기도했습니다.(욘 2:1)

그렇지만 구약에서는 성막이나 성전에서 기도한다는 전통이 강
했습니다. 한나는 실로의 성막에서 아들을 간구하는 기도를 했습니다.(삼
상 1:9-15) 솔로몬은 예루살렘 성전을 봉헌할 때 예루살렘 성전에서의 기
도를 강조했습니다. 예루살렘 성전은 제사를 드리는 곳인 동시에 기도
하는 곳이라는 뜻입니다.(왕상 8:22-53) 그래서 이사야는 예루살렘 성전을
기도하는 집이라고 합니다. 예수께서 이 말씀을 인용하시면서 성전 지
도자들을 책망하셨습니다. 기도하는 집을 강도의 소굴로 만들었다는 책
망이었습니다. 베드로와 요한은 기도 시간에 맞추어 성전에 올라갔습니
다.(행 3:1)

"이튿날 그들이 길을 가다가 그 성에 가까이 갔을 그때에 베드로가 기
도하려고 지붕에 올라가니 그 시각은 제 육 시더라"(행 10:9)

"한밤중에 바울과 실라가 기도하고 하나님을 찬송하매 죄수들이 듣더
라"(행 16:25)

"이 여러 날을 지낸 후 우리가 떠나갈새 그들이 다 그 처자와 함께 성
문 밖까지 전송하거늘 우리가 바닷가에서 무릎을 꿇어 기도하고"

(행 21:5)

그렇지만 오순절 성령강림 이후 교회 안에는 언제 어디서나 기도하는 전통이 확립되었습니다. 베드로는 지붕 위에서 기도했고(행 10:9), 바울과 실라는 감옥에서 기도했습니다.(행 16:25) 두로의 성도들은 바닷가에서 기도했습니다.(행 21:5) 믿는 자는 언제 어디서나 기도하는 일에 전혀 거리낌이 없습니다. 예수 이름으로 기도할 때 하나님이 항상 들어주시고 또 은혜를 베풀어주시기 때문입니다. 성령께서 믿는 자의 기도를 위해 역사하시기 때문입니다. 예루살렘 성전이 기도하는 집이 아니라 성도 한 사람 한 사람이 기도하는 집입니다. 믿는 자는 성령의 전이기 때문에 그렇습니다. 이것이 성령의 도우심이고 성령의 은사입니다.

2장.
왜 기도해야 하는가(기도의 이유)

1. 하나님의 사랑을 위해

• 기도해야 하는 이유

"높음이나 깊음이나 다른 어떤 피조물이라도 우리를 우리 주 그리스
도 예수 안에 있는 하나님의 사랑에서 끊을 수 없으리라"(롬 8:39)
"주 예수 그리스도의 은혜가 너희와 함께 하고"(고전 16:23)
"이는 물과 피로 임하신 이시니 곧 예수 그리스도시라 물로만 아니
요 물과 피로 임하셨고 증언하는 이는 성령이시니 성령은 진리니라"
(요일 5:6)
"주 예수 그리스도의 은혜와 하나님의 사랑과 성령의 교통하심이 너
희 무리와 함께 있을지어다"(고후 13:13)

믿는 자가 기도해야 하는 이유를 기도의 본질에서 찾을 수 있습

니다. 기도는 '성령 안에서 예수 이름으로 하나님께 간구하는 것'입니다. 그러므로 삼위일체 하나님의 사랑과 은혜와 진리는 기도를 통해서 얻을 수 있습니다.(고전 13:13) 기도해야 성부의 풍성한 사랑을 누릴 수 있습니다.(롬 5:5, 8:39, 살전 1:4, 살후 3:5, 요일 2:5, 4:9) 기도해야 성자의 충만한 은혜를 입을 수 있습니다.(고전 16:23, 고후 8:9, 엡 1:7, 2:7, 딤전 1:2, 딤후 1:2, 딛 1:4) 기도해야 성령의 신령한 진리를 깨달을 수 있습니다.(요 15:26, 16:13, 엡 1:13, 살후 2:13, 요일 5:6)

기도하는 사람이 삼위일체 하나님과 친밀한 관계를 유지할 수 있습니다. 하나님의 참된 백성이 될 수 있습니다. 하나님의 사랑스러운 자녀가 될 수 있습니다. 그리스도의 제자가 될 수 있습니다. 성령의 능력을 체험할 수 있습니다.(롬 15:13, 19, 고전 2:4) 하나님의 전신갑주를 입고 마귀의 모든 유혹을 이길 수 있습니다.(엡 6:10-17) 이것이 기도해야 하는 이유입니다. 그래서 바울은 '모든 기도와 간구를 하되 항상 성령 안에서 기도하고 이를 위하여 깨어 구하기를 항상 힘쓰며 여러 성도를 위하여 구하라'고 권면합니다.(엡 6:18)

> "내 의의 하나님이여 내가 부를 때에 응답하소서 곤란 중에 나를 너그럽게 하셨사오니 내게 은혜를 베푸사 나의 기도를 들으소서"(시 4:1)
> "구하라 그러면 너희에게 주실 것이요 찾으라 그러면 찾아낼 것이요 문을 두드리라 그러면 너희에게 열릴 것이니 구하는 이마다 받을 것이요 찾는 이는 찾아낼 것이요 두드리는 이에게는 열릴 것이니라"
> (눅 11:9-10)

기도가 있어야 삼위일체 하나님의 충만한 복과 은혜 가운데 거할 수 있습니다.(시 4:1, 눅 11:9-10) 성경이 약속한 모든 하나님의 은혜를 체험할 수 있습니다. 성경이 아무리 하나님의 복을 약속해도 기도가 없으면 그런 복을 누릴 수 없습니다. 체험할 수 없다면 아무리 좋은 말씀도 신기루에 불과합니다. 기도가 없으면 그렇게 성경이 신기루처럼 됩니다. 기도하지 않으면 결코 생명의 물을 마실 수 없습니다.

> "내 영혼아 여호와를 송축하며 그의 모든 은택을 잊지 말지어다 그가 네 모든 죄악을 사하시며 네 모든 병을 고치시며 네 생명을 파멸에서 속량하시고 인자와 긍휼로 관을 씌우시며 좋은 것으로 네 소원을 만족하게 하사 네 청춘을 독수리 같이 새롭게 하시는도다"(시 103:2-5)

시편에서 하나님의 구체적인 복과 은혜를 볼 수 있습니다. 시편 103:2-5가 좋은 예입니다. 하나님은 기도하는 자의 죄를 용서하시고 병을 고쳐 주십니다. 생명을 구하시고 인자와 긍휼을 베푸십니다. 소원을 만족케 하시며 독수리 같은 새 힘을 주십니다.

하나님은 믿는 자가 기도할 때 소원을 들어주십니다.(시 5:3) 환난에서 보호해주십니다.(시 32:6) 고난에서 구원해주시고(시 34:17), 사랑으로 보살펴주십니다.(시 69:13) 사람에게 복을 주시고 그 자손을 번성하게 하십니다.(시 115:13-14) 하나님의 인자하심과 풍성한 속량을 경험하게 하십니다.(시 130:7)

> "새벽 아직도 밝기 전에 예수께서 일어나 나가 한적한 곳으로 가사 거기서 기도하시더니"(막 1:35)
> "이 때에 예수께서 기도하시러 산으로 가사 밤이 새도록 하나님께 기도하시고"(눅 6:12)
> "예수는 물러 가사 한적한 곳에서 기도하시니라"(눅 5:16)
> "예수께서 힘쓰고 애써 더욱 간절히 기도하시니 땀이 땅에 떨어지는 핏방울 같이 되더라"(눅 22:44)

예수께서 늘 기도하셨습니다. 밤을 새워 기도하셨고 간절히 기도하셨습니다. 하나님의 도우심과 능력을 구하셨습니다. 이 사실 하나만으로도 믿는 자는 기도해야 합니다. 하나님의 아들이 기도하셨다면 사람은 말할 필요가 없습니다. 죄 없으신 분이 기도하셨다면 죄인은 말할 필요가 없습니다. 예수님도 간구하실 것이 있었습니다. 사람은 말할 필요도 없습니다. 믿는 자는 반드시 기도해야 합니다.(시 5:2, 골 1:9) 예수님처럼 항상 기도하고 밤을 새워 기도하고 간절히 기도해야 합니다. 예수께서 기도의 본을 보여주셨습니다.

> "내가 여호와를 항상 송축함이여 내 입술로 항상 주를 찬양하리이다"(시 34:1)
> "여호와께 감사하라 그는 선하시며 그 인자하심이 영원함이로다"
> (시 107:1)
> "여호와여 나의 기도를 들으시며 나의 부르짖음에 귀를 기울이소서 내가 눈물 흘 릴 때에 잠잠하지 마옵소서... 주는 나를 용서하사 내가 떠나 없어지기 전에 나의 건강을 회복시키소서"(시 39:12-13)

하나님의 복과 은혜를 위한 기도 외에 찬양의 기도가 필요합니다.(시 34:1, 행 4:23-31) 감사의 기도가 필요합니다.(시 107:1) 회개를 위한 기도가 필요합니다.(시 39:12-13) 가족을 위한 기도가 필요하고 이웃을 위한 기도가 필요합니다. 나라를 위한 기도가 필요합니다. 원수를 이기기 위한 기도가 필요하고 용서를 위한 기도가 필요합니다. 마음의 평안을 위한 기도가 필요하고 진리를 위한 기도가 필요합니다. 미래를 위한 기도가 필요하고 영원한 생명을 위한 기도가 필요합니다. 기도해야 하는 이유는 한두 가지가 아닙니다.

• 하늘 아버지의 사랑

"이같이 너희 빛이 사람 앞에 비치게 하여 그들로 너희 착한 행실을
보고 하늘에 계신 너희 아버지께 영광을 돌리게 하라"(마 5:16)
"그러므로 너희는 이렇게 기도하라 하늘에 계신 우리 아버지여 이름
이 거룩히 여김을 받으시오며"(마 6:9)
"영접하는 자 곧 그 이름을 믿는 자들에게는 하나님의 자녀가 되는 권
세를 주셨으니"(요 1:12)
"성령이 친히 우리의 영과 더불어 우리가 하나님의 자녀인 것을 증언
하시나니"(롬 8:16)
"외모로 보시지 않고 각 사람의 행위대로 심판하시는 이를 너희가 아
버지라 부른즉"(벧전 1:17)

성경은 하나님을 하늘 아버지라 칭합니다. 특히 복음서에 그런
표현이 많이 있습니다.(마 5:16, 45, 48, 6:1, 8, 9, 14, 26, 32, 7:11, 18:14, 23:9, 막
11:25, 눅 11:13) 하나님은 하늘에 계신 아버지이시고 믿는 자는 그의 자녀
입니다.(요 1:12, 롬 8:16) 부모는 자녀의 모든 것을 사랑으로 돌보고 살핍니
다. 아끼고 보호하고 가르치고 용서합니다. 하늘 아버지도 마찬가지이십
니다. 믿는 자를 사랑으로 돌보시고 살피십니다. 반드시 알아야 할 진리
를 깨우쳐주십니다. 인생의 갈 길을 인도하십니다. 삶의 위험과 고통에
서 보호하십니다. 필요한 모든 것들을 채워주십니다. 허물과 잘못을 깨
닫기까지 기다려주십니다.(시 103:8-10) 기도하는 사람이 하늘 아버지의
이 사랑을 체험합니다. 사람은 하나님의 사랑을 받기 위해서 기도해야
합니다.

"하나님이 세상을 이처럼 사랑하사 독생자를 주셨으니 이는 그를 믿

는 자마다 멸망하지 않고 영생을 얻게 하려 하심이라"(요 3:16)

"사랑하는 자들아 우리가 서로 사랑하자 사랑은 하나님께 속한 것이 니 사랑하는 자마다 하나님으로부터 나서 하나님을 알고 사랑하지 아 니하는 자는 하나님을 알지 못하나니 이는 하나님은 사랑이심이라 하 나님의 사랑이 우리에게 이렇게 나타난 바 되었으니 하나님이 자기 의 독생자를 세상에 보내심은 그로 말미암아 우리를 살리려 하심이 라"(요일 4:7-9)

성경은 하나님의 사랑을 강조합니다. 하나님은 사랑이십니다.(요 일 4:8) 그 사랑이 독생자 예수를 이 세상에 보내신 일로 드러났습니다.(요 3:16) 사람이 먼저 하나님을 사랑한 것이 아닙니다. 하나님께서 먼저 사 람을 사랑하셨습니다. 그리고 그 사랑은 진실한 사랑입니다. 그리스도의 대속의 죽음이 그 사랑의 증거입니다.

"누가 우리를 그리스도의 사랑에서 끊으리요 환난이나 곤고나 박해나 기근이나 적신이나 위험이나 칼이랴"(롬 8:35)
"내가 확신하노니 사망이나 생명이나 천사들이나 권세자들이나 현재 일이나 장래 일이나 능력이나 높음이나 깊음이나 다른 어떤 피조물이 라도 우리를 우리 주 그리스도 예수 안에 있는 하나님의 사랑에서 끊 을 수 없으리라"(롬 8:38-39)

로마서 8:31-39 역시 같은 맥락의 말씀입니다. 바울은 하나님의 사랑이 예수님 안에서 가장 확실히 나타났다고 말합니다. 사람을 그 사 랑으로부터 끊을 수 있는 것은 아무 것도 없습니다. 사람을 향한 하나님 의 사랑이 그만큼 크다는 뜻입니다.

바울은 여기서 사람을 하나님의 사랑으로부터 끊으려고 하는 악한 것을 두 종류로 구분합니다. 하나는 로마서 8:35의 '환난과 어려움, 핍박과 굶주림, 헐벗음과 위험과 칼'입니다. 다른 하나는 로마서 8:38-39의 '죽음과 생명, 천사와 악한 영, 현재와 미래, 가장 높은 것이나 깊은 것'입니다. 여기서 가장 높은 것과 깊은 것은 우주적 세력을 상징한다고 할 수 있습니다.

로마서 8:35는 실제적이고 현실적입니다. 로마서 8:38-39는 추상적이고 내면적입니다. 하지만 둘 다 사람이 경험하는 문제들입니다. 사람은 굶주림과 헐벗음 같은 현실적 어려움도 겪습니다. 그리고 죽음, 마귀의 유혹, 미래와 같은 눈에 보이지 않는 어려움도 겪습니다. 사람의 특성상 현실적 문제에 매달리면서 눈에 보이지 않는 영적 문제를 소홀히 할 뿐입니다.

그러나 그런 것과 상관없이 사람을 하나님의 사랑으로부터 끊을 수 있는 것은 아무 것도 없습니다. 마귀조차 그 일을 할 수 없습니다. 악한 영은 사람이 하나님의 사랑을 거부하도록 유혹할 수 있을 뿐입니다. 이것이 로마서 8:31-39가 강조하는 내용입니다.

이 가운데 로마서 8:37이 핵심입니다. '그러나 이 모든 일에 우리를 사랑하시는 이로 말미암아 우리가 넉넉히 이기느니라'는 말씀입니다. 믿는 자는 '환난과 어려움, 핍박과 굶주림, 헐벗음과 위험과 칼'과 같은 현실적 문제를 이깁니다. '죽음과 생명, 천사와 악한 영, 현재와 미래, 가장 높은 것이나 깊은 것'과 같은 영적 문제를 이깁니다. 믿는 자는 모든 것을 이깁니다.

믿는 자도 삶의 어려움을 겪습니다. 믿음은 고통의 소멸을 약속하지 않습니다. 고통을 견딜 수 있는 힘을 약속할 뿐입니다. 예수를 믿어도 로마서 8:35와 8:38-39에서 보는 어려움을 겪습니다. 하나님의 자녀도 '날마다 숨 쉬는 순간마다 내 앞에 어려움 보네'라는 찬양을 부릅니다. 그렇지만 기도하는 사람은 하나님의 사랑을 힘입어 그 모든 어려움을 이깁니다. 십자가의 능력과 부활의 나라에 대한 소망으로 모든 어려움을 이기는 것입니다.

· 기도와 일상의 은혜

"여호와는 나의 목자시니 내게 부족함이 없으리로다 그가 나를 푸른 풀밭에 누이시며 쉴 만한 물 가로 인도하시는도다"(시 23:1-2)
"내 평생에 선하심과 인자하심이 반드시 나를 따르리니 내가 여호와의 집에 영원히 살리로다"(시 23:6)

하늘 아버지의 이런 사랑을 잘 표현한 것이 시편 23편입니다. 시편 23편은 '여호와는 나의 목자시니'라는 말씀으로 시작합니다. 다윗이 하나님을 목자로 고백한 것입니다. 여기서 목자는 '양과 늘 함께하면서 양을 인도하고 돌보는 존재'라는 의미입니다. 하나님은 하나님의 자녀를 목자처럼 늘 함께하시면서 인도하고 돌보신다는 뜻입니다.

목자는 양들을 푸른 풀밭과 잔잔한 물가에서 쉬게 합니다. 하나님께서 사람에게 일용할 양식과 건강을 허락하시고 사람을 평온케 하신다는 뜻입니다. 이때 양들은 언제까지나 푸른 풀밭과 잔잔한 물가에서 쉬기를 원합니다. 거기가 편하고 좋은 것입니다. 사람은 항상 일용할 양식이 넉넉하고 건강하며 작은 어려움도 없기를 소망합니다.

그러나 푸른 풀밭과 잔잔한 물가는 목자가 생각하는 목적지가 아닙니다. 목자의 목적지는 시편 23:6에서 보는 '여호와의 집'입니다. 양들은 푸른 풀밭과 잔잔한 물가에 머물러 있고 싶어 합니다. 그러나 목자는 그런 양들을 여호와의 집으로 데려갑니다. 사람은 이 세상에서의 행복을 신앙의 목적으로 삼고 싶어 합니다. 그러나 하나님은 장차 있을 부활의 나라를 신앙의 목적으로 주시는 것입니다. 믿는 자는 반드시 이 사실을 기억해야 합니다.

그래서 목자는 양들을 의의 길로 인도합니다. 그 길이 여호와의 집으로 가는 길이기 때문입니다. 양들은 푸른 풀밭과 잔잔한 물가를 떠나 목자를 따라 의의 길을 걸어야 합니다. 그렇지 않고 목자 없이 푸른 풀밭과 잔잔한 물가에 남는 양은 이리의 먹이가 되고 맙니다. 목자가 없는 풀밭과 물가는 오히려 죽음의 장소입니다. 그러므로 믿는 자는 반드시 자기를 부인하고 자기 십자가를 지는 길을 걸어야 합니다.

그런데 목자를 따라가는 의의 길은 넓고 편한 길이 아니라 좁고 힘든 길입니다. 시편 23:4에서 보듯이 때로는 음산한 죽음의 골짜기를 지나갑니다. 지나가면 꼭 죽을 것 같은 골짜기를 통과하는 것입니다. 믿는 자의 삶이 항상 편하고 항상 즐거운 것은 아닙니다. 예수를 믿음에도 불구하고 힘들고 어려운 일이 있을 수 있습니다. 어떤 경우는 믿음 때문에 그런 상황에 빠지기도 합니다.

그러므로 두려워하지 말아야 합니다. 해를 입지 않을 것임을 믿어야 합니다. 그 골짜기를 잘 아는 목자가 양들을 인도하기 때문입니다. 막대기와 지팡이를 가진 목자가 양들을 보호하기 때문입니다. 힘들고 어려울 때 낙심하지 않고 오직 소망 가운데 믿음을 지켜야 합니다. 전지전능하신 하나님이 믿는 자를 인도하시기 때문입니다. 은혜와 사랑이 넘치시는 하나님이 보호하시기 때문입니다.

시편 23:5는 양들이 힘들 때 목자가 양들을 돌본다는 뜻입니다. 이리들은 사망의 음침한 골짜기에서 양들이 낙오하기를 원합니다. 그러나 목자는 힘들어하는 양들을 먹여서 의의 길에서 낙오하지 않도록 지킵니다. 힘들고 어려운 상황에 있어도 믿음으로 하나님을 신뢰하고 기도로 하나님을 의지하면 결국 사망의 음침한 골짜기를 통과할 수 있습니다.

하나님께서 내게 식탁을 차려주시고 내 머리에 향기로운 기름을 바르시며 내 잔이 넘치도록 포도주를 부어주십니다. 힘들고 어려운 일들 가운데 사랑으로 돌보시고 은혜로 보살피시며 유혹에 넘어지지 않도록 붙잡아 주십니다. 잘못된 판단을 하지 않도록 지혜를 주신다는 뜻입니다. 이것이 하나님의 사랑으로 인한 일상의 은혜입니다.

그런데 그렇게 사망의 음침한 골짜기를 통과한 양은 여호와의 집에서 영원히 삽니다. 푸른 풀밭과 잔잔한 물가에 비교할 수 없는 진정한 복과 평안이 있는 곳입니다. 하나님과 함께 의의 길을 끝까지 걸은 성도는 부활의 나라에서 영원한 삶을 삽니다. 이렇게 일상의 은혜는 영원한 은혜와 연결이 됩니다.

> "그가 내게 부르기를 주는 나의 아버지시요 나의 하나님이시요 나의
> 구원의 바위시라 하리로다"(시 89:26)

아무나 하나님이 베푸시는 일상의 은혜를 체험하는 것은 아닙니다. 하늘 아버지의 이름을 부르는 사람이 그런 은혜를 체험할 수 있습니다.(시 89:26) 말씀 위에 굳게 서서 기도의 줄을 붙들어야 합니다. 기도가 있어야 굳센 믿음을 가질 수 있습니다. 굳센 믿음이 있어야 인도하심과 보호하심과 채워주심의 은혜를 체험할 수 있습니다. 구원의 은혜를 체험할 수 있습니다.

푸른 풀밭과 넉넉한 물가에서 쉬는 양처럼 평안을 누리고 싶다면 기도해야 합니다. 쇠약한 영혼이 소생하는 기쁨을 누리고 싶다면 기도해야 합니다. 하늘 아버지께서 항상 나를 보호하고 계신다는 안도감을 맛보고 싶다면 기도해야 합니다. 말씀을 믿고 순종하면서 열심히 기도할 때 성경이 약속한 복을 누릴 수 있습니다.

기도하지 않는 하나님의 자녀는 길을 잃습니다. 푸른 초장과 쉴만한 물가에서 멀어지게 됩니다. 결국은 사망의 음침한 골짜기에서 두려워

하는 존재가 됩니다. '내 갈 길을 하늘 아버지께 맡깁니다. 하나님이 목자이십니다'라고 기도하는 자녀가 복을 받습니다. 은혜를 누립니다.

그러므로 믿는 자는 언제나 '아버지께서 저를 깨우쳐주시고 인도하시고 보호하시고 채워주시고 기다려 주옵소서'라고 기도해야 합니다. 일상의 은혜를 구하는 기도를 해야 합니다. 진리를 깨우쳐주시고 삶의 방향을 인도해달라는 기도를 해야 합니다. 모든 위험으로부터 보호하시고 필요한 것을 채워주실 것을 기도해야 합니다. 잘못을 회개할 수 있도록 해달라고 기도해야 합니다.

항상 깨어 기도하고 쉬지 말고 기도해야 합니다.(눅 21:36, 엡 6:18, 살전 5:17) 기도에 게으르지 말아야 합니다. 목자 뒤를 따라가는 양들만이 이 은혜를 체험할 수 있습니다. 하늘 아버지께서 그 영혼을 소생케 하시고 그의 필요를 채워주시며 사망의 음침한 골짜기에서 보호해주시는 은혜를 체험할 수 있습니다.

> "내가 사망의 음침한 골짜기로 다닐지라도 해를 두려워하지 않을 것은 주께서 나와 함께 하심이라 주의 지팡이와 막대기가 나를 안위하시나이다"(시 23:4)
> "너는 그들 때문에 두려워하지 말라 내가 너와 함께 하여 너를 구원하리라 나 여호와의 말이니라 하시고"(렘 1:8)

기도하는 사람은 하나님께서 함께하시는 복을 받습니다.(시 23:4) 하나님께서 하나님의 자녀와 함께하시면서 그의 갈 길을 인도하십니다. 그를 위험으로부터 보호하시고 필요한 것을 채워주십니다. 성경에는 하나님이 그 백성과 함께하신다는 말씀이 수십 군 데 있습니다.

하나님께서 요셉과 함께하셨기 때문에 요셉이 범사에 형통했습니다. 창세기 39장은 이 사실을 강조합니다.(창 39:2, 3, 21, 23) 하나님이 요셉과 함께하시면서 요셉을 선한 길로 인도하신 것입니다. 이사야 43:5에 '두려워하지 말라 내가 너와 함께 하여 네 자손을 동쪽에서부터 오게 하며 서쪽에서부터 너를 모을 것이며'라는 말씀이 있습니다. 예레미야에도 많이 나오는 말씀입니다.(렘 1:8, 19, 15:20, 30:11, 42:11, 46:28) 하나님께서 그 백성과 함께하시며 은혜를 베푸십니다.

• 창조주의 역사 주관

"나는 빛도 짓고 어둠도 창조하며 나는 평안도 짓고 환난도 창조하나니 나는 여호와라 이 모든 일들을 행하는 자니라 하였노라"(사 45:7) "하늘이여 위로부터 공의를 뿌리며 구름이여 의를 부을지어다 땅이여 열려서 구원을 싹트게 하고 공의도 함께 움돋게 할지어다 나 여호와가 이 일을 창조하였느니라"(사 45:8)

사람이 하나님께 기도해야 하는 또 다른 큰 이유가 있습니다. 사랑의 하나님께서 자연과 역사를 섭리하시기 때문입니다.(왕하 19:25-28, 시 105편, 사 10:5-7, 41:4, 44:24-28, 렘 32:23-24, 34:2-3, 50:18, 28, 51:11, 20-24) 하나님께서 자연과 역사를 다스리십니다. 창조주 하나님께서 역사도 주관하십니다. 창조의 주께서 역사의 주이신 것입니다. 이사야 45장이 특히 이 사실을 강조합니다. 그러므로 사람이 하나님의 사랑 가운데 평안한 삶을 살기 원한다면 하나님께 기도해야 합니다. 자연 재해와 전쟁의 환란을 피하고 그 가운데서 은혜를 누리고 싶다면 성부 하나님께 기도해야 합니다.

"내가 땅의 기초를 놓을 때에 네가 어디 있었느냐 네가 깨달아 알았거

든 말할지니라"(욥 38:4)

"바다가 그 모태에서 터져 나올 때에 문으로 그것을 가둔 자가 누구냐"(욥 38:8)

"그가 바다에서부터 바다까지와 강에서부터 땅 끝까지 다스리리니"(시 72:8)

"여호와께서 다스리시나니 땅은 즐거워하며 허다한 섬은 기뻐할지어다"(시 97:1)

"여호와께서 그의 보좌를 하늘에 세우시고 그의 왕권으로 만유를 다스리시도다"(시 103:19)

하나님은 창조주로서 자연을 다스리십니다. 성경 곳곳에서 이 사실을 강조합니다.(시 72:8, 89:9, 97:1, 103:19) 특히 욥기 38-41장이 그렇습니다. 하나님은 창조주로서 욥을 꾸짖으십니다. 그리고 욥은 창조주 하나님께 자신의 허물과 죄를 회개합니다.(욥 42:1-5) 사람은 창조주 하나님의 섭리를 위해 기도해야 합니다.

"하나님이 뭇 백성을 다스리시며 하나님이 그의 거룩한 보좌에 앉으셨도다"(시 48:8)

"온 백성은 기쁘고 즐겁게 노래할지니 주는 민족들을 공평히 심판하시며 땅 위의 나라들을 다스리실 것임이니이다"(시 67:4)

"기약이 이르면 하나님이 그의 나타나심을 보이시리니 하나님은 복되시고 유일하신 주권자이시며 만왕의 왕이시며 만주의 주시오"(딤전 6:15)

그리고 하나님은 만왕의 왕, 만주의 주로서 세상 모든 나라를 다스리십니다. 그리고 믿는 자는 하나님의 백성입니다.(출 19:6, 신 14:2, 21,

26:19) 그래서 백성으로서의 기도가 필요합니다. 만왕의 왕께 기도하는 것입니다. 시편 5:2 말씀처럼 '나의 왕, 나의 하나님이여 내가 부르짖는 소리를 들으소서 내가 주께 기도하나이다'라고 기도해야 합니다. 역사를 주관하시는 하나님께 기도해야 합니다.

> "너희 사방에 남은 이방 사람이 나 여호와가 무너진 곳을 건축하며 황폐한 자리에 심은 줄을 알리라 나 여호와가 말하였으니 이루리라 주 여호와께서 이같이 말씀하셨느니라 그래도 이스라엘 족속이 이같이 자기들에게 이루어 주기를 내게 구하여야 할지라"(겔 36:36-37)

에스겔 36장은 이스라엘의 회복에 대한 말씀입니다. 바빌로니아가 유다를 침공한 것이 이 말씀의 배경입니다. 주전 587년 바빌로니아 군대가 예루살렘을 점령하고 많은 이스라엘 백성을 바벨론으로 잡아갔습니다. 바벨론은 오늘날 이라크 중부에 있습니다. 그때 에스겔도 포로로 잡혀가서 바빌로니아 땅에서 동족들을 향해 예언했습니다. 에스겔 36장은 바빌로니아에 잡혀간 이스라엘 백성들을 위한 예언입니다.

에스겔 36:33-38의 내용을 요약하면 '나 여호와가 너희 이스라엘 백성들을 위하여 좋은 계획을 가지고 있다'는 것입니다. 그 계획은 구체적으로 먼저 이스라엘 백성의 죄를 씻어 정결하게 하십니다. 그 다음에 폐허가 된 이스라엘 성읍들을 재건하십니다. 그리고 황폐해진 땅들이 다시 경작되게 하십니다. 그래서 사람들이 이스라엘 땅이 마치 에덴동산 같다고 경탄합니다. 그리고 주민들이 다시 거주하는 것을 보고 놀라게 됩니다.

하나님의 계획은 황폐한 이스라엘 땅을 에덴동산처럼 만드시는 것입니다. 정말 놀라운 계획입니다. 뿐만 아니라 에스겔 36:36의 마지막 부분에서 이 계획이 반드시 이루어질 것이라고 약속하십니다. 하나님은

'나 여호와가 말하였으니 이루리라'고 하시면서 강하게 약속하십니다.

그런데 그 다음 에스겔 36:37에 주목해야 할 말씀이 있습니다. '주 여호와께서 이같이 말씀하셨느니라 그래도 이스라엘 족속이 이같이 자기들에게 이루어 주기를 내게 구하여야 할지라'는 말씀입니다. 기도를 명령하시는 말씀입니다. 하나님께서 구원의 뜻을 세우셨지만 '그래도' 이스라엘 백성은 기도해야 한다는 것입니다. 기도에 관해 믿는 자가 잊지 말아야 할 말씀입니다.

히브리 원문의 의미는 '그래도'라기 보다는 '반드시'라는 뜻에 가깝습니다. '이와 같이 이루어 주기를 내가 반드시 요청받아야 한다'는 뜻입니다. 하나님께서 폐허가 된 땅을 에덴동산처럼 바꾸실 놀라운 계획을 가지고 계십니다. 그렇지만 그렇게 해 주실 것을 이스라엘 백성들이 '반드시' 구해야 한다는 것입니다. 먼저 하나님의 뜻이 있습니다. 그러나 후에 백성들의 기도가 있어야 합니다. 이 두 가지가 있어야 하나님의 선한 뜻이 이 땅에서 이루어진다는 뜻입니다.

그렇게 이스라엘 백성이 기도해야 에스겔 36:38에서 보듯이 이스라엘 백성들의 수가 양떼처럼 불어납니다. 폐허가 된 성읍들에 사람이 가득 차게 됩니다. 하나님께서 그렇게 백성의 기도를 원하시는 이유가 에스겔 36:38에 있습니다. '그리한즉 그들이 나를 여호와인줄 알리라 하셨느니라'는 말씀입니다.

> "여자들과 예수의 어머니 마리아와 예수의 아우들과 더불어 마음을 같이하여 오로지 기도에 힘쓰더라"(행 1:14)
> "그들이 기도하여 이르되 뭇 사람의 마음을 아시는 주여 이 두 사람 중에 누가 주님께 택하신 바 되어 봉사와 및 사도의 직무를 대신할 자인지를 보이시옵소서"(행 1:24-25)

예수께서 승천하신 후 사도들은 열심히 기도했습니다.(행 1:14) 그러면서 가룟 유다를 대신할 사도 한 명을 선출하기로 결정했습니다. 그들은 기준을 정한 후 요셉과 맛디아를 후보로 정했습니다. 그리고 기도한 후에 맛디아로 결정했습니다.(행 1:24-26) 기도로 하나님의 뜻을 묻고 응답을 받은 것입니다.

하나님께서 사람을 위해 선한 뜻을 세우십니다. 사람이 그 뜻을 위해 기도합니다. 하나님께서 그 뜻을 이루십니다. 그렇게 될 때 사람은 하나님께서 그 일을 이루신 줄 압니다. 만약 사람이 기도하지 않으면, 하나님이 그 일을 이루셨는지 모릅니다. 운이 좋았다고 생각하거나 우연히 그렇게 되었다고 생각합니다. 자신의 능력으로 그렇게 되었다고 생각합니다. 쉽게 말하면 하나님의 은혜인 줄을 모르는 것입니다.

하나님께서 '내가 너희를 향해 놀라운 계획을 가지고 있다. 그것은 황폐한 땅을 에덴동산처럼 만드는 계획이다. 그러나 이를 위해 너희가 기도해야 한다'라고 말씀하시는 이유가 있습니다. 하나님의 백성으로 하여금 하나님의 은혜를 알도록 하시기 위해서입니다. 그리고 겸손을 가르치시기 위해서입니다. 사람은 기도하면서 겸손해집니다. 기도해야 겸손해집니다. 기도하지 않으면 겸손해질 수 없습니다.

하나님께서 하나님의 백성을 향해 거룩한 뜻을 가지고 계십니다. 놀라운 계획을 품고 계십니다. 큰 복을 주려고 하십니다. 그것이 하나님의 본성입니다. 그러나 믿는 자의 기도가 없으면 그 뜻과 계획과 복을 미루십니다. 믿는 자의 간구가 없으면 그 뜻과 계획과 복이 이루어지지 않습니다. 이 사실을 알아야 합니다.

하나님이 기도를 요구하시는 이유는 그래야 하나님의 은혜를 알고 감사하기 때문입니다. 겸손을 배우기 때문입니다. 기도하는 사람이 하나님의 섭리와 능력을 찬양합니다. 하나님을 경외하고 자신의 능력을 자랑하지 않습니다. 기도해야 창조주 하나님의 위엄을 경배할 수 있습니다. 역사를 주관하시는 만왕의 왕의 위엄을 찬양할 수 있습니다. 하나님은 사람의 안달복달과 애걸복걸을 즐기시는 분이 아닙니다. 기도의 이유는 그런 것이 아닙니다.

2. 그리스도의 은혜를 위해

• 기도와 구원의 은혜

"백성이 다 세례를 받을 새 예수도 세례를 받으시고 기도하실 때에 하
늘이 열리며 성령이 비둘기 같은 형체로 그의 위에 강림하시더니 하
늘로부터 소리가 나기를 너는 내 사랑하는 아들이라 내가 너를 기뻐
하노라 하시니라"(눅 3:21-22)

예수께서 명령하신 두 가지 성례가 있습니다. 세례와 성찬입니다.
성례는 그리스도가 정하신 거룩한 규례로 구원의 증표입니다. 성례는
'눈에 보이지 않는 은혜를 나타내는 눈에 보이는 표'라고 정의할 수 있습
니다. 성례는 세례와 성찬을 의미하며 구원의 효과적인 수단입니다. 그
러므로 믿는 자는 반드시 세례와 성찬을 받아야 합니다. 그것이 구원 받
은 자의 증표이기 때문입니다.

그런데 이 두 가지 성례 모두 기도와 깊은 관계가 있습니다. 누가
복음 3:21-22는 예수께서 요한에게 세례를 받으시는 말씀입니다. 이는
예수님의 사역을 준비하는 내용에 속합니다. 예수께서 세례를 받으신 이
유는 세례가 그만큼 중요하기 때문입니다. 세례는 사람이 영적으로 거듭
나는 사건입니다. 그리고 물세례가 성령 세례로 이어집니다. 세례의 중
요성은 말할 필요가 없습니다.

그런데 예수께서 세례를 받으신 후 기도하실 때 하늘이 열렸습니
다. 성령께서 비둘기 같은 형체로 예수 위에 강림하셨습니다. 그리고 하
늘로부터 하나님의 음성이 들렸습니다. 기도 중에 구세주의 영광이 나
타난 것입니다. 누가복음 3:21-22는 근본적으로 세례의 의미와 삼위일체

하나님의 현현의 강조합니다.

    그렇지만 여기서 기도의 중요성 또한 알 수 있습니다. 예수님의
기도 중에 성령이 강림하시고 하나님의 음성이 들린 것입니다. 누가복음
이 이를 강조하고 있습니다. 구세주의 영광이 기도 중에 나타난 것처럼
구원의 은혜를 체험하기 위해서는 기도가 필요합니다.

> "이 말씀을 하신 후 팔 일쯤 되어 예수께서 베드로와 요한과 야고보를
> 데리고 기도하시러 산에 올라 가사 기도하실 때에 용모가 변화되고
> 그 옷이 희어져 광채가 나더라"(눅 9:28-29)

    비슷한 내용이 누가복음 9:28-29에 있습니다. 예수께서 베드로,
요한, 야고보를 데리고 산에 기도하러 올라 가셨습니다. 그리고 기도하
시던 중에 그 용모가 변화되고 그 옷이 희어져 광채가 났습니다. 변화산
사건입니다. 마태복음 17:2는 '그 얼굴이 해 같이 빛나며 옷이 빛과 같이
희어졌다'고 합니다. 예수님의 진짜 모습인 신으로서의 모습이 드러난
것입니다.(빌 2:6 참고) 이 말씀 역시 기도 중에 구세주의 영광이 드러났음
을 강조합니다.

> "이에 잔을 받으사 감사기도 하시고 이르시되 이것을 갖다가 너희끼
> 리 나누라"(눅 22:17)
> "또 떡을 가져 감사기도 하시고 떼어 그들에게 주시며 이르시되 이것
> 은 너희를 위하여 주는 내 몸이라 너희가 이를 행하여 나를 기념하라
> 하시고"(눅 22:19)

    성찬은 그리스도가 정하신 대로 빵과 포도주를 주고받음으로써
그리스도의 대속의 죽음을 확인하는 성례입니다.(눅 22:17-19, 고전 11:24-

25) 동시에 성찬은 부활을 나타내 보이는 성례입니다. 예수님은 성찬의 빵과 포도주를 가리켜 자신의 몸과 피라고 하시는데 이는 부활의 몸을 의미합니다. 결국 성찬의 빵과 포도주는 대속의 죽음과 영원한 생명을 상징합니다.

그런데 성찬 역시 기도와 관계가 있습니다. 예수님은 성찬의 빵과 포도주를 나누어주시며 감사기도를 하십니다.(눅 22:17, 19) 여기서 사용된 헬라어 동사 '유카리스테오'(eucharisteo)는 기본적으로 '감사하다'라는 뜻의 동사이지만, 이를 감사기도를 하는 것으로 번역할 수도 있습니다. 개역성경이 그렇게 번역했습니다. 이렇게 구원의 은혜는 기도와 관련이 있습니다. 기도하는 사람이 구원의 은혜를 체험합니다.

> "가이사랴에 고넬료라 하는 사람이 있으니 이달리야 부대라 하는 군대의 백부장이라 그가 경건하여 온 집안과 더불어 하나님을 경외하며 백성을 많이 구제하고 하나님께 항상 기도하더니"(행 10:1-2)
> "고넬료가 이르되 내가 나흘 전 이맘때까지 내 집에서 제 구 시 기도를 하는데 갑자기 한 사람이 빛난 옷을 입고 내 앞에 서서 말하되 고넬료야 하나님이 네 기도를 들으시고 네 구제를 기억하셨으니"
> (행 10:30-31)

기도는 사람을 구원의 은혜로 인도합니다. 대표적인 예가 가이사랴의 백부장 고넬료의 경우입니다.(행 10장) 고넬료는 로마인으로 이방인이었지만 기도하는 삶 가운데 놀라운 은혜를 체험했습니다. 온 가족이 구원 받고 이방인 선교의 시작이 되는 영광을 얻었습니다. 그리고 고넬료로부터 이방인 선교가 시작되었습니다.

가이사랴는 지중해 연안 항구 도시로 로마 총독이 거주했습니다. 당연히 로마 군대가 있었는데 고넬료는 그 군대의 백부장이었습니다. 이

탈리아 부대라는 말은 로마 시민권자로 이루어진 정예부대라는 뜻입니다. 고넬료는 로마인으로 태어났을 가능성이 큽니다. 그러나 속주 출신도 로마 군대에 복무할 수 있었으며 25년을 근무하면 로마 시민권을 받았습니다.

고넬료는 경건한 사람이었습니다. 하나님을 경외하고 가난한 자들을 도왔으며 늘 하나님께 기도했습니다. 확실하지는 않지만 그가 할례를 받고 유대교로 개종했을 가능성도 있습니다. 어쨌든 유대교와 깊은 관계에 있었던 것은 분명합니다. 그는 예수는 몰랐지만 하나님은 아는 사람이었습니다. 사도행전 10:2는 고넬료가 항상 기도하는 사람이었다고 합니다.

고넬료는 어느 날 오후 기도하던 중 환상을 보았습니다. 천사가 나타나 고넬료의 선행과 기도를 칭찬한 후 욥바에 있는 베드로를 초청하라는 말을 했습니다. 욥바는 가이사랴에서 약 40km 떨어져 있으며 걸어서 하루 길입니다. 고넬료는 하인 두 사람과 경건한 병사 한 명을 보내 베드로를 모셔오도록 했습니다.

베드로가 가이사랴에 도착했을 때 고넬료의 가족과 친척과 가까운 친구들이 모여 있었습니다.(행 10:24) 고넬료는 베드로를 초청한 이유를 설명하고 하나님의 말씀을 요청했습니다. 그래서 베드로가 설교를 하는데 그 핵심은 예수 그리스도의 사역과 십자가 죽음과 부활이었습니다. 그리고 예수를 믿는 사람은 누구나 죄 사함을 받는다고 증언했습니다. 그때까지 고넬료는 모세의 율법만 알고 있었는데 베드로는 그런 고넬료에게 예수를 전한 것입니다.

"베드로와 함께 온 할례 받은 신자들이 이방인들에게도 성령 부어 주심으로 말미암아 놀라니"(행 10:45)

그런데 베드로가 설교를 하는 중에 놀라운 일이 일어났습니다. 그날 모인 사람들에게 성령께서 강림하신 것입니다. 베드로는 그때까지 이방인이 구원을 받거나 성령을 받는다는 생각은 해 본 적이 없습니다. 오직 유대인만 구원을 받는다고 믿었습니다. 그래서 고넬료 가정에 성령이 임하 시는 것을 보고 매우 놀랐습니다. 베드로와 함께 있던 다른 유대인-기독교인들도 마찬가지였습니다.(행 10:45)

> "이에 베드로가 이르되 이 사람들이 우리와 같이 성령을 받았으니 누가 능히 물로 세례 베풂을 금하리요 하고 명하여 예수 그리스도의 이름으로 세례를 베풀라 하니라"(행 10:47-48)
> "그들이 이 말을 듣고 잠잠하여 하나님께 영광을 돌려 이르되 그러면 하나님께서 이방인에게도 생명 얻는 회개를 주셨도다 하니라"
> (행 11:18)

베드로는 성령 강림을 본 후에 그 자리에 모인 사람들에게 물로 세례 줄 것을 결심합니다.(행 10:47-48) 그들도 '예수를 믿어 구원 받은 사람이 되었음'을 인정한다는 뜻입니다. 그날 고넬료와 그 자리에 모인 사람들은 모두 영원한 생명을 얻었습니다. 이는 이방인 선교를 알리는 역사적 사건이었습니다.

그 이전에 빌립이 사마리아 사람에게 복음을 전했습니다.(행 8:5) 그러나 사마리아 사람들을 이방인으로 보기는 어렵습니다. 역사적, 혈통적, 지리적 이유를 볼 때 그들은 유대인 쪽에 가깝습니다. 빌립은 또 에디오피아 내시에게 복음을 전하고 세례를 준 적이 있습니다.(행 8:26-39) 그러나 이 일은 단편적인 사건이었습니다. 예루살렘 교회의 이방인 선교에 아무런 영향을 미치지 못했습니다.

그러나 고넬료 집안이 세례를 받은 일은 달랐습니다. 베드로는 다른 사람들과 함께 로마 백부장의 가족과 친척과 가까운 친구들에게 세례를 주었습니다. 사건의 무게감이 사뭇 달랐습니다.(행 10:23-24) 그리고 이로 인해 예루살렘 교회는 이방인들도 구원의 은혜를 누릴 수 있다는 사실을 확실히 깨달았습니다.(행 11:18) 본격적인 이방인 전도는 고넬료로부터 시작되었던 것입니다.

고넬료는 선행의 사람이었습니다. 그는 예수 그리스도는 몰랐지만 하나님 뜻에 순종하며 살았습니다. 고넬료는 기도의 사람이었습니다. 그는 기도 중에 천사의 방문을 받았습니다.(행 10:4) 그랬기 때문에 하나님의 은혜를 체험했습니다. 온 가족이 예수를 믿고 영생을 얻는 은혜를 체험한 것입니다. 이렇게 기도의 사람이 은혜를 경험합니다.

고넬료는 은혜로 구원을 받았습니다. 이방인이었지만 삼위일체 하나님을 믿는 사람이 된 것입니다. 이는 고넬료가 지혜롭고 경건해서가 아닙니다. 로마서 5:8의 '우리가 아직 죄인이었을 때 예수께서 우리를 위해 죽으셨다'라는 말씀처럼 은혜로 하나님을 믿는 사람이 된 것입니다. 이렇게 구원의 은혜를 누리기 위해서 기도가 필요합니다. 기도하는 사람이 구원의 은혜를 누립니다.

> "그 곳에 이르러 그들에게 이르시되 유혹에 빠지지 않게 기도하라 하시고"(눅 22:40)
> "이르시되 어찌하여 자느냐 시험에 들지 않게 일어나 기도하라 하시니라"(눅 22:46)

예수께서 겟세마네에서 기도하실 때 제자들에게 기도할 것을 명령하셨습니다. 그러나 제자들은 기도하지 않고 잠에 취했습니다. 이에 예수께서는 유혹에 빠지지 않기 위해 기도하라는 말씀을 두 번 하십니다. 유혹에 빠지지 않고 구원의 은혜를 누리기 위해서는 반드시 기도가 필요합니다.

> "그러므로 너의 이 악함을 회개하고 주께 기도하라 혹 마음에 품은 것
> 을 사하여 주시리라 내가 보니 너는 악독이 가득하며 불의에 매인 바
> 되었도다"(행 8:22-23)
> "시몬이 대답하여 이르되 나를 위하여 주께 기도하여 말한 것이 하나
> 도 내게 임하지 않게 하소서 하니라"(행 8:24)

사울의 박해로 예루살렘 교인들이 흩어졌을 때 빌립이 사마리아
로 가서 복음을 전했습니다. 그때 사마리아의 마술사 시몬이 전도를 받
아 세례를 받았습니다. 그 후 베드로와 요한이 사마리아에서 복음을 전
하며 성령의 역사가 일어났습니다. 빌립의 능력을 보고 놀랐던 시몬은
사도들로 인한 성령이 역사를 보고는 더욱 놀랐습니다. 그래서 그 능력
을 돈으로 주고 사려고 했습니다. 자신이 그런 식으로 살았기 때문일 것
입니다. 돈을 주고 마술을 배우려 한 것과 같은 것입니다.

이에 베드로가 시몬을 엄중히 경고했습니다. 시몬의 마음속에 순
수한 신앙심이 아니라 신앙을 이용하려는 마음이 있음을 본 것입니다.
베드로는 이를 악독함이 가득하며 불의에 매였다고 책망합니다.(행 8:23)
성령의 은사를 잘못 사용하여 명예를 얻거나 치부의 수단으로 사용하는
것을 엄하게 금지한 것입니다. 베드로는 회개를 촉구하면서 기도할 것을
명령합니다. 다행히 베드로의 책망을 들은 시몬은 곧 회개하면서 자신을
위해 기도해줄 것을 부탁합니다. 믿는 자가 유혹에 빠지지 않기 위해서
는 기도가 필요합니다.

• 영원한 생명과 상급

"그때에 인자의 징조가 하늘에서 보이겠고 그때에 땅의 모든 족속들
이 통곡하며 그들이 인자가 구름을 타고 능력과 큰 영광으로 오는 것
을 보리라"(마 24:30)

부활 후 승천하신 예수님은 하나님 오른쪽에 앉으셨습니다.(막
16:19, 눅 24:51, 행 1:9) 원래 계셨던 자리로 돌아가신 것입니다. 그렇지만
예수님이 하실 일은 승천으로 끝난 것이 아닙니다. 그리스도가 해야 할
일이 아직 남아 있는데 바로 재림과 심판입니다. 예수께서 부활 후 승천
하신 것으로 성자의 역할이 끝난 것이 아닙니다. 앞으로 하실 역할이 남
아 있습니다. 그것은 재림의 주로 다시 이 세상에 오셔서 산 자와 죽은
자를 심판하시는 일입니다.
　　마지막 날은 성부께서 정하시지만 심판의 주체는 성자이십니다.
성자께서 구원 받을 자와 아닌 자를 구별하셔서 한 쪽에는 영원한 생명
을 주시고 다른 한 쪽에는 영원한 형벌을 주십니다. 마지막 날에 세상 모
든 민족이 경외의 눈으로 성자의 재림을 볼 것입니다. 이처럼 성자는 구
원에 있어 성부 못지않게 중요한 역할을 하십니다. 성경은 이 사실을 누
누이 강조합니다.(마 24:29-31, 막 13:24-27, 눅 21:25-28, 살전 4:16-17, 계 1:7-8,
22:20) 그러므로 재림을 부인하는 것은 몹시 어리석은 일입니다.(마 26:64,
눅 17:24-35, 벧후 3:3-7)

"이러므로 너희는 장차 올 이 모든 일을 능히 피하고 인자 앞에 서도
록 항상 기도하며 깨어 있으라 하시니라"(눅 21:36)

그 재림의 날을 기도로 기다려야 합니다.(눅 21:36) 그래야 구원의

은혜를 누릴 수 있습니다. 재림의 때는 기본적으로 심판의 때입니다. 믿지 않는 자들이 영원한 형벌을 받습니다. 그러나 믿는 자들에게는 소망의 날입니다. 믿는 자들은 재림의 때에 부활의 몸과 영원한 생명을 얻습니다. 그러므로 믿는 자들은 예수님의 재림을 두려움이 아니라 소망으로 기다립니다.

다만 재림의 때를 위해 항상 기도하면서 깨어 있어야 합니다. 깨어 있다는 말은 작은 일에 충성하고 맡기신 일에 헌신하는 것입니다. 성령으로 충만한 거룩한 삶을 사는 것입니다. 굳센 믿음 가지고 매일 하나님의 뜻에 순종하는 것입니다. 이를 위해 반드시 기도가 필요합니다. 기도 없이 깨어 있을 수 없습니다.

> "그 두루마리를 취하시매 네 생물과 이십사 장로들이 그 어린 양 앞에 엎드려 각각 거문고와 향이 가득한 금 대접을 가졌으니 이 향은 성도의 기도들이라"(계 5:8)
> "또 다른 천사가 와서 제단 곁에 서서 금 향로를 가지고 많은 향을 받았으니 이는 모든 성도의 기도와 합하여 보좌 앞 금 제단에 드리고자 함이라 향연이 성도의 기도와 함께 천사의 손으로부터 하나님 앞으로 올라가는지라"(계 8:3-4)

요한계시록 5:8은 네 생물과 이십사 장로들이 각각 거문고와 금 대접을 가졌다고 합니다. 이는 예수 그리스도를 경배하기 위한 도구들입니다. 금 대접은 귀한 그릇을 의미하며 성전의 기구들이 금으로 만들어졌습니다.(왕상 7:48-50) 금 대접에는 향이 가득했는데 이 향은 성도의 기도를 뜻합니다.(계 5:8)

시편 141:2에 '나의 기도가 주의 앞에 분향함과 같이 되며'라는 말씀이 있습니다. 성도의 기도를 향에 비유한 말씀입니다. 네 생물과 이십사 장로들은 자신들의 찬양과 성도들의 기도로 예수 그리스도를 경배한 것입니다. 믿는 자는 기도로 그리스도를 경배합니다. 그렇게 그리스도를 경배하는 자가 구원의 은혜를 누립니다. 기도는 구원의 은혜를 누리게 하는 도구입니다.

요한계시록 8:3-4에 같은 맥락의 말씀이 있습니다. 요한은 한 천사가 금향로를 들고 보좌 근처 제단에 선 것을 보았습니다. 그 제단은 분향을 위한 금 제단입니다. 천사는 하늘 성전에 향을 피우기 위해 금향로에 많은 향을 받았습니다. 하나님은 모세에게 성막을 만들라고 하신 후, 성막에서 피울 거룩한 향을 만드는 법을 설명하셨습니다.(출 30:34-38) 소합향, 나감향, 풍자향의 향품을 같은 분량으로 섞어 거룩한 향을 만들라고 하셨습니다. 거기에 소금을 쳐 성결하게 하라고 말씀하셨습니다. 사람을 위해서는 그런 향을 만들 수 없었습니다.

천국 제단에서의 분향은 향으로만 드리는 것이 아닙니다. 성도의 기도와 합해서 드립니다. 향은 하나님을 기쁘시게 하는 것입니다.(레 1:9, 13, 17 등) 성도의 기도가 향과 합해진다는 것은 성도의 기도가 하나님의 기쁨이 된다는 의미입니다. 믿는 자가 기도할 때 그 기도는 하나님께 상달되어 하나님의 기쁨이 됩니다. 그래서 기도의 열매를 맺습니다. 믿는 자는 기도를 통해 하나님과 연결됩니다.

요한계시록 8장은 재림의 날을 위한 기도를 가르칩니다. 천사가 제단의 불을 금향로에 담아 땅에 쏟을 때 우레와 음성과 번개와 지진이 납니다.(계 8:3-5) 금향로가 종말의 재앙을 일으키는 이유가 있습니다. 금향로에 마지막 날을 기다리는 성도들의 간절한 기도가 들어 있기 때문입니다. 하나님은 성도들의 기도를 듣고 역사에 개입하십니다. 재림의 날이 더디 오는 것 같고 박해와 환난의 끝을 알 수 없을 때, 하나님의 백성은 간절히 기도해야 합니다. 하나님께서 그 기도를 듣고 응답하시기 때문입니다.

성도의 기도가 하나님의 능력을 일으킵니다. 그러므로 하나님의 백성은 그리스도의 재림을 위해 기도해야 합니다. 그날이 소망의 날이기 때문입니다. '아멘 주 예수여 오시옵소서'(계 22:20)라는 기도는 모든 시대 모든 성도의 기도 제목입니다.

> "선지자의 이름으로 선지자를 영접하는 자는 선지자의 상을 받을 것이요 의인의 이름으로 의인을 영접하는 자는 의인의 상을 받을 것이요 또 누구든지 제자의 이름으로 이 작은 자 중 하나에게 냉수 한 그릇이라도 주는 자는 내가 진실로 너희에게 이르노니 그 사람이 결단코 상을 잃지 아니하리라 하시니라"(마 10:41-42)
> "누구든지 너희가 그리스도에게 속한 자라 하여 물 한 그릇이라도 주면 내가 진실로 너희에게 이르노니 그가 결코 상을 잃지 않으리라"
> (막 9:41)

재림의 날에 영원한 생명만 있는 것이 아닙니다. 영원한 상급도 있습니다. 이 영원한 상급을 위한 기도 역시 필요합니다. 마태복음 10:41-42가 말하는 선지자의 상과 의인의 상은 결코 구원과 영원한 생명이 아닙니다. 왜냐하면 구원과 영원한 생명은 영접으로 얻는 것이 아니기 때문입니다. 구원과 영원한 생명은 오직 예수 그리스도에 대한 믿음으로만 얻을 수 있습니다.

그러므로 마태복음 10:41-42가 말하는 선지자의 상과 의인의 상은 영원한 상급입니다. 구원과 영원한 생명이 아닙니다. 마가복음 9:41이 말하는 상도 마찬가지입니다. 구원과 영원한 생명은 물 한 그릇으로 얻는 게 아닙니다. 오직 예수 그리스도에 대한 믿음으로만 얻을 수 있습니다. 그러므로 마가복음 9:41이 말하는 결코 잃어버리지 않는 상은 영원한 생명이 아니라 영원한 상급을 말하는 것입니다.

"그런즉 심는 이나 물 주는 이는 아무 것도 아니로되 오직 자라게 하시는 이는 하나님뿐이니라 심는 이와 물 주는 이는 한 가지이나 각각 자기가 일한 대로 자기의 상을 받으리라"(고전 3:7-8)

하나님은 믿는 자들에게 상을 주십니다. 그러므로 '나는 구원만 받으면 된다, 상급은 필요 없다'는 말을 조심해야 합니다. 그것은 겸손이 아닙니다. 귀한 걸 귀한 줄 모르는 무지입니다. 하나님의 뜻을 멋대로 판단하는 교만입니다. 생명의 면류관과 함께 영원한 상급을 소망하는 믿음을 가져야 합니다.

그것이 진정 마음의 눈이 밝은 사람입니다. 그리스도의 빛으로 가득 찬 사람입니다. 마음의 눈을 밝혀 빛 되신 예수님을 마음에 모셔야 합니다. 그래서 마지막 날 생명의 면류관과 함께 하나님의 큰 상급을 받아야 합니다. 그런 사람이 거룩한 믿음의 사람입니다. 기도하는 사람이 그런 믿음을 가질 수 있습니다.

"믿음이 없이는 하나님을 기쁘시게 하지 못하나니 하나님께 나아가는 자는 반드시 그가 계신 것과 또한 그가 자기를 찾는 자들에게 상 주시는 이심을 믿어야 할지니라"(히 11:6)

히브리서 11:6은 아예 하나님을 가리켜 '상 주시는 분'이라고 합니다. 하나님은 그를 찾는 자에게 상 주시는 분임을 믿으라고 합니다. 예수님은 천국에 '반드시' 상급이 있다고 말씀하십니다. 성경은 하나님이 '상 주시는 분'이라는 것을 반드시 믿어야 한다고 가르칩니다.

"첫째 천사가 나팔을 부니 피 섞인 우박과 불이 나와서 땅에 쏟아지매 땅의 삼분의 일이 타 버리고 수목의 삼분의 일도 타 버리고 각종 푸른

풀도 타 버렸더라"(계 8:7)

"또 무게가 한 달란트나 되는 큰 우박이 하늘로부터 사람들에게 내리매 사람들이 그 우박의 재앙 때문에 하나님을 비방하니 그 재앙이 심히 큼이러라"(계 16:21)

믿는 자들이 기도에 힘써야 하는 또 다른 이유는 세상에 재앙과 환난이 있기 때문입니다.(계 8:7, 16:21 등) 재앙과 환난은 시간이 흐를수록 강해지며 재림의 날까지 계속됩니다. 하나님의 백성도 이 재앙으로부터 자유로울 수 없습니다. 그런 재앙 가운데 믿음을 지키기 위해 기도해야 하는 것입니다. 하나님의 백성은 자신의 기도가 하나님 앞에 상달된다는 사실을 믿고 재림의 날을 위해 쉬지 않고 기도해야 합니다. 이것이 성경의 교훈입니다.

· 놀라운 은혜

"말하되 사람마다 먼저 좋은 포도주를 내고 취한 후에 낮은 것을 내거늘 그대는 지금까지 좋은 포도주를 두었도다 하니라 예수께서 이 첫 표적을 갈릴리 가나에서 행하여 그의 영광을 나타내시매 제자들이 그를 믿으니라"(요 2:10-11)

예수께서 가나의 혼인잔치에서 물로 포도주를 만드셨습니다.(요 2:1-11) 이는 예수께서 처음으로 행하신 기적이었습니다. 예수님은 혼인잔치에 부족한 포도주를 흡족하게 제공하심으로써 놀라운 은혜를 베푸셨습니다. 혼인잔치는 구원의 때를 상징하기도 합니다.(사 61:10, 62:5, 마 22:1-14, 25:1-13, 막 2:18-20, 계 19:7) 그렇게 볼 때 이 사건은 구세주로서의 출현에 아주 합당한 은혜였습니다. 예수님의 때가 곧 구원의 때임을 상징하는 은혜였습니다.

구원의 일반적 의미는 '어려움이나 위험에 빠진 사람을 구해주는 것'입니다. 그러나 구원의 성경적 의미는 죄와 죽음으로부터의 해방을 의미합니다. 죄 사함을 받고 영원한 생명을 얻는 것이 성경이 말하는 구원입니다. 구세주이신 예수께서 이 세상에 오신 목적이 바로 죄 사함과 영원한 생명입니다.(요 3:16-17, 36) 구원의 은혜 역시 근본적으로 이 두 가지를 의미합니다.

그렇지만 예수님의 사역에 이 두 가지만 있는 것은 아닙니다. 예수께서 이 세상에 계시면서 사람의 죄만 사하시고 영원한 생명만 약속하신 것은 아닙니다. 예수님은 많은 사람을 그들의 고난, 고통, 어려움에서 해방시켜 주셨습니다. 사람들의 병을 고쳐주시고 눈 먼 자의 눈을 뜨게 하시고 걷지 못하는 사람을 걷게 하셨습니다. 죽은 자를 살리셨습니다. 그들을 삶의 고통에서 구원하신 것입니다. 예수님의 은혜에 대한 놀라운 이야기가 신약에 있습니다. 기도하는 사람들이 이런 놀라운 은혜를 체험합니다.

> "그 아이의 손을 잡고 이르시되 달리다굼 하시니 번역하면 곧 내가 네게 말하노니 소녀야 일어나라 하심이라"(막 5:41)
> "가까이 가서 그 관에 손을 대시니 멘 자들이 서는지라 예수께서 이르시되 청년아 내가 네게 말하노니 일어나라 하시매 죽었던 자가 일어나 앉고 말도 하거늘 예수께서 그를 어머니에게 주시니"(눅 7:14-15)
> "이 말씀을 하시고 큰 소리로 나사로야 나오라 부르시니 죽은 자가 수족을 베로 동인 채로 나오는데 그 얼굴은 수건에 싸였더라 예수께서 이르시되 풀어 놓아 다니게 하라 하시니라"(요 11:43-44)

예수님은 죽은 자들을 살리셨습니다. 회당장 야이로의 딸 12살 소녀를 살리셨습니다.(막 5:41-42) 나인 성 과부의 아들을 살리셨습니다.(눅 7:14-15) 그리고 베다니의 나사로를 살리셨습니다.(요 11:43-44) 나사로의 경우는 죽은 지 나흘이나 지난 후였습니다. 믿는 자들은 예수님의 은혜로 이런 놀라운 은혜를 체험할 수 있습니다. 물론 이런 놀라운 은혜가 기계적으로 모든 성도에게 무조건 일어나는 은혜는 아닙니다. 그러나 성경이 이런 은혜를 증언하고 있는 것은 사실입니다.

> "열두 해 동안이나 혈루증으로 앓는 여자가 예수의 뒤로 와서 그 겉옷 가를 만지니 이는 제 마음에 그 겉옷만 만져도 구원을 받겠다 함이라"(마 9:20-21)
>
> "한 마을에 들어가시니 나병환자 열 명이 예수를 만나 멀리 서서 소리를 높여 이르되 예수 선생님이여 우리를 불쌍히 여기소서 하거늘 보시고 이르시되 가서 제사장들에게 너희 몸을 보이라 하셨더니 그들이 가다가 깨끗함을 받은지라"(눅 17:12-14)
>
> "거기 서른여덟 해 된 병자가 있더라 예수께서 이르시되 일어나 네 자리를 들고 걸어가라 하시니 그 사람이 곧 나아서 자리를 들고 걸어가니라"(요 5:5, 8-9)
>
> "이르시되 실로암 못에 가서 씻으라 하시니 (실로암은 번역하면 보냄을 받았다는 뜻이라) 이에 가서 씻고 밝은 눈으로 왔더라"(요 9:7)

또 예수님은 수많은 병자들을 고쳐주셨습니다. 마태복음 4:23에 '예수께서 온 갈릴리에 두루 다니사 그들의 회당에서 가르치시며 천국복음을 전파하시며 백성 중의 모든 병과 모든 약한 것을 고치시니'라는 말씀이 있습니다. 예수님의 소문이 온 지역에 퍼져서 사람들이 모든 앓는 자, 병에 걸린 자, 귀신 들린 자, 간질하는 자, 중풍병자들을 예수님 앞으로 데려왔습니다.(마 4:24) 예수님은 그들을 다 고쳐주셨습니다.

예수님은 12년 혈루증 여인을 고쳐주셨습니다.(마 9:20-21) 나병환자 열 명을 고쳐주셨습니다.(눅 17:12-14) 베데스다 연못의 38년 된 병자를 고쳐주셨습니다.(요 5:1-9) 나면서부터 소경된 자의 눈을 뜨게 해주셨습니다.(요 9:1-7) 그 외에도 수많은 병자들을 고쳐주셨습니다. 믿는 자는 분명히 예수님의 놀라운 은혜를 누릴 수 있습니다.

"저물매 사람들이 귀신 들린 자를 많이 데리고 예수께 오거늘 예수께서 말씀으로 귀신들을 쫓아내시고 병든 자들을 다 고치시니"(마 8:16)
"그때에 귀신 들려 눈 멀고 말 못하는 사람을 데리고 왔거늘 예수께서 고쳐 주시매 그 말 못하는 사람이 말하며 보게 된지라"(마 12:22)
"이는 예수께서 이미 그에게 이르시기를 더러운 귀신아 그 사람에게서 나오라 하셨음이라 이에 물으시되 네 이름이 무엇이냐 이르되 내 이름은 군대니 우리가 많음이니이다 하고"(막 5:8-9)

예수님은 귀신들을 내쫓으셨습니다.(마 8:16, 32, 9:33, 12:22 등) 이에 대한 말씀이 복음서에 아주 많습니다. 예수님은 거라사 지방에서 군대 귀신이 들린 자를 고쳐주셨습니다.(막 5:1-20) 사람들은 예수님의 놀라운 능력을 보고 두려워하였습니다. 믿는 자는 예수님의 능력을 두려워하지 않고 놀라운 은혜로 받아들입니다. 이것이 하나님의 자녀와 아닌 자들의 차이입니다.

"집에 들어가시매 제자들이 조용히 묻자오되 우리는 어찌하여 능히 그 귀신을 쫓아내지 못하였나이까 이르시되 기도 외에 다른 것으로는 이런 종류가 나갈 수 없느니라 하시니라"(막 9:29)

예수께서 산에 기도하려고 가셨을 때 어떤 사람이 귀신 들린 아들을 제자들에게 데려왔습니다. 그 귀신은 말을 못하게 하는 귀신이었습니다.(막 9:13) 아이에게 경련을 일으키고 거품을 물게 하고 땅에 엎드려 구르게 하는 귀신이었습니다.(막 9:20-21) 귀신은 아이를 죽이려고 아이를 자주 불과 물에 던졌습니다.(막 9:22)

　　제자들은 그 귀신을 쫓아내려고 했으나 쫓아내지 못했습니다. 그러나 예수께서 그 귀신을 쫓아내셨습니다. 후에 제자들은 예수님께 자신들은 왜 그 귀신을 쫓아낼 수 없었느냐고 물었습니다. 이에 예수께서는 오직 기도로만 그런 종류의 귀신을 쫓아낼 수 있다고 대답하십니다. 기도로 귀신을 쫓아내는 놀라운 은혜를 체험할 수 있습니다.

> "무리를 명하여 잔디 위에 앉히시고 떡 다섯 개와 물고기 두 마리를 가지사 하늘을 우러러 축사하시고 떡을 떼어 제자들에게 주시매 제자들이 무리에게 주니 다 배불리 먹고 남은 조각을 열두 바구니에 차게 거두었으며 먹은 사람은 여자와 어린이 외에 오천 명이나 되었더라"(마 14:19-21)
> "떡 일곱 개와 그 생선을 가지사 축사하시고 떼어 제자들에게 주시니 제자들이 무리에게 주매 다 배불리 먹고 남은 조각을 일곱 광주리에 차게 거두었으며 먹은 자는 여자와 어린이 외에 사천 명이었더라"
> (마 15:36-38)

　　복음서는 예수께서 적은 빵과 물고기로 수천 명을 먹이신 사건을 전하고 있습니다. 5천 명을 먹이신 사건은 4복음서 모두가 전하고 있습니다. 4천 명을 먹이신 사건은 마태복음과 마가복음이 전하고 있습니다. 복음서는 모두 예수께서 빵과 물고기를 가지고 '축사하셨다'고 표현합니다.

　　마태복음 14:19의 '축사하시고'는 헬라어 동사 '율로게

오'(eulogeo)인데 이는 축복하는 기도를 하셨다고 번역할 수 있습니다. 마태복음 15:36의 '축사하시고'는 헬라어 동사 '유카리스테오'(eucharisteo)인데 이는 감사하는 기도를 하셨다고 번역할 수 있습니다. 기도는 이렇게 믿는 자를 놀라운 은혜로 인도합니다. 기도하는 사람이 놀라운 은혜를 체험할 수 있습니다.

3. 성령의 진리를 위해

• 진리의 영

"사도와 함께 모이사 그들에게 분부하여 이르시되 예루살렘을 떠나지
말고 내게서 들은 바 아버지께서 약속하신 것을 기다리라 요한은 물
로 세례를 베풀었으나 너희는 몇 날이 못 되어 성령으로 세례를 받으
리라 하셨느니라"(행 1:4-5)

"들어가 그들이 유하는 다락방으로 올라가니 베드로, 요한, 야고보, 안
드레와 빌립, 도마와 바돌로매, 마태와 및 알패오의 아들 야고보, 셀롯
인 시몬, 야고보의 아들 유다가 다 거기 있어 여자들과 예수의 어머니
마리아와 예수의 아우들과 더불어 마음을 같이하여 오로지 기도에 힘
쓰더라"(행 1:13-14)

예수님이 승천하신 후 제자들은 예루살렘에 머물면서 성령 세례
를 기다렸습니다. 이는 예수께서 명령하신 일입니다.(행 1:4-5) 이때 제자
들은 기도하며 성령 세례를 기다렸습니다.(행 1:13-14) 기도하는 사람이 성
령의 은혜를 누리는 법입니다.

"홀연히 하늘로부터 급하고 강한 바람 같은 소리가 있어 그들이 앉
은 온 집에 가득하며 마치 불의 혀처럼 갈라지는 것들이 그들에게 보
여 각 사람 위에 하나씩 임하여 있더니 그들이 다 성령의 충만함을 받
고 성령이 말하게 하심을 따라 다른 언어들로 말하기를 시작하니라"
(행 2:2-4)

제자들은 기도하며 성령 세례를 기다리다가 오순절에 성령 강림을 체험합니다. 성령께서 불의 혀 같은 모습으로 제자들에게 강림하신 것입니다. 제자들이 모인 이층 방에 무언가 신비롭고 초자연적인 현상이 일어났습니다. 급하고 강한 바람 소리가 방에 가득 차고 무언가 불길 같은 것들이 나타나 각 사람에게 임하였습니다. 그 불길 같은 것이 마치 혀처럼 생겼는데, 이는 성령 강림의 결과 방언을 하게 된 것과 관련이 있을 것입니다. 혀와 방언은 헬라어로 같은 말입니다. 여기서 바람은 하나님의 영을 상징하고, 불은 하나님의 능력과 임재를 상징한다고 볼 수 있습니다.

> "그는 진리의 영이라 세상은 능히 그를 받지 못하나니 이는 그를 보지도 못하고 알지도 못함이라 그러나 너희는 그를 아나니 그는 너희와 함께 거하심이요 또 너희 속에 계시겠음이라"(요 14:17)
> "내가 아버지께로부터 너희에게 보낼 보혜사 곧 아버지께로부터 나오시는 진리의 성령이 오실 때에 그가 나를 증언하실 것이요"(요 15:26)
> "그러나 진리의 성령이 오시면 그가 너희를 모든 진리 가운데로 인도하시리니"(요 16:13)

그런데 제자들이 경험한 오순절 성령 강림은 근본적으로 진리의 전파를 위한 사건이었습니다. 왜냐하면 성령이 바로 진리의 영이시기 때문입니다. 이 사실을 예수님의 말씀에서 알 수 있습니다. 예수님은 성령을 진리의 영으로 소개하십니다.(요 14:17, 15:26, 16:13)

성령은 본질적으로 '진리의 영'이십니다. 성령은 믿는 자로 하여금 '진리를 알게 하시고, 진리를 믿게 하시고, 진리를 행하게 하시는 분'이십니다. 성령이 함께 하시지 않으면 진리를 알 수 없습니다. 성령께서 온전한 진리를 깨우쳐 주십니다. 예수를 믿지 않는 사람은 진리를 알지 못합니다. 성령으로 충만하지 못하면 모든 진리를 믿을 수 없습니다. 성령은 사람을 진리로 인도하시며 진리를 깨닫게 하시고 진리 가운데 거하게 하십니다.

성령은 진리의 영으로서 지혜와 계시의 영이십니다.(엡 1:17) 진리의 영이신 성령께서 예수 그리스도를 증언하십니다.(요 15:26, 엡 3:4-6, 요일 5:5-7) 하나님을 더 잘 알게 하십니다.(엡 1:17) 진리의 영이 믿는 자와 함께하실 때 그의 마음이 밝아집니다. 하나님께서 약속하시고 또 주시려고 예비해 놓으신 것을 깨닫게 됩니다.(엡 1:14, 18) 그것은 죄 사함과 영생과 온전한 진리입니다. 진리의 영이신 성령께서 이런 영원한 진리를 믿게 하십니다.

> "예루살렘에 있는 사도들이 사마리아도 하나님의 말씀을 받았다 함을 듣고 베드로와 요한을 보내매 그들이 내려가서 그들을 위하여 성령 받기를 기도하니"(행 8:14-15)
> "이와 같이 성령도 우리의 연약함을 도우시나니 우리는 마땅히 기도할 바를 알지 못하나 오직 성령이 말할 수 없는 탄식으로 우리를 위하여 친히 간구하시느니라"(롬 8:26)
> "사랑하는 자들아 너희는 너희의 지극히 거룩한 믿음 위에 자신을 세우며 성령으로 기도하며"(유 1:20)

그런데 기도하는 사람이 이 영원한 진리를 얻습니다. 그래서 예루살렘 교회는 베드로와 요한을 사마리아로 보내서 사마리아 사람들이 성령 받기를 기도했습니다.(행 8:14-15) 바울은 성령께서 믿는 자의 기도를 도우신다고 강조합니다.(롬 8:26) 유다서 1:20은 믿는 자들이 성령으로 기도하기를 권면합니다. 기도하는 사람만이 진리로 충만할 수 있습니다.

기독교 신앙은 인간 이성의 기초 위에 세워지는 것이 아닙니다.

휴머니즘의 토대 위에 세워지는 것이 아닙니다. 인간의 경험과 깨달음으로 인한 것이 아닙니다. 인간의 고행과 선행으로 인한 것도 아닙니다. 기독교 신앙은 하나님의 뜻 위에 세워지며 계시의 말씀 위에 세워집니다. 그러므로 올바른 신앙은 성령의 인도하심을 받아야 세워질 수 있습니다.

성령의 인도하심이 없는 신앙은 반드시 왜곡됩니다. 마귀의 유혹에 넘어갑니다. 신학박사가 되고 교단의 높은 지위를 가져도 성령의 인도가 없는 신앙은 결코 올바를 수 없습니다. 그가 신앙 양심과 학자의 양심을 따른다고 주장해도 아무 소용이 없습니다. 그 양심은 사람의 왜곡된 양심이기 때문입니다. 주님이 주시는 거룩한 양심이 아니기 때문입니다.

성경이 계시하는 말씀을 온전히 이해하기 위해서는 인간의 이성이 아니라 성령에 의존해야 합니다. 하나님의 말씀을 온전히 해석하실 수 있는 분은 하나님의 영이시기 때문입니다. 그런데 합리주의적 신앙을 추구하는 사람들은 이성에 근거하여 하나님의 말씀을 이해하려고 합니다. 이것이 그들의 잘못입니다. 교회를 위한다고 하지만 그들의 신앙과 학문이 교회에 덕이 되지 못하는 이유입니다. 합리주의적 신학의 중요한 단점은 성령에 대한 이해와 체험이 부족한 것입니다. 진리의 영에 무지한 것입니다.

> "기록된바 하나님이 자기를 사랑하는 자들을 위하여 예비하신 모든 것은 눈으로 보지 못하고 귀로 듣지 못하고 사람의 마음으로 생각하지도 못하였다 함과 같으니라 오직 하나님이 성령으로 이것을 우리에게 보이셨으니 성령은 모든 것 곧 하나님의 깊은 것까지도 통달하시느니라"(고전 2:9-10)

성령께서 말씀의 의미를 온전히 깨닫게 하여 성경 전체를 영원한 진리의 말씀으로 믿도록 하십니다. 하나님께서 자신의 지혜를 성령을 통하여 계시하셨기 때문입니다.(고전 2:9-10) 성령께서 도와주실 때 하나님의 영원한 지혜를 온전히 깨달을 수 있습니다. 진리의 영이신 성령께서 도우시지 않으면 성경의 온전하고 영원한 진리를 믿을 수 없습니다. 그것이 진리의 영이신 성령께서 이 세상에 오신 이유입니다. 그래서 예수께서 '내가 아직도 너희에게 이를 것이 많으나 지금은 너희가 감당치 못하리라. 그러나 진리의 성령이 오시면 그가 너희를 모든 진리 가운데로 인도하실 것이라'고 말씀하셨습니다.(요 16:12-13)

성령의 인도를 받는 사람만이 성경의 진리를 온전히 믿을 수 있습니다. 이 사실을 기억해야 하며 실제로 체험해야 합니다. 그래야 인간의 이성으로 계시의 진실 여부를 가늠하는 잘못을 피할 수 있습니다. 인간의 이성은 진리의 부분만 이해할 수 있습니다. 그러므로 인간의 이성을 바탕으로 한 신앙은 성경의 한 부분만 믿을 수 있습니다. 그런 믿음이 온전한 믿음이 될 수는 없습니다. 온전한 믿음의 사람이 되기 위해서는 성령 충만을 간구하는 기도가 반드시 필요합니다.

· 성령의 도우심

"내가 아버지께 구하겠으니 그가 또 다른 보혜사를 너희에게 주사 영원토록 너희와 함께 있게 하리니 그는 진리의 영이라"(요 14:16-17)
"보혜사 곧 아버지께서 내 이름으로 보내실 성령 그가 너희에게 모든 것을 가르치고 내가 너희에게 말한 모든 것을 생각나게 하리라"
(요 14:26)
"내가 아버지께로부터 너희에게 보낼 보혜사 곧 아버지께로부터 나오시는 진리의 성령이 오실 때에 그가 나를 증언하실 것이요"(요 15:26)

"그러나 내가 너희에게 실상을 말하노니 내가 떠나가는 것이 너희에게 유익이라 내가 떠나가지 아니하면 보혜사가 너희에게로 오시지 아니할 것이요 가면 내가 그를 너희에게로 보내리니"(요 16:7)

한편, 예수님은 진리의 영이신 성령을 보혜사로 소개합니다. 예수께서 성령을 보혜사라 칭하신 것입니다. 성령은 진리의 영이신 동시에 보혜사이십니다. 이 두 칭호는 성령의 본질을 잘 드러냅니다.

보혜사는 성령을 가리키는 말로 4번 사용되었고(요 14:16, 26, 15:26, 16:7), 예수님을 가리키는 말로 1번 사용되었습니다.(요일 2:1) 보혜사(保惠師)는 헬라어 파라클레토스(parakletos)를 번역한 것으로 '은혜를 보존하시는 분'이라는 뜻입니다. 이 말은 원래 법정에서 피고의 입장을 변호해 주는 사람을 의미합니다. 그래서 일반적으로 법률 조언자, 변호사 등의 의미로 사용되었습니다. 요한일서 2:1은 이런 의미를 살려 '우리에게 대언자(파라클레토스)가 있으니 곧 의로우신 예수 그리스도시라'고 번역했습니다. 파라클레토스를 대언자로 번역한 것입니다.

보혜사를 '도와주시는 분'으로 이해하는 것이 성령의 본질을 이해하는데 도움이 됩니다. 보혜사를 그렇게 이해해도 별 무리가 없습니다. '파라클레토스'의 원래 의미인 법률 조언자나 변호사 역시 다른 사람을 돕기 때문입니다. 보혜사는 성령께서 성도들을 돕는다는 사실을 강조하는 칭호로 이해해야 합니다.

성령은 진리의 영으로서 모든 진리를 알게 하십니다. 앞에서 살펴본 것처럼 성령이 아니고서는 성경의 모든 진리를 깨달을 수 없습니다. 한편, 성령은 보혜사로서 진리의 실천을 도와주십니다. 성령은 진리의 영으로서 진리를 알게 하시고, 보혜사로서 그 진리를 실천하도록 하시는 것입니다. 사람은 무지하여 스스로 온전한 진리를 알 수 없습니다. 또 연약하여 그 진리를 실천할 수 없습니다. 하나님의 진리를 깨달았다고 해서 진리를 다 실천할 수 있는 것은 아닙니다. 그 진리를 실천하기 위한 도움이 필요합니다. 이것이 예수께서 성령을 진리의 영 및 보혜사로서 소개하신 이유입니다.

원수를 사랑하라는 말씀은 불가능한 일을 하라는 명령이 아닙니다. 도달할 수 없는 목표를 세워 놓고 그 근사치에 도달하게 하려고 말씀하신 것이 아닙니다. 사람은 원수를 사랑할 수 있습니다. 일곱 번씩 일흔 번까지도 용서할 수 있습니다. 다만 인간 자신의 힘으로는 불가능하며 성령의 도움을 받을 때 비로소 가능합니다.

인간의 노력으로는 원수를 사랑할 수 없습니다. 원수 사랑은 인간의 능력 밖의 일입니다. 하지만 성령의 도움을 받을 때 원수를 사랑할 수 있습니다. 성령을 통해서 원수 사랑하는 일을 실천할 수 있습니다. 죄인을 먼저 사랑하신 하나님의 영, 죄인을 위해 목숨을 버리신 그리스도의 영이 도와주실 때 원수를 사랑할 수 있습니다. 원수를 축복할 수 있습니다. 이처럼 보혜사이신 성령께서 진리를 실천할 수 있도록 도와주십니다. 이것이 성령께서 성도들과 영원히 함께 하시는 중요한 이유입니다.

『리마커블 천로역정』이라는 책이 있습니다. 존 번연(1628-1688)이 쓴 『천로역정』을 현대적 감각에 맞게 재구성한 책입니다. 이 책에 이런 이야기가 있습니다.(존 번연 원작, 개리 슈미트 편집, 배응준 역, 규장, 2007, 219-233쪽) 천성으로 가는 '크리스천'과 '소망' 두 사람의 여행이 거의 끝날 무렵입니다. 두 사람은 '무지'(Ignorance)라는 이름의 청년을 만납니다. 무지라는 청년도 크리스천과 소망처럼 하늘나라에 가기를 원합니다. 그렇지만 무지는 크리스천과 소망이 가지고 있는 두루마리가 없습니다. 그리고 곧은길로 가기를 원치 않습니다. 두루마리는 필요 없고 곧은길보다는 지름길로 가는 게 좋다고 합니다. 무지는 자기 생각대로 천성에 가기를 원한 것입니다.

그런데 잠시 후에 고약한 냄새가 나면서 귀신들이 나타납니다. 귀신들은 크리스천과 소망은 모른 체 지나칩니다. 그러나 무지를 만나서는 무언가를 요구하더니 깔깔대면서 그를 끌고 갑니다. 무지의 목에 밧줄을 걸어 배반과 함께 실수의 벼랑, 죽음의 벼랑으로 끌고 갑니다. 예수님을 믿다가 배반하는 것이나, 천국에 가기를 원하지만 무지해서 참된 진리를 모르는 것이나 똑 같은 운명에 처한다는 뜻입니다.

크리스천과 소망은 무지를 끌고 간 귀신들의 공격은 피할 수 있었습니다. 그러나 그 다음 갈림길에서 만난 '속이는 자'에게는 속고 맙니다. 속이는 자가 흰 옷을 입고 나타났기 때문에 그를 믿었던 것입니다. 천성에 사는 빛나는 존재가 순례자들을 인도하기 위해 온 것으로 착각하고 속이는 자의 뒤를 따라갔습니다. 그 결과 두 사람은 속이는 자가 쳐놓은 그물에 갇혀 옴짝달싹 할 수 없는 신세가 되고 맙니다.

속이는 자는 크리스천과 소망이 그물에 갇힌 것을 보고 다른 순례자들을 속이기 위해 갈림길로 되돌아갑니다. 그리고 크리스천과 소망은 두려움에 떱니다. 속이는 자가 돌아오면 자기들을 죽일 게 확실했기 때문입니다. 그때 두 사람 앞에 밝고 환한 '빛나는 존재'(Shining One)가 나타납니다. 그 빛나는 존재는 크리스천과 소망이 속이는 자의 그물에 갇히게 된 것을 책망합니다. 그리고 불타는 검을 높이 들어 그물을 베고 두 사람을 구출해 줍니다.

그러면서 '나를 따라 오라. 너희를 다시 곧은길로 데려다주겠다'라고 합니다. 크리스천과 소망은 빛나는 존재를 따라 속이는 자를 만난 갈림길로 돌아와서 다시 곧은길을 걷기 시작합니다. 속이는 자 때문에 죽을 뻔 했던 위험을 벗어나 천성을 향한 바른 길을 걷기 시작한 것입니다.

이 빛나는 존재가 바로 성령이십니다. 믿는 자를 무지로부터 지키시는 진리의 영이십니다. 그리고 믿는 자를 속이는 거짓의 영으로부터 보호하시는 보혜사이십니다. 성령의 도우심이 없다면 무지처럼 귀신에게 끌려갑니다. 크리스천과 소망처럼 속이는 자의 그물에 갇히게 됩니다. 죽을 수밖에 없는 것입니다.

성령의 지혜와 성령의 도우심이 없으면 하늘나라에 도달할 수 없습니다. 천성을 향하는 순례의 길은 실패로 끝날 수밖에 없습니다. 그래서 예수께서 최후의 만찬 때 제자들에게 성령을 강조하고 성령을 약속하셨습니다.(요 14:16-17, 26, 15:26, 16:7, 13-15) 부활하신 예수께서 제자들에게 '성령을 받으라'고 말씀하셨습니다.(요 20:22) 그리고 승천하시면서 다시 성령 강림을 약속하셨습니다.(행 1:5, 8) 성령의 도우심이 있어야 마귀의 유혹을 이기고 승리할 수 있습니다. 다만 기도하는 사람이 이런 성령의 도우심을 얻을 수 있습니다.

• 성령의 선물

"베드로가 이르되 너희가 회개하여 각각 예수 그리스도의 이름으로
세례를 받고 죄 사함을 받으라 그리하면 성령의 선물을 받으리니"
(행 2:38)

사도행전 2:38에 성령의 선물이라는 표현이 나옵니다. 이는 오순절 성령 강림으로 인한 모든 신령한 은혜를 의미합니다. 그러므로 이 성령의 선물은 성령 세례, 성령의 내재, 성령의 열매, 성령의 은사를 의미합니다. 성령 세례는 존재의 변화를 뜻합니다. 옛사람이 새사람이 되는 것입니다. 성령의 내재는 하나님과 동행하는 삶을 의미합니다. 성령께서 늘 함께하시며 도우시는 것입니다. 성령의 열매는 그리스도의 성품을 의미합니다. 예수님의 거룩한 성품을 가지는 것입니다. 성령의 은사는 교회는 위한 능력을 의미합니다. 성령의 은사로 교회를 섬기는 것입니다.

"내가 너희 보기를 간절히 원하는 것은 어떤 신령한 은사를 너희에게 나누어 주어 너희를 견고하게 하려 함이니"(롬 1:11)
"우리에게 주신 은혜대로 받은 은사가 각각 다르니 혹 예언이면 믿음의 분수대로"(롬 12:6)

바울은 로마서 1:11과 12:6에서 신령한 은사를 언급합니다. 로마 교회를 방문해서 로마 교회 교인들에게 신령한 은사를 나누어주고 싶다는 것입니다. 바울이 언급한 이 신령한 은사를 사도행전 2:38의 성령의 선물로 이해할 수 있습니다. 여기서 사용된 헬라어 단어 '카리스마'(charisma) 역시 선물(gift, gift of grace)라는 뜻을 가지고 있습니다.

"온갖 좋은 은사와 온전한 선물이 다 위로부터 빛들의 아버지께로부터 내려오나니 그는 변함도 없으시고 회전하는 그림자도 없으시니라"(약 1:17)
"너희도 우리를 위하여 간구함으로 도우라 이는 우리가 많은 사람의 기도로 얻은 은사로 말미암아 많은 사람이 우리를 위하여 감사하게 하려 함이라"(고후 1:11)

성령의 선물은 당연히 하나님께서 허락하시는 것입니다. 선하신 하나님께서 온갖 좋은 은사와 선물을 허락하십니다.(약 1:17) 성령의 선물이 그런 것입니다. 그런데 기도로 이런 성령의 선물을 얻습니다.(고후 1:11) 바울이 고린도교회 교인들에게 기도를 부탁하면서 많은 사람들의 기도로 바울과 동역자들이 은사를 얻었다고 합니다. 신령한 은사, 성령의 선물을 받았다는 뜻입니다.

"나는 너희에게 물로 세례를 주었거니와 그는 성령으로 너희에게 세

례를 주시리라"(막 1:8)

"요한은 물로 세례를 베풀었으나 너희는 몇 날이 못 되어 성령으로 세
례를 받으리라 하셨느니라"(행 1:8)

세례는 근본적으로 존재의 변화를 의미합니다. 옛사람은 죽고
새사람으로 다시 태어나는 것을 의미합니다.(롬 6:3-8) 그래서 에베소서
4:24는 '하나님을 따라 의와 진리의 거룩함으로 지으심을 받은 새 사람
을 입으라'고 권면합니다. 이를 가능케 하는 것이 성령 세례입니다. 성령
세례는 사람을 영적으로 변화시키는 능력을 가지고 있고 사람은 성령 세
례를 통해서 거듭납니다.

이것이 예수께서 니고데모에게 하신 말씀입니다.(요 3:1-8) 산헤드
린(공회) 회원으로 사회적 지위가 높았던 니고데모가 예수님을 찾았습니
다. 그때 예수님은 니고데모에게 사람이 거듭나지 않으면 하나님 나라
를 볼 수 없다고 말씀하셨습니다.(요 3:3) 니고데모는 이 말씀을 육체적으
로 두 번 태어나는 것으로 오해했습니다. 사람이 거듭나는 것을 들어보
지 못했기 때문입니다. 예수님은 그런 니고데모에게 사람이 영적으로 다
시 태어나는 일이 있다고 거듭 말씀하십니다. 그리고 물과 성령으로 다
시 나지 않으면 하나님 나라에 들어갈 수 없다고 말씀하십니다.(요 3:4-5)
이 영적 거듭남을 가능케 하는 것이 바로 성령 세례입니다.

오순절 성령 강림 이후 물세례를 받을 때 성령 세례를 함께 받는
다는 것이 성경의 가르침입니다. 성경은 이 둘을 구별하지 않습니다. 삼
위일체 하나님의 이름으로 물세례를 받을 때 영적으로 성령 세례를 받습
니다. 그것이 하나님의 약속입니다. 물세례를 받을 때 감격스러워 눈물
을 흘리든지 아니든지 상관없이 하나님은 성령 세례를 허락하십니다.

성부, 성자, 성령의 이름으로 물세례를 받는 사람은 동시에 성령
세례를 받아 영적으로 거듭난 사람이 됩니다. 그런 의미에서 물세례는

단순히 성도라는 인식표가 아니며 교회 공동체에 속한다는 확인증이 아닙니다. 세례는 성령 세례를 받아 영적으로 거듭난 사람임을 증명해 주는 것입니다.

> "너희는 너희가 하나님의 성전인 것과 하나님의 성령이 너희 안에 계시는 것을 알지 못하느냐"(고전 3:16)
> "너희 몸은 너희가 하나님께로부터 받은 바 너희 가운데 계신 성령의 전인 줄을 알지 못하느냐 너희는 너희 자신의 것이 아니라"(고전 6:19)

그렇게 성령으로 거듭난 사람 안에 성령께서 거하십니다.(고전 3:16, 6:19, 고후 6:16, 엡 2:22) 성령의 내재하심은 성도들을 거룩하게 하시고 그들을 끝까지 지키기 위해 필요한 은혜입니다. 성령의 내재하심 없이는 인간에게 영생을 주시려는 하나님의 뜻은 이루어질 수 없습니다. 성령께서 인간의 깊은 내면에서 인간을 도와주십니다. 그래야 하나님의 진리를 온전히 이해하고 실천할 수 있습니다. 성령의 도움 없이 인간은 거룩해질 수 없습니다. 믿는 자는 자신 안에 성령께서 거하심을 믿어야 합니다. 성령께 자신의 인격을 맡겨야 합니다. 성령의 음성을 듣는 일에 신실해야 합니다. 그리고 자아를 하나님의 뜻에 온전히 맡기는 일을 실천해야 합니다.

> "오직 성령의 열매는 사랑과 희락과 화평과 오래 참음과 자비와 양선과 충성과 온유와 절제니 이 같은 것을 금지할 법이 없느니라 그리스도 예수의 사람들은 육체와 함께 그 정욕과 탐심을 십자가에 못 박았느니라"(갈 5:22-24)

갈라디아서 5:22-26은 성령의 열매에 관한 말씀입니다. 성령의 열매는 그리스도의 성품을 말하는 것으로 참된 성도들이 가지는 신령한 성품입니다. 성령의 열매가 풍성한 사람은 예수님의 성품을 닮은 사람입니다. 그 성품은 바로 사랑과 기쁨이 넘치며, 평화롭고 인내하며, 자비롭고 착하고, 성실하고 온유하며, 절제하는 성품입니다. 한 마디로 거룩한 성품을 가졌다는 뜻입니다. 믿는 자는 성령의 열매가 풍성한 사람이 되어야 합니다.

갈라디아서 5:24에 성령의 열매가 풍성한 사람이 될 수 있는 방법이 있습니다. 그것은 먼저 자아를 죽이는 것입니다. 바울은 이 말을 '그리스도 예수의 사람들은 육체와 함께 그 정욕과 탐심을 십자가에 못 박았다'고 표현합니다. 인간의 악한 본성을 십자가에 못 박는다는 말로 자아를 죽인다는 뜻입니다. 믿는 자는 십자가에서 자아를 죽인 사람입니다.

그 다음에 성령을 따라 살아야 합니다. 자아를 죽인 후에 성령을 따라 살아야 합니다. 그래서 5:25에서 '우리가 성령으로 새 생명을 얻었으므로, 성령을 따라 살아야 합니다'라고 말합니다. 이 둘은 동전의 양면처럼 실은 하나입니다. 자아를 죽여야 성령을 따라 살 수 있고, 성령을 따라 산다는 것은 곧 자아를 죽이는 것입니다. 바울은 같은 말을 갈라디아서 2:20에서 '나는 죽고 그리스도로 사는 것'이라고 표현합니다. 자아를 죽인다는 말은 내 생각대로 예수를 믿는 게 아니라 말씀에 순종하며 예수를 믿는다는 뜻입니다. 사람의 지혜가 아니라 성령의 지혜를 따라 예수님을 믿는다는 뜻입니다.

바울은 갈라디아서 3:3에서 갈라디아 교회의 영적 후퇴를 책망합니다. '성령 안에서 살기 시작하다가 이제 와서 다시 자기 힘으로 살려고 하다니, 여러분은 참으로 어리석다'라는 말을 합니다. 그 동안 자아를 죽이고 성령을 따라 살다가 이제 와서 성령을 버리고 자아를 따라 살려고 하느냐 하는 책망입니다. 이런 실수가 없어야 합니다.

"어떤 사람에게는 성령으로 말미암아 지혜의 말씀을, 어떤 사람에게는 같은 성령을 따라 지식의 말씀을, 다른 사람에게는 같은 성령으로 믿음을, 어떤 사람에게는 한 성령으로 병 고치는 은사를, 어떤 사람에게는 능력 행함을, 어떤 사람에게는 예언함을, 어떤 사람에게는 영들 분별함을, 다른 사람에게는 각종 방언 말함을, 어떤 사람에게는 방언들 통역함을 주시나니"(고전 12:8-10)

"소망의 하나님이 모든 기쁨과 평강을 믿음 안에서 너희에게 충만하게 하사 성령의 능력으로 소망이 넘치게 하시기를 원하노라"(롬 15:13)

고린도전서 12:8-10에 성령의 은사 9가지가 언급되어 있습니다. 지혜의 말씀, 지식의 말씀, 믿음, 병 고치는 은사, 기적을 행하는 능력, 예언함(말씀을 받아 전하는 능력), 영들 분별함, 각종 방언 말함, 방언 통역이 그 은사들입니다. 성도는 이런 능력을 선물로 받아 교회를 섬깁니다. 교회를 하나 되게 합니다.

성령의 열매가 개인을 위한 선물이라면 성령의 은사는 교회를 위한 선물입니다. 성령의 은사가 풍성한 교회는 건강하고 온전한 교회가 됩니다. 성령께서 성도들에게 각종 은사를 주시는 뜻은 교회를 섬기라는 것입니다.(고전 14:12, 19, 26) 그러므로 교회를 섬기지 않는 은사는 의미가 없습니다. 교회에 덕이 되지 못하는 은사도 마찬가지입니다. 성령의 은사로 자신이 영광 받는 사람은 그 은사를 잘못 사용하는 것입니다.

성령의 열매는 성도의 성품이며 성령의 은사는 성도의 능력으로 이해하는 것이 좋습니다. 이렇게 이해할 때 성령의 열매는 인격과 상관이 있습니다. 성령의 은사는 봉사와 관계가 있습니다. 성령의 열매는 어떤 성도가 되어야 하는가에 대한 설명입니다. 성령의 은사는 성도는 무엇을 해야 하는가에 대한 명령입니다. 성령의 열매는 하나님의 자녀(개인)에게 주시는 선물입니다. 성령의 은사는 하나님의 백성(공동체)에게 주시는 선물입니다.

　초대교회는 성령의 은사가 풍성했습니다. 초대교회 성도들은 풍성한 성령의 은사들을 경험했습니다. 사도행전에 카리스마라는 말은 등장하지 않습니다. 그러나 사도행전은 초대교회가 경험한 풍성한 카리스마, 즉 성령의 은사를 전하고 있습니다. 초대교회에 지혜와 지식의 말씀에 해당되는 가르침이 있었습니다. 병 고침이 있었습니다. 능력 행함이 있었습니다. 예언 및 말씀 선포가 있었습니다. 방언이 있었습니다. 환상이 있었습니다. 영의 분별이 있었습니다. 오순절 성령 강림을 경험한 초대교회는 성령의 은사가 풍성했습니다.

　성령의 은사는 곧 성령의 능력을 의미합니다.(행 10:38, 롬 15:13, 19, 고전 2:4, 갈 3:5, 엡 3:16) 하나님은 막 시작된 초대교회가 건강하고 온전하기를 원하셨습니다. 그래서 풍성한 성령의 은사를 교회에 주신 것입니다. 성령의 은사는 교회를 위한 선물입니다. 성령의 은사 없이는 교회가 능력을 발휘할 수 없습니다. 사명을 감당할 수 없습니다. 기도하는 교회가 성령의 은사를 충만히 받을 수 있습니다.

　믿는 자가 기도해야 하는 이유는 기도해야 풍성한 성령의 선물을 받을 수 있기 때문입니다. 기도하는 사람이 존재의 변화라는 성령 세례의 은혜를 누립니다. 하나님과 동행하는 성령의 내재라는 은혜를 체험합니다. 그리스도의 성품인 성령의 열매라는 은혜를 받습니다. 그리고 교회를 위한 능력인 성령의 은사라는 은혜를 체험합니다. 기도 없이 이런 성령의 선물을 기대할 수 없습니다.

　· 기도의 습관과 복

　"여호와는 선하시고 정직하시니 그러므로 그의 도로 죄인들을 교훈하

시리로다 온유한 자를 정의로 지도하심이여 온유한 자에게 그의 도를
가르치시리로다 여호와의 모든 길은 그의 언약과 증거를 지키는 자에
게 인자와 진리로다"(시 25:8-10)

"하나님을 찬송하리로다 그가 내 기도를 물리치지 아니하시고 그의
인자하심을 내게서 거두지도 아니하셨도다"(시 66:20)

시편 25편은 '여호와여, 나의 영혼이 주를 우러러보나이다'라
는 말로 시작합니다.(시 25:1) 이 말은 문자적으로 내 영혼을 들어 올린다
는 말입니다. 기도의 몸짓으로 손을 들어 올리는 행위를 비유한 것입니
다. 이는 곧 시편 25편이 기도문이라는 뜻입니다. 기도란 하나님을 향
해 손을 들어 올려 나의 생각과 삶을 드리는 것입니다. 내가 하나님께 의
존하며 살고 있음을 고백하는 믿음의 행위입니다. 그래서 시인은 시편
25:2에서 '내가 주께 의지하였사오니'라고 하면서 자신의 믿음을 고백
합니다.

시편 25:8-10은 하나님의 은혜에 대한 찬양입니다. 하나님은 죄
인들에게 바른 길을 일러주십니다. 겸손한 자들에게 주님의 길을 가르
쳐주십니다. 믿는 자들을 인자와 진리로 가르치십니다. 하나님의 백성을
진리의 길로 인도하시는 은혜를 베푸시는 것입니다. 믿는 자는 하나님의
사랑과 은혜를 찬양하는 기도를 드려야 합니다. 기도를 들어주시는 은혜
를 찬양해야 합니다.(시 66:20)

"다니엘이 이 조서에 왕의 도장이 찍힌 것을 알고도 자기 집에 돌아
가서는 윗방에 올라가 예루살렘으로 향한 창문을 열고 전에 하던 대
로 하루 세 번씩 무릎을 꿇고 기도하며 그의 하나님께 감사하였더라"
(단 6:10)

"한밤중에 바울과 실라가 기도하고 하나님을 찬송하매 죄수들이 듣더

라"(행 16:25)

다리오 왕은 30일 동안 자신 외에 다른 신이나 사람에게 기도하면 사자 굴에 던져 넣겠다는 법을 발표했습니다.(단 6:7-9) 다니엘은 이 사실을 알면서도 하나님께 기도했습니다. 믿음의 기도를 쉬지 않았던 것입니다. 바울과 실라는 빌립보의 감옥에서 기도했습니다. 그리고 기도하고 찬양하는 가운데 하나님의 은혜를 체험했습니다.(행 16:25-26)

전능하신 하나님께서 사람의 기도를 요구하시고 그 기도가 충분할 때까지 기다리시는 이유는 인간의 타락한 본성 때문입니다. 사람은 아주 쉽게 하나님이 이루신 일을 자신의 공으로 돌립니다. 그리고 그 영광을 차지합니다. 하나님은 이 사실을 아주 잘 알고 계십니다. 그래서 사람의 기도가 충분할 때까지 기다리시는 것입니다.

그런 의미에서 기도는 인간의 타락한 본성을 깨끗하게 씻는 행위입니다. 사람은 날마다 몸을 씻고 깨끗한 옷을 입으면서 그것을 당연한 청결과 예의로 여깁니다. 기도가 바로 영혼을 날마다 정결하게 하는 행위라고 할 수 있습니다. 하나님께 대한 예의라고 할 수 있습니다. 하나님은 그렇게 기도하는 사람을 통해 놀라운 계획을 이루십니다. 그에게 큰 은혜를 베푸십니다.

기도의 습관을 가져야 합니다. 하나님의 은혜를 체험하고 싶다면 기도의 습관을 가져야 합니다. 하나님의 지혜를 따라 살고 싶다면 꾸준히 기도하는 사람이 되어야 합니다. 하나님의 인도하심을 따라 살고 싶다면 간절히 기도하는 사람이 되어야 합니다.

"그는 하나님께 기도하므로 하나님이 은혜를 베푸사 그로 말미암아 기뻐 외치며 하나님의 얼굴을 보게 하시고 사람에게 그의 공의를 회복시키시느니라"(욥 33:26)

"이로 말미암아 모든 경건한 자는 주를 만날 기회를 얻어서 주께 기
도할지라 진실로 홍수가 범람할지라도 그에게 미치지 못하리이다"
(시 32:6)
"이 곤고한 자가 부르짖으매 여호와께서 들으시고 그의 모든 환난에
서 구원하셨도다"(시 34:6)

기도의 습관을 가진 사람이라고 해서 꽃길만 걷는 것은 아닙니다.
기도의 사람도 고난을 겪습니다. 그러나 기도하는 사람은 그 고난을 잘
극복할 수 있습니다. 하나님께서 도와주시기 때문입니다. 하나님께서 그
기도를 기쁘게 들으시고 하나님의 얼굴을 보게 하시고 그를 의롭게 회복
시켜 주십니다.(욥 33:26)
그러므로 기도의 사람은 어떤 경우에도 결코 망하지 않습니다. 신
실하신 하나님께서 그를 깨우쳐주시고 인도하시기 때문입니다.(시 32:6)
보호하시고 채워주시고 기다려주시기 때문입니다. 모든 환난에서 구원
하시기 때문입니다.(시 34:6) 고린도후서 4:8-9에 '우리가 사방으로 욱여
쌈을 당하여도 싸이지 아니하며 답답한 일을 당하여도 낙심하지 아니하
며 박해를 받아도 버린바 되지 아니하며 거꾸러뜨림을 당하여도 망하지
아니하고'라는 말씀이 있습니다. 기도의 사람은 이 말씀처럼 망하지 않
습니다.
기도의 사람이 고난을 겪는 이유 중 하나는 믿음의 훈련 때문입
니다. 기도가 깊어지고 넓어지기 위해서는 반드시 믿음의 훈련이 필요
합니다. 그 믿음의 훈련 과정에 고난이 뒤따릅니다. 고난을 통해 하나
님 경외와 겸손을 배웁니다. 하나님만 의지하는 순결한 믿음을 배우게
됩니다.

"네 하나님 여호와를 섬기라 그리하면 여호와가 너희의 양식과 물에

복을 내리고 너희 중에서 병을 제하리니"(출 23:25)

"썩지 않고 더럽지 않고 쇠하지 아니하는 유업을 잇게 하시나니 곧 너
희를 위하여 하늘에 간직하신 것이라"(벧전 1:4)

성경 곳곳에 복에 대한 약속의 말씀이 있습니다. 출애굽기 23:25
에 구약의 복을 요약하는 말씀이 있습니다. 하나님을 섬기면 하나님께서
양식과 물을 주시고 병을 없애 주겠다는 말씀입니다. 이 세상에서의 풍
족하고 평안한 삶을 의미합니다. 신약의 복은 베드로전서 1:4가 잘 요약
합니다. 『쉬운 성경』은 이 말씀을 '이제 우리는 하나님께서 그분의 자녀
들에게 주려고 준비해 두신 복을 소망합니다. 이 복은 여러분을 위해서
하늘에 간직되어 있으며, 결코 썩거나, 그 아름다움이 변하지 않습니다'
라고 번역했습니다. 기도하는 사람이 이런 복을 누릴 수 있습니다. 삼위
일체 하나님의 사랑과 은혜와 진리의 복을 누리는 것입니다. 이것이 믿
는 자가 기도해야 하는 이유입니다.

"기록된 바 하나님이 자기를 사랑하는 자들을 위하여 예비하신 모든
것은 눈으로 보지 못하고 귀로 듣지 못하고 사람의 마음으로 생각하
지도 못하였다 함과 같으니라"(고전 2:9)

하나님은 하나님의 백성을 위해 크고 놀라운 복을 예비해 놓으셨
습니다.(고전 2:9) 그것은 사람이 보지도 듣지도 생각하지도 못한 은혜입
니다. 그렇지만 하나님은 믿는 자가 기도하기를 원하십니다. 기도하는
자가 그런 은혜를 누릴 수 있습니다. 그러므로 믿는 자는 반드시 '쉬지
말고 기도하라'는 말씀에 순종해야 합니다.(살전 5:17)

3장.
무엇을 기도할 것인가(기도의 내용)

1. 나의 모든 것을 기도

• 무엇이든 간구하라

"너희가 내 이름으로 무엇을 구하든지 내가 행하리니 이는 아버지로 하여금 아들로 말미암아 영광을 받으시게 하려 함이라 내 이름으로 무엇이든지 내게 구하면 내가 행하리라"(요 14:13-14)

"너희가 내 안에 거하고 내 말이 너희 안에 거하면 무엇이든지 원하는 대로 구하라 그리하면 이루리라"(요 15:7)

"너희가 나를 택한 것이 아니요 내가 너희를 택하여 세웠나니 이는 너희로 가서 열매를 맺게 하고 또 너희 열매가 항상 있게 하여 내 이름으로 아버지께 무엇을 구하든지 다 받게 하려 함이라"(요 15:16)

"그 날에는 너희가 아무 것도 내게 묻지 아니하리라 내가 진실로 진실로 너희에게 이르노니 너희가 무엇이든지 아버지께 구하는 것을 내

이름으로 주시리라"(요 16:23)

교회 일각에 간구기도를 미숙한 기도라고 생각하는 사람들이 있습니다. 그들은 하나님께 간구하지 않는 것을 성숙한 믿음으로 생각합니다. 간구기도나 청원기도는 하지 않고 그 대신 하나님의 사랑이나 예수님의 고난을 묵상하려고 합니다. 그런 것을 사귐의 기도라고 하면서 사귐의 기도가 성숙한 기도라는 것입니다. 그들은 간구하지 않아도 모든 것을 아시는 하나님께서 알아서 주신다는 믿음을 가지고 있습니다. 그래서 간구기도는 미숙한 기도라고 생각하는 것입니다. 그런 생각은 바람직하지 않습니다. 그런 생각은 결국 기도하지 않는 쪽으로 기울어질 가능성이 큽니다. 그러면서 겸손을 배울 기회 역시 놓칠 가능성이 큽니다.

오래 전에 『리더스 다이제스트』라는 월간지에서 이런 이야기를 읽었습니다. 실화입니다. 캐나다 동부에 사는 한 남자가 겨울에 혼자 깊은 산으로 산행을 나섰습니다. 그런데 실수로 길을 잃었습니다. 추위에 얼마든지 동사할 수 있는 상황이었습니다. 남자는 2-3일 정도 길을 잃고 헤매다 결국 마을로 내려와 생명을 구했습니다. 그런데 구조된 후 남자는 이렇게 말했습니다. '나는 길을 잃고 산속을 헤매면서 얼어 죽을 수도 있었습니다. 그러나 기도는 하지 않았습니다. 겨우 이 정도의 문제로 바쁘신 하나님께 폐를 끼칠 생각이 없었습니다. 이 정도 일은 내 힘으로 해결해야 한다고 생각했습니다'라고 말했습니다.

신학교 2-3학년이던 그 시절 이 말에 엄청난 감명을 받았습니다. 철학자 니체(Nietzsche)를 좋아하던 때였습니다. '그래, 이런 게 믿음이야. 자기가 할 수 있는 일은 자기가 해야 하는 거야. 하나님만 의지하고 사는 게 아니야. 기도는 이런 거야. 아무 거나 하나님께 부탁하고 간구하는 게 아니야. 이 사람은 목숨이 걸린 상황에서도 하나님께 기도하지 않았어. 하나님을 귀찮게 하지 않은 거야. 이런 게 진짜 믿음이야'라고 생각했습니다.

저도 그런 믿음을 가지고 싶었습니다. 20대 초반 한창 '철학, 이성, 자아, 주체적 인간'과 같은 주제에 빠져 있을 때였습니다. 그리고 기도는 하지 않을 때였습니다. 저는 그런 생각으로 그 후 20여년을 살았습니다. 가능하면 하나님께 구하지 않고 살려고 노력했습니다. 돌이켜보면 성령께서 근심하시고 마귀가 기뻐한 세월이었습니다.

예수님의 가르침은 전혀 다릅니다. 모든 것을 구하라고 가르치십니다. 앞에서 인용한 요한복음 14:13-14, 15:7, 16, 16:23의 '무엇이든지 구하라'는 말씀이 그렇습니다. 기도의 원칙은 모든 것을 간구하는 것입니다. 무엇이든 기도하는 것입니다. 이것이 기도의 중요한 원칙입니다.

예수께서 잡히시던 날 밤 유월절 식사를 마치신 후 제자들에게 마지막 가르침을 주셨습니다.(요 13:31-16:33) 학자들은 이를 '고별 설교'라고 부릅니다. 요한복음 14:13-14는 고별 설교의 일부분으로 기도에 대한 말씀입니다. 여기서 예수님은 '너희가 내 이름으로 무엇이든지 구하면 내가 다 이루어주겠다'라고 두 번 약속하십니다. 같은 맥락의 말씀이 요한복음 15:7, 16, 16:23에 있습니다. 모두 다 같은 뜻입니다. 믿는 자가 예수님의 이름으로 무엇이든지 간구하면 하나님께서 그 간구를 다 이루어주신다는 것입니다. 이것이 기도의 가장 기본적인 원칙입니다.

믿는 자는 예수님의 약속을 따라 무엇이든지 간구할 수 있습니다. 그리고 무엇이든지 간구해야 합니다. 이 사실을 믿어야 합니다. '이런 것도 기도할 수 있을까? 너무 유치하지 않을까? 너무 사소하지 않을까? 너무 이기적이지 않을까? 하나님이 싫어하시지는 않을까? 좀 더 거창한 제목으로 기도해야 하지 않을까? 하나님 뜻에 합당한 기도제목은 무엇일까?' 이런 생각을 하다보면 기도하지 못합니다.

그래서 '나는 무엇이든지 기도할 수 있다'고 믿는 게 바람직합니다. 그래야 기도를 시작할 수 있고 또 계속할 수 있습니다. 예수님은 '구하라 그러면 주실 것이요 찾으라 그러면 찾아낼 것이요 문을 두드리라 그러면 너희에게 열릴 것이다'라고 말씀하시면서 무슨 조건을 달지 않으셨습니다. '잘 구하라, 똑바로 찾고 알맞게 두드려라'고 하지 않으셨습니다. 조건 없는 기도가 예수님의 가르침입니다.

> "조금 나아가사 얼굴을 땅에 대시고 엎드려 기도하여 이르시되 내 아
> 버지여 만일 할 만하시거든 이 잔을 내게서 지나가게 하옵소서 그러
> 나 나의 원대로 마시옵고 아버지의 원대로 하옵소서 하시고"(마 26:39)

다만 그렇게 기도할 때 모든 일에 하나님의 뜻을 인정하는 믿음이 필요합니다. 그리고 전지전능하신 창조주 하나님을 경외하는 겸손을 잊지 말아야 합니다. 하나님 뜻에 순종하고자 하는 마음을 지켜야 합니다. 사람이 무엇이든 기도할 수 있지만, 하나님 앞에서 믿음과 겸손과 순종을 지켜야 하는 것입니다. 그 좋은 예가 예수님의 겟세마네 기도입니다.

예수님도 십자가 죽음을 피하고 싶으셨습니다. 치욕과 모욕, 고통과 괴로움을 피하고 싶으셨습니다. 어쩌면 죽음에 대한 인간적 공포도 있었을 것입니다. 그래서 예수님은 할 수만 있다면 이 잔을 피하게 해달라고 간절히 기도하셨습니다. 하지만 마지막에는, '그러나 내 뜻대로 하지 마시고, 아버지의 뜻대로 하옵소서'라고 기도하셨습니다.(마 26:39) 하나님의 뜻을 인정하는 믿음과 겸손과 순종의 기도를 하신 것입니다.

요한복음 14:13-14에 '너희가 내 이름으로 무엇이든지 내게 구하면, 내가 다 이루어주겠다'라는 말씀이 있습니다. 마태복음 26:39에 '할 수만 있다면 제게서 이 잔을 지나가게 해 주십시오. 그러나 내 뜻대로 하지 마시고 아버지의 뜻대로 하시길 원합니다'라는 말씀이 있습니다. 이 두 말씀을 연결하면 '너희가 내 이름으로 무엇이든지 내게 구하면 하나

님이 다 이루어주신다. 하나님의 때에, 하나님의 방법으로, 더 좋은 것으로'라는 말씀이 됩니다. 이것이 기도에 대한 바른 이해입니다.

믿는 자는 모든 것을 기도할 수 있습니다. 그러나 '주님의 때와 주님의 방법, 주님의 뜻'을 인정하는 믿음을 가져야 합니다. 그래야 하나님이 기뻐하시는 기도가 되기 때문입니다. 겸손한 기도, 순종의 기도, 믿음의 기도가 되기 때문입니다. 사람이 '내가 정한 때, 내가 정한 방법, 내 뜻대로 기도가 이루어지기를 바라는 것'은 하나님을 마치 종으로 부리려는 것입니다. 그것은 믿음이 아니라 불경입니다. 하나님을 가볍게 여기는 것입니다. 우상을 대하는 태도입니다.

아브라함과 사라가 이삭을 낳은 일에서 사람의 뜻과 하나님의 계획이 다름을 알 수 있습니다. 하나님은 아브라함 75세, 사라 66세에 아브라함을 부르셨습니다. 아브라함에게 가나안 땅으로 가라고 하시면서 큰 나라를 약속하셨습니다. 많은 자손과 넓은 땅을 약속하신 것입니다.

그때 아브라함은 76세부터 시작해서 12명 쯤 되는 자식을 기대했을 것입니다. 그래야 큰 나라의 기초를 이룰 수 있습니다. 그러나 하나님의 계획은 아브라함이 100세 때 이삭 한 명을 주시는 것이었습니다. 하나님의 때와 방법과 계획은 사람의 그것과 이렇게 다릅니다.

사라는 아이를 기다리다 지쳐 여종 하갈을 아브라함에 주어 이스마엘을 얻었습니다. 그러나 이스마엘은 사람의 계획이었을 뿐 하나님의 뜻이 아니었습니다. 이스마엘은 이삭을 괴롭히는 존재가 되었을 뿐입니다.

기도하는 일이 이루어지지 않는 이유가 있습니다. 하나님의 때와 방법이 사람의 때와 방법과 다르기 때문입니다. 하나님이 계획하신 일이 사람의 계획과 다르기 때문입니다. 믿는 자는 하나님의 때와 방법, 하나님의 계획을 믿어야 합니다. 하나님의 뜻을 소망하면서 끝까지 인내하며 기도해야 합니다. 이것이 믿음의 기도입니다.

모든 일을 기도할 수 있습니다. 다만 기도할 때 범사에 주님을 인정하는 믿음이 있어야 합니다. 항상 겸손하고 하나님을 경외하는 믿음을 가져야 합니다. 사람의 뜻을 이루기 위해 하나님을 이용하는 태도로 기도할 수는 없습니다. 그것은 하나님을 가볍게 여기는 것입니다. 사람이 생각한 때와 방법대로 이루어지지 않는다고 낙심하거나 불평하지 말아야 합니다. 자신의 뜻대로 이루어지지 않는다고 의심하지 말아야 합니다. 신실하신 주님을 믿고 끈기 있게 기도하는 태도가 필요합니다.

• 기도는 어렵지 않다

예수께서 '무엇이든 간구하라'고 가르치신 이유가 있습니다. 그래야 기도가 쉬워지기 때문입니다. 기도는 어려운 일이 아닙니다. 쉬운 일입니다. 쉽게 시작할 수 있고 쉽게 계속할 수 있습니다. 이 사실이 중요합니다. 기도가 어려운 것이라면 쉽게 시작할 수 없습니다. 그리고 계속 기도할 수 없습니다. 기도가 쉬워야 쉽게 시작할 수 있고 또 계속할 수 있습니다. 예수님은 '모든 것을 기도하라'는 기도의 원칙을 통해 기도는 어렵지 않다는 사실을 가르치십니다.

만약 기도의 내용을 따지면 기도를 시작하기 어렵습니다. '이런 것도 기도할 수 있을까? 이런 것도 기도해야 할까? 너무 유치하지 않을까? 이런 기도는 하나님을 가볍게 여기는 태도가 아닐까? 기도가 아니라 오히려 불경스러운 일이 아닐까?'라고 생각하면 기도를 쉽게 시작할 수 없습니다.

기도할 수 있는 것과 없는 것을 따지다가 기도할 수 없게 됩니다. 그런 기준을 정하기 어렵습니다. 삶의 내용이 사람마다 다 다르기 때문입니다. 가치관이 다르고 소원이 다르기 때문입니다. 그런 기준을 정하려면 한이 없습니다. 그리고 성경에서 발견할 수도 없습니다. 그러므로 기도하는 사람은 모든 것을 기도할 수 있다고 생각해야 합니다. 이것이 예수님의 가르침입니다. 성경이 말하는 기도의 원칙입니다. 이 원칙을 따르면 쉽게 기도할 수 있습니다. 무엇이든 기도하면 되기 때문입니다.

　　예수님이 가르치신 기도는 어려운 일이 아닙니다. 무슨 조건이 붙는 게 아닙니다. 높은 기준이 있는 것도 아닙니다. 누구나, 아무것이나, 무엇이든지 간구할 수 있습니다. 기도는 쉬운 일입니다. 그래서 당장 시작할 수 있습니다. 계속 기도할 수 있습니다. 이것이 모든 것을 기도하라는 말씀의 뜻입니다.

> "예수께서 이르시되 너희는 기도할 때에 이렇게 하라 아버지여 이름
> 이 거룩히 여김을 받으시오며 나라가 임하시오며"(눅 11:2)

　　주기도문이 좋은 예입니다. 주기도문은 복잡하고 어려운 기도가 아닙니다. 누가복음의 경우 주기도문은 '아버지여'라는 부름으로 시작됩니다.(눅 11:2) 마태복음은 '하늘에 계신 우리 아버지여'입니다.(마 6:9) 예수님은 '창조주 하나님이시여, 역사의 주관자이시여, 이 세상을 심판하실 분이시여'라고 하지 않으십니다. 그냥 '아버지'라 부르라고 하십니다. 예수님이 '창조주 하나님, 역사의 주관자, 이 세상의 심판자'를 모르셨을 리 없습니다. 그런데도 그냥 아버지입니다. 하나님을 아버지라 부르는 것으로 충분하기 때문입니다. 기도는 결코 어려운 게 아닙니다. 하늘 아버지께 모든 것을 아뢰는 것입니다. 모든 것을 기도하라는 말씀에 이런 교훈이 들어 있습니다.

　　한때 인터넷에 〈하나님도 웃어버린 기도〉라는 글이 있었습니다. 아이들의 꾸밈없는 기도 32개를 모은 것인데 어른이 창작한 것 같지는 않습니다. 그 중 몇 가지를 소개합니다.

"하나님, 내가 무얼 원하는지 다 아시는데 왜 기도를 해야 하나요? 그래도 하나님이 좋아하신다면 기도할게요."(수)

"사랑하는 하나님, 오른쪽 뺨을 맞으면 왼쪽 뺨을 대라는 건 알겠어요. 그런데 하나님은 여동생이 눈을 찌르면 어떻게 하시겠어요?"(사랑을 담아서 데레사)

"하나님, 레모네이드를 팔고 26센트를 벌었어요. 이번 일요일에 쬐끔 드릴게요."(크리스)

"하나님, 착한 사람은 빨리 죽는다면서요? 엄마가 말하는 걸 들었어요. 저는요, 항상 착하지는 않아요."(미셸)

"하나님, 남동생이 태어나게 해주셔서 감사합니다. 그런데 제가 정말 갖고 싶다고 기도한 건 강아지예요."(죠이스)

기도는 어렵지 않습니다. 누구나 기도할 수 있습니다. 아이들도 얼마든지 기도할 수 있습니다. 배워야 기도할 수 있는 게 아닙니다. 먼저 하나님 아버지를 부른 후 내가 하고 싶은 말을 하면 됩니다. 그리고 마지막에 '예수님 이름으로 기도합니다'라고 하면 됩니다. 아무나 할 수 있고 누구나 할 수 있습니다. 내용에 아무 제약이 없습니다. 무엇이든 기도할 수 있습니다. 그런 기도에 대한 응답은 전지전능하신 하나님께서 알아서 하십니다.

> "또 기도할 때에 이방인과 같이 중언부언하지 말라 그들은 말을 많이 하여야 들으실 줄 생각하느니라"(마 6:7)

화려한 수식어로 기도를 꾸밀 필요가 없습니다. 말을 많이 할 필요도 없습니다.(마 6:7) 원하는 바를 소박하고 겸손하게 하나님께 아뢰면 됩니다. 대중기도는 약간의 형식과 틀이 있어서 그것을 기억할 필요가 있습니다. 그렇지만 대중기도조차 무엇이든 구할 수 있음을 믿고 자신이 생각하는 것을 간구하면 됩니다. '하나님 아버지'라는 기도의 부름과, '성령의 도우심'을 구하는 내용과, '예수님 이름으로 기도합니다. 아멘'이라는 마무리만 있으면 됩니다. 그것으로 하나님께서 기뻐하시는 기도가 됩니다.

• 육과 혼과 영을 위한 기도

> "평강의 하나님이 친히 너희를 온전히 거룩하게 하시고 또 너희의 온 영과 혼과 몸이 우리 주 예수 그리스도께서 강림하실 때에 흠 없게 보전되기를 원하노라"(살전 5:23)

사람을 구분하는 일에 삼분설과 이분설이 있습니다. 삼분설은 사람을 영(pneuma, 프뉴마), 혼(psyche, 프쉬케), 육(soma, 소마)으로 구분하는 것입니다. 이는 영과 혼을 구분하는 입장입니다. 이분설은 영혼을 하나로 보면서 인간을 영적 실체와 물질적 실체로 보는 것입니다. 신학자들 사이에 이에 대한 논쟁이 있습니다. 양쪽 모두 성경 말씀을 인용할 수 있기 때문에 성경이 어느 한쪽을 확실하게 지지한다고 보기는 어렵습니다. 그러나 삼분설로 보는 것이 구원의 은혜를 설명하는데 적합합니다. 구원의 문제에 있어 사람의 영과 혼의 역할이 확실히 구분되기 때문입니다.

> "하나님이 자기 형상 곧 하나님의 형상대로 사람을 창조하시되 남자와 여자를 창조하시고"(창 1:27)

사람은 하나님의 형상을 따라 창조되었습니다.(창 1:27) 사람에게 하나님을 닮은 어떤 것이 있다는 뜻입니다. 하나님을 닮은 그 어떤 것이 바로 인간이 영혼입니다. 다른 피조물에게는 없는 것입니다. 창세기 1:27이 말하는 하나님의 형상은 인간의 영혼을 의미합니다.

그런데 이 인간의 영혼을 영과 혼으로 구분해서 이해하는 것이 중요합니다. 영은 사람의 영원한 생명과 영원한 죽음을 결정하는 하나님의 형상입니다. 사람의 영은 창조주 하나님과 깊은 관계 속에 있으며 하나님의 은혜로 회복되고 또 정결해집니다. 혼은 사람의 지성과 감성과 의지와 관계있는 하나님의 형상입니다. 혼은 사람의 정신과 마음, 생각과 이성, 감정과 의지가 생기는 곳입니다. 사람은 혼으로 배우고 판단하고 느끼고 결심합니다.

> "여호와께서 말씀하시되 오라 우리가 서로 변론하자 너희의 죄가 주홍 같을지라도 눈과 같이 희어질 것이요 진홍 같이 붉을지라도 양털 같이 희게 되리라"(사 1:18)
> "무릇 그리스도 예수와 합하여 세례를 받은 우리는 그의 죽으심과 합하여 세례를 받은 줄을 알지 못하느냐"(롬 6:3)

사람의 영혼을 영과 혼으로 구분해야 하는 이유는 다음과 같습니다. 성경은 세례를 가리켜 그리스도와 함께 죽었다가 살아나는 의식이라고 합니다.(롬 6:3-8) 이때 그리스도와 함께 죽었다가 살아나는 것이 사람의 영입니다. 혼이 아닙니다. 혼은 그런 변화가 없습니다. 세례 전 사람의 영은 진홍 같은 붉은색입니다.(사 1:18) 그러나 세례 후 사람의 영은 눈과 같은 흰색입니다. 세례를 통해 사람의 영이 근본적으로 변화하는 것입니다. 죄 사함을 받았기 때문입니다. 그렇지만 사람의 혼은 아무런 변화가 없습니다.

성경이 말하는 세례의 의미는 옛 사람이 죽고 새 사람으로 태어나는 것입니다.(롬 6:3-11, 엡 4:24) 영적으로 거듭나는 것입니다.(요 3:5-8) 성령의 전이 되는 것입니다.(고전 3:16-17, 6:19, 고후 6:16) 이렇게 변화된 사람의 영에 하나님의 영이 거하십니다.(고전 3:16, 6:19-20, 고후 6:16, 엡 2:22) 이때 하나님의 영이 거하시는 곳이 바로 세례를 받고 다시 태어난 사람의 영입니다.

사람의 영이 사람의 영원한 생명과 영원한 죽음을 결정합니다. 사람의 영이 천국과 지옥을 결정합니다. 혼이 결정하는 것이 아닙니다. 사람이 아무리 많이 배우고 똑똑하고 지혜롭고 모든 것을 공감하고 모든 것을 알아도 영이 다시 태어나지 않는 한 영원한 생명은 없습니다. 혼은 아무리 넓고 깊고 높고 강해도 사람을 영원한 생명으로 인도하지 못합니다.

오직 맑고 깨끗하고 거룩한 영이 사람을 영원한 생명으로 인도합니다. 그래서 예수를 믿는 무학(無學)의 촌부는 영원한 생명을 얻습니다. 그러나 예수를 믿지 않는 철학박사는 영원한 생명을 얻지 못합니다. 전자는 배움이 없는 허술한 혼을 가지고 있으나 죄 사함을 받은 흰 영을 가지고 있기 때문입니다. 후자는 고도로 훈련된 혼을 가지고 있으나 죄로 물든 붉은 영을 가지고 있기 때문입니다.

"오늘 우리에게 일용할 양식을 주시옵고"(마 6:11)

"헤롯의 청지기 구사의 아내 요안나와 수산나와 다른 여러 여자가 함께 하여 자기들의 소유로 그들을 섬기더라"(눅 8:3)

"그 후에 바울이 아덴을 떠나 고린도에 이르러 아굴라라 하는 본도에서 난 유대인 한 사람을 만나니… 생업이 같으므로 함께 살며 일을 하니 그 생업은 천막을 만드는 것이더라"(행 18:1-3)

"여러분이 아는 바와 같이 이 손으로 나와 내 동행들이 쓰는 것을 충당하여"(행 20:34)

사람이 이렇게 육과 혼과 영으로 이루어졌기 때문에 육과 혼과 영을 위한 기도가 필요합니다. 먼저 육신을 위한 기도가 필요합니다. 믿는 자는 자신의 육신을 위해 기도해야 합니다. 먹고 입고 잘 곳이 필요하기 때문입니다. 그래서 예수님은 일용할 양식을 위해 기도하라고 가르치셨습니다.(마 6:11) 바울은 복음을 전하면서 필요할 때는 생업을 위해 일했습니다. 바울의 생업은 천막을 만드는 일이었습니다.(행 18:1-3) 바울과 동역자들은 에베소에서 복음을 전할 때 자신들이 일해서 먹고 살았습니다. 그리고 약한 사람들을 도왔습니다.(행 20:34-35)

바울은 게으른 자들에게 경고합니다. 일하지 않는 자는 먹을 자격이 없다고 합니다.(살후 3:10) 그러면서 열심히 일하여 자신이 먹을 것을 마련하라고 권면합니다.(살수 3:12) 그리고 자신을 포함한 사도들이 열심히 일했음을 강조합니다.(살후 3:8) 먹고 사는 일을 위한 기도가 필요합니다.

> "내가 너희를 섬기기 위하여 다른 여러 교회에서 비용을 받은 것은 탈취한 것이라"(고후 11:8)
> "누구에게서든지 음식을 값없이 먹지 않고 오직 수고하고 애써 주야로 일함은 너희 아무에게도 폐를 끼치지 아니하려 함이니"(살후 3:8)
> "이런 자들에게 우리가 명하고 주 예수 그리스도 안에서 권하기를 조용히 일하여 자기 양식을 먹으라 하노라"(살후 3:12)

하나님의 일을 하는 사람도 육신을 위해 기도해야 합니다. 복음을 전하는 일에도 먹고 입고 잘 곳이 필요하기 때문입니다.(마 10:9-12) 예수님과 제자들을 도운 여인들이 있었습니다.(눅 8:3) 바울과 그 동역자들을 도운 교회들이 있었습니다.(고후 11:8, 빌 4:15-16) 그들은 일해서 얻은 재물로 예수님과 제자들을 도왔습니다. 바울과 사역자들을 도왔습니다.

그러므로 일용할 양식과 건강을 위한 기도가 있어야 합니다. 취직이나 이직에 대한 기도가 필요합니다. 병이 났을 때 기도해야 합니다. 아플 때 기도해야 합니다. 이사할 때나 집을 살 때 좋은 집을 발견할 수 있도록 기도해야 합니다. 모든 일에 기도할 수 있습니다. 모든 일을 위해 기도해야 합니다. 그것은 모든 일에 하나님을 인정하고 의지하는 것입니다.

육신을 위한 기도는 결코 유치한 기도가 아닙니다. 하나님은 내게 필요한 것을 다 아시기 때문에 기도할 필요가 없다고 생각하지 말아야 합니다. 물론 하나님은 내게 필요한 것을 다 아십니다. 그러나 그런 일을 위해서 기도하면서 겸손을 배우게 됩니다. 하나님을 의지하는 일을 배우게 됩니다. '하나님 다 아시니까' 하면서 기도하지 않는 잘못을 범하지 말아야 합니다.

물론 피해야 할 육신의 기도가 있습니다. 탐욕스러운 기도입니다. 부동산 투기나 주식 투자 같은 기도입니다. 살 집을 위한 기도와 부동산 투기를 위한 기도는 다릅니다. 노후 대책을 위해 저금과 일확천금을 노리는 주식은 다릅니다. 모든 것을 기도할 수 있다고 해서 탐욕스러운 기도까지 허용되는 것은 아닙니다. 육신을 위한 기도도 절제해야 하는 선이 있는 것입니다. 복권 당첨 같은 기도도 피해야 합니다. 하나님께서 외면하시는 기도입니다.

> "눈가림만 하여 사람을 기쁘게 하는 자처럼 하지 말고 그리스도의 종들처럼 마음으로 하나님의 뜻을 행하고"(엡 6:6)
> "그러므로 모든 더러운 것과 넘치는 악을 내버리고 너희 영혼을 능히 구원할 바 마음에 심어진 말씀을 온유함으로 받으라"(약 1:21)
> "너희가 진리를 순종함으로 너희 영혼을 깨끗하게 하여 거짓이 없

이 형제를 사랑하기에 이르렀으니 마음으로 뜨겁게 서로 사랑하라"
(벧전 1:22)

"사랑하는 자여 네 영혼이 잘됨 같이 네가 범사에 잘되고 강건하기를
내가 간구하노라"(요삼 1:2)

그 다음 혼을 위한 기도가 필요합니다. 육신을 위한 기도만이 아
니라 혼을 위한 기도도 필요합니다. 혼(마음)으로 하나님의 뜻을 행하기
위해서 그렇습니다.(엡 6:6) 온유한 마음으로 말씀을 받아 혼이 구원을
받기 위해서 그렇습니다.(약 1:21) 진리에 순종하여 영혼을 깨끗하게 하
기 위해 그렇습니다.(벧전 1:22) 평온한 혼을 가지기 위해서 그렇습니다.
(요삼 1:2)

하나님이 기뻐하시는 생각을 하기 위해서 혼을 위한 기도가 필요
합니다. 하나님이 기뻐하시는 마음을 가지기 위해 그렇습니다. 착하고
겸손한 성품을 위한 기도를 해야 합니다. 온유하고 따뜻한 마음을 갖기
위한 기도를 해야 합니다. 다른 사람을 잘 이해하고 따뜻하게 배려하는
사람이 되기 위한 기도를 해야 합니다. 지혜롭고 명철한 생각을 하기 위
한 기도를 해야 합니다. 이런 기도들이 혼을 위한 기도입니다.

육신을 위한 기도가 필요한 만큼 혼을 위한 기도 역시 필요합니
다. 베드로전서 2:25에 '너희가 전에는 양과 같이 길을 잃었더니 이제는
너희 영혼(프쉬케)의 목자와 감독 되신 이에게 돌아왔느니라'는 말씀이
있습니다. 예수님이 혼의 목자가 되십니다. 거룩한 마음을 가지고 거룩
한 생각을 하기 위해서 혼을 위해 기도해야 합니다. 지혜로운 사람이 되
어 복음을 전하기 위해 혼을 위해 기도해야 합니다. 교회 안의 갈등을 해
소하고 다른 사람을 잘 위로하기 위해서 혼을 위해 기도해야 합니다.

"하나님이여 내 속에 정한 마음을 창조하시고 내 안에 정직한 영을 새

롭게 하소서"(시 51:10)

"그들이 돌로 스데반을 치니 스데반이 부르짖어 이르되 주 예수여 내 영혼을 받으시옵소서 하고"(행 7:59)

"영혼 없는 몸이 죽은 것 같이 행함이 없는 믿음은 죽은 것이니라" (약 2:26)

"이를 위하여 죽은 자들에게도 복음이 전파되었으니 이는 육체로 는 사람으로 심판을 받으나 영으로는 하나님을 따라 살게 하려 함이 라"(벧전 4:6)

그리고 영을 위한 기도도 필요합니다. 사람의 영이 하나님 앞에 가기 때문입니다. 예수님께서 사람의 영을 받으십니다.(행 7:59) 사람의 육신과 사람의 영은 분명히 구별됩니다. 사람의 육은 죽지만 영은 하나 님 앞에서 살기 때문입니다.(벧전 4:6) 사람은 의로운 영을 가져야 합니다. 그래서 시편 기자는 '내 안에 정직한 영을 새롭게 하소서'라고 기도합니 다.(시 51:10) 영이 없는 육은 죽은 것입니다.(약 2:26) 추한 영을 가진 사람 은 악한 사람입니다. 그래서 영을 위한 기도가 필요한 것입니다.

"그 후에 다니엘이 내 앞에 들어왔으니 그는 내 신의 이름을 따라 벨 드사살이라 이름한 자요 그의 안에는 거룩한 신들의 영이 있는 자라 내가 그에게 꿈을 말하여 이르되"(단 4:8)

"마음이 갈라지며 시집 가지 않은 자와 처녀는 주의 일을 염려하여 몸 과 영을 다 거룩하게 하려 하되 시집 간 자는 세상 일을 염려하여 어찌 하여야 남편을 기쁘게 할까 하느니라"(고전 7:34)

"그런즉 사랑하는 자들아 이 약속을 가진 우리는 하나님을 두려워하 는 가운데서 거룩함을 온전히 이루어 육과 영의 온갖 더러운 것에서 자신을 깨끗하게 하자"(고후 7:1)

느부갓네살은 다니엘을 보고 '그 안에 거룩한 신들의 영이 있는 자'라고 합니다.(단 4:8, 9, 18, 5:11) 다니엘의 영이 거룩하다는 뜻입니다. 그렇게 거룩한 영을 가진 사람이 되어야 합니다. 성령으로 충만한 사람의 영이 그렇습니다. 이를 위해 기도해야 합니다. 바울도 결혼에 대한 교훈 중에 거룩한 영에 대해 이야기합니다. 결혼하지 않은 처녀는 주의 일을 염려하면서 몸(soma)과 영(pneuma)을 다 거룩하게 한다고 합니다. (고전 7:34)

음행과 호색과 우상 숭배와 주술 등으로 몸이 더러워집니다. 바울은 이런 것들을 육체의 일이라고 했습니다.(갈 5:19-21) 마찬가지로 영도 더러워질 수 있습니다. 바울은 이 사실을 고린도후서 7:1에서 '육과 영의 온갖 더러운 것에서 자신을 깨끗하게 하자'라는 말로 경고합니다. 더러운 영이 있고 깨끗한 영이 있습니다. 믿는 자는 당연히 깨끗한 영을 소망하면서 이를 위해 기도해야 합니다.

> "오직 성령의 열매는 사랑과 희락과 화평과 오래 참음과 자비와 양
> 선과 충성과 온유와 절제니 이같은 것을 금지할 법이 없느니라"
> (갈 5:22-23)

성령의 열매가 거룩한 영을 의미합니다. 사랑과 희락과 화평과 같은 성령의 열매가 풍성한 사람이 바로 거룩한 영을 가진 사람입니다. 하나님은 사람에게 거룩한 영을 약속하셨습니다. 그리고 성령께서 도와주십니다. 그러므로 믿는 자는 누구나 거룩한 영을 가질 수 있습니다. 다만 성령을 사모하며 말씀에 순종하고 이를 위해 기도하는 사람이 그렇게 될 수 있습니다. 경건 훈련에 게으르고 말씀에 불순종하며 기도하지 않는 사람은 그렇게 될 수 없습니다.

· 회개의 기도

"여호와여 내 젊은 시절의 죄와 허물을 기억하지 마시고 주의 인자
하심을 따라 주께서 나를 기억하시되 주의 선하심으로 하옵소서"(시
25:7)

"하나님이여 주의 인자를 따라 내게 은혜를 베푸시며 주의 많은 긍휼
을 따라 내 죄악을 지워 주소서 나의 죄악을 말갛게 씻으시며 나의 죄
를 깨끗이 제하소서"(시 51:1-2)

"주의 얼굴을 내 죄에서 돌이키시고 내 모든 죄악을 지워 주소서 하나
님이여 내 속에 정한 마음을 창조하시고 내 안에 정직한 영을 새롭게
하소서"(시 51:9-10)

믿는 자가 이렇게 자신의 모든 것을 위해 기도할 때 자신의 죄를
회개하는 기도도 해야 합니다.(시 25:7, 51:1-2, 9) 믿는 자는 날마다 하나님
께서 자신의 죄를 사하시고 정한 마음과 정직한 영을 허락해주시기를 기
도해야 합니다.(시 51:10) 기도 생활에 회개 기도가 빠질 수 없습니다. 이
는 필수적인 기도입니다.

만약 거짓말, 사기, 폭행, 음행과 같은 죄를 지었다면 이런 죄는
반드시 회개해야 합니다. 그러나 믿는 자 대부분은 이런 죄를 짓지 않습
니다. 그래서 이런 죄를 회개해야 하는 경우는 거의 없습니다.

"만물보다 거짓되고 심히 부패한 것은 마음이라 누가 능히 이를 알리
요마는"(렘 17:9)

"혀는 곧 불이요 불의의 세계라 혀는 우리 지체 중에서 온 몸을 더럽
히고 삶의 수레바퀴를 불사르나니 그 사르는 것이 지옥 불에서 나느
니라"(약 3:6)

"혀는 능히 길들일 사람이 없나니 쉬지 아니하는 악이요 죽이는 독이
가득한 것이라"(약 3:8)

그렇지만 마음과 생각과 입술로 짓는 죄로부터 자유로운 사람
은 없습니다. 믿는 자 누구나 마음과 생각과 입술로 죄를 짓습니다. 매일
그런 죄를 짓습니다. 만물보다 거짓되고 심히 부패한 것이 사람의 마음
입니다.(렘 17:9) 혀는 온 몸을 더럽히는 불의의 세계입니다.(약 3:6) 쉬지
않는 악이요 죽이는 독이 가득한 것입니다. 혀를 길들일 사람이 없습니
다.(약 3:8) 모든 사람이 잔인하고 난폭하고 음란한 생각을 합니다. 거칠
고 속된 말을 합니다. 그런 죄를 회개해야 합니다.

사람은 게으르고 무지하고 교만한 죄를 지을 수 있습니다. 경건
생활에 게으르고 진리에 무지할 수 있습니다. 하나님 앞에서 교만할 수
있습니다. 화내고 짜증내고 욕하고 빈정거릴 수 있습니다. 날마다 이런
죄를 회개해야 합니다. 하나님의 죄 사함을 구하는 기도를 해야 합니다.

"만일 이스라엘 온 회중이 여호와의 계명 중 하나라도 부지중에 범하
여 허물이 있으나 스스로 깨닫지 못하다가"(레 4:13)
"만일 누구든지 여호와의 계명 중 하나를 부지중에 범하여도 허물이
라 벌을 당할 것이니"(레 5:17)

모르고 짓는 죄도 있습니다. 사람은 자신도 모르는 사이에 죄를
지을 수 있습니다. 부지중에 하나님께 죄를 짓는 것입니다. 그런데 성경
은 이렇게 모르고 지은 죄도 죄라고 합니다.(레 4:13, 5:17) 그런 죄를 회개
하라고 합니다.(민 15:24, 25, 27, 28) 그렇게 모르고 지은 죄를 회개하는 기
도를 해야 합니다.

"이런 것이 없는 자는 맹인이라 멀리 보지 못하고 그의 옛 죄가 깨끗
하게 된 것을 잊었느니라"(벧후 1:9)

한편, 과거에 지은 죄도 회개해야 합니다. 과거의 죄를 회개하면
서 같은 죄를 반복하지 않을 수 있습니다.(벧후 1:9) 자신의 허물을 기억하
면서 하나님의 은혜를 찬양하는 믿음을 가질 수 있습니다. 피조물의 참
된 겸손을 배울 수 있습니다. 마귀의 유혹을 경계할 수 있습니다.

"누구든지 자기 친족 특히 자기 가족을 돌보지 아니하면 믿음을 배반
한 자요 불신자보다 더 악한 자니라"(딤전 5:8)

바울은 디모데전서 5:8에서 자기 가족을 돌보지 않는 사람은 믿
음을 배반한 것이라고 책망합니다. 불신자보다 더 악한 자라고 비난합니
다. 가족을 위해서 기도하지 않는 사람이 그렇다는 뜻도 됩니다. 믿는 자
는 가족과 친족의 몸이 건강하고 혼이 평안하며 영이 거룩하도록 기도해
야 합니다. 가족과 친족을 위해 기도하지 않는 것도 죄입니다. 그런 죄를
회개해야 합니다.

2. 하나님을 사랑하는 기도

• 감사와 찬양의 기도

"감사함으로 그의 문에 들어가며 찬송함으로 그의 궁정에 들어가서 그에게 감사하며 그의 이름을 송축할지어다"(시 100:4)
"할렐루야 여호와께 감사하라 그는 선하시며 그 인자하심이 영원함이로다"(시 106:1)
"너희 모든 나라들아 여호와를 찬양하며 너희 모든 백성들아 그를 찬송할지어다"(시 117:1)

어느 목사님이 설교 중에 본인의 경험을 이야기했습니다. 그 목사님이 섬기는 교회에 어려운 일이 일어났습니다. 아무리 생각해도 문제를 해결할 수 없을 것 같아 두려워지면서 마음의 평안을 잃었습니다. 그래서 사흘 금식을 시작했습니다. 하나님께 매달리기로 작정한 것입니다.

그런데 금식 중에 마음으로 '너는 감사가 부족하고 찬양이 부족하다'는 음성을 듣게 되었습니다. 열심히 목회하는 목사였지만 감사와 찬양이 부족하다는 책망을 들었던 것입니다. 그래서 그 목사님은 열심히 감사하고 찬양하기 시작했습니다. 문제 해결을 간구하기보다는 하나님께 감사하고 하나님을 찬양하는 데 열중한 것입니다.

그 목사님은 이렇게 말합니다. '그렇게 감사하고 찬양하면서 마음의 평안을 얻고, 산도 옮길 수 있을 것 같은 믿음이 생겼습니다. 그런 믿음이 생기자 닥친 문제가 아주 작아 보였습니다. 문제가 사라진 것은 아니었지만 그 문제가 아주 작은 것으로 느껴졌습니다. 그러면서 큰 기쁨을 얻었습니다.'

'너는 감사가 부족하고 찬양이 부족하다'는 책망이 그 목사님에게만 해당되는 건 아닙니다. 믿는 자 누구나 마찬가지입니다. 기도에 감사와 찬양이 있어야 합니다. 그래야 산도 옮길 것 같은 믿음을 가질 수 있습니다. 감사와 찬양으로 기도할 때 기쁨을 얻을 수 있습니다. 감사하는 마음으로 기도할 때 측량할 수 없는 평안을 얻을 수 있습니다. (빌 4:6-7)

"지존자여 십현금과 비파와 수금으로 여호와께 감사하며 주의 이름을 찬양하고 아침마다 주의 인자하심을 알리며 밤마다 주의 성실하심을 베풂이 좋으니이다"(시 92:1-3)

《평생감사》라는 사이트에서 읽은 이야기입니다. 헨리 프로스트 선교사는 중국에 있을 때 본국에서 불길하고 슬픈 소식을 들었습니다. 그의 영혼은 큰 그림자 가운데 깊이 묻혔습니다. 그는 기도를 드렸으나 어두운 그림자는 영혼에서 떠나지 않았습니다. 그는 참고 견디고자 하였으나 영적 침체는 더욱 깊어만 갔습니다.

프로스트 선교사는 버림받은 느낌으로 하루하루를 살았습니다. 그러던 어느 날 그는 벽지 전도 지역에 자원하여 떠나게 되었습니다. 그곳에 도착한 그는 그 시골에 세워진 선교 사무실 벽에 걸린 글을 읽게 되었습니다. '감사를 드려보라'는 글이었습니다. 프로스트 선교사는 그 글을 그대로 따라 했습니다. '주님, 내게 허락하신 이 모든 일에 감사합니다'라고 기도했습니다. 그러자 갑자기 마음이 열리며 오랫동안 그의 영혼을 감싸고돌던 어둔 그림자가 그에게서 떠나고 다시는 찾아오지 않게 되었습니다. 프로스트 선교사는 '여호와 앞에 감사를 드림이 좋은 일이로소이다'라는 시편 말씀을 떠올렸습니다.(시 92:1-3)

시편 전체를 살펴보면 앞에는 간구에 대한 내용이 대부분입니다. 그러나 중반을 넘어가면서 감사와 찬양에 대한 내용이 많아집니다. 시편에 분명히 그런 흐름이 있습니다. 그런 흐름 속에 어떤 교훈을 얻을 수 있습니다. 그것은 우리 신앙도 간구기도로 시작해 감사 찬양으로 성장해야 한다는 것입니다.

처음에는 '이것도 이루어주시고 저것도 이루어주세요, 제가 힘드니 저를 도와주세요'라는 기도를 많이 합니다. 그러나 신앙이 성숙해져 가면서, '하나님, 이것도 감사하고 저것도 감사합니다. 제가 이렇게 찬양하고 저렇게 찬양합니다'라는 기도를 드려야합니다.

이렇게 말할 수도 있습니다. 만약 우리 기도에 간구와 소원만 있고 감사와 찬양이 없다면 성숙한 믿음이 아니라는 것입니다. 내 소원을 아뢰는 간구기도와 함께 항상 하나님을 높이는 감사 찬양을 드려야 합니다. 그래서 하나님을 영화롭게 하는 기도의 사람이 되어야 합니다.

시편의 마지막 부분에도 같은 구조가 있습니다. 모두 150편인 시편에서 140-144편은 간구하는 내용입니다. '보호해 달라, 죄짓지 않게 해 달라, 안전하게 해 달라, 불쌍히 여겨 달라, 승리하게 해 달라'는 기도입니다. 그러나 마지막 145-150편은 순수한 찬양입니다. '왕이신 하나님, 약한 자와 택한 자를 도우시는 하나님, 창조주 하나님, 이스라엘의 하나님'을 찬양하는 내용입니다.

시편의 이런 구조를 통해서 기도는 간구로 시작해서 감사와 찬양으로 끝나야 함을 배웁니다. 열심히 소원을 아뢰고 응답 많이 받는 게 성숙한 믿음이 아닙니다. 받은 은혜에 감사하고 하나님의 사랑을 찬양하는 것이 성숙한 믿음입니다. 전자는 자기를 위해 하나님을 믿는 것입니다. 그러나 후자는 자기를 드려 하나님을 영화롭게 하는 것입니다. 그게 성숙한 믿음입니다. 시편 147:7에 '감사함으로 여호와께 노래하며 수금으로 하나님께 찬양할지어다'라는 말씀이 있습니다. 감사와 찬양의 기도를 드리라는 말씀입니다.

"내가 기도할 때에 기억하며 너희로 말미암아 감사하기를 그치지 아
니하고"(엡 1:16)
"아무 것도 염려하지 말고 다만 모든 일에 기도와 간구로, 너희 구할
것을 감사함으로 하나님께 아뢰라"(빌 4:6)
"우리가 너희를 위하여 기도할 때마다 하나님 곧 우리 주 예수 그리스
도의 아버지께 감사하노라"(골 1:3)
"기도를 계속하고 기도에 감사함으로 깨어 있으라"(골 4:2)
"우리가 너희 모두로 말미암아 항상 하나님께 감사하며 기도할 때에
너희를 기억함은"(살전 1:2)

믿는 자는 받은 은혜에 감사하는 기도를 드려야 합니다. 이는 당
연한 일입니다. 그래서 성경은 감사 기도를 가르칩니다.(엡 1:16, 빌 4:6, 골
1:3, 4:2, 살전 1:2) 그 감사는 남보다 내가 더 좋은 것을 받았기 때문이 아닙
니다. 남들은 100을 벌었는데 나는 200을 벌어서 감사하는 것이 아닙니
다. 남의 자식은 이류 대학에 들어가는데 내 자식은 일류 대학에 들어가
서 감사하는 게 아닙니다.

그 감사는 작은 일에 감사하는 것입니다. 정확하게는 작은 일부터
감사하는 것입니다. 일용할 양식 주신 것에 감사하고 그것을 먹고 소화
할 수 있는 건강 주신 것에 감사합니다. 생각해보면 일상의 소소한 일들
가운데 감사할 수 있는 일들이 많습니다. 예쁜 꽃 한 송이를 보며 감사할
수도 있습니다. 부는 바람을 느끼며 감사할 수 있습니다. 석양을 보며 감
사할 수 있습니다. 그렇게 작은 일에 감사하고 일상에 감사하면서 진짜
감사한 것이 무엇인지 배우게 됩니다. 생명 주신 은혜에 감사하게 됩니
다. 구원의 은혜에 감사하게 됩니다. 감사를 통해 신앙이 자랍니다.

그래서 예수 믿게 하신 은혜에 진정으로 감사합니다. 부활과 영원한 생명에 대한 약속이 감사한 것입니다. 더 나아가서 내게 생명을 주시고, 오늘까지 이렇게 살아있게 하신 은혜에 감사합니다. 하루하루를 거룩하게 살아갈 수 있도록 도와주시는 은혜에 감사합니다. 하늘 아버지의 사랑에 감사하고 그리스도의 구원의 은혜에 감사하고 보혜사 성령의 도우심에 감사하는 것입니다. 내가 우연히 태어나 내 힘과 내 능력으로 사는 게 아니라 오직 삼위일체 하나님의 은혜로 살고 있음을 인정하는 것입니다. 그렇게 기도해야 합니다.

· 교회를 위한 기도

"또 내가 네게 이르노니 너는 베드로라 내가 이 반석 위에 내 교회를 세우리니 음부의 권세가 이기지 못하리라"(마 16:18)
"여러분은 자기를 위하여 또는 온 양 떼를 위하여 삼가라 성령이 그들 가운데 여러분을 감독자로 삼고 하나님이 자기 피로 사신 교회를 보살피게 하셨느니라"(행 20:28)
"또 만물을 그의 발 아래에 복종하게 하시고 그를 만물 위에 교회의 머리로 삼으셨느니라 교회는 그의 몸이니 만물 안에서 만물을 충만하게 하시는 이의 충만함이니라"(엡 1:22-23)

교회는 하나님께서 세우신 공동체입니다.(딤전 3:15) 그리스도께서 피로 사시고 친히 모퉁잇돌이 되신 공동체입니다.(엡 2:20) 예수께서 약속하신 성령이 이 세상에 오신 결과 교회가 세워졌습니다. 교회는 하나님의 뜻을 따라 예수께서 기초를 놓으시고 성령께서 세우신 것입니다. 그래서 교회는 구원의 유일한 방주입니다.

교회는 단순한 인간 조직이나 단체나 건물이 아닙니다. 교회는 '마음을 하나님께 드리고 삶을 예수 그리스도께 드린 사람들'의 모임입니다. 그래서 교회는 사람들로 구성되어 있지만 하나님의 집이며 하나님의 전입니다.(고전 3:9, 16)

하나님에 대한 믿음은 교회에서 시작됩니다. 교회를 통해 성장하며 교회 안에서 유지됩니다. 이것이 믿는 자가 교회 안에 머물러야 하는 이유입니다. 교회를 버리거나 떠날 수 없는 이유입니다. 하나님은 교회를 통해 세상을 구원하시려는 계획을 세우셨습니다.(엡 3:10, 21) 하나님의 구원 계획은 교회 없이 실현될 수 없습니다. 교회 밖에는 구원이 없습니다. 교회를 떠나서는 성령 충만한 신앙을 가질 수 없습니다. 그것은 몸에서 떨어져 나간 지체가 살 수 없는 것과 같은 이치입니다.

교회는 그리스도의 신부이며 하나님의 백성입니다. 교회는 그리스도의 몸이여 믿는 자는 그 지체들입니다. 교회가 건강하지 못할 때 교회를 비난하고 떠날 것이 아니라 병든 교회가 건강해지기를 간구해야 합니다. 기도 중에 인내하면서 하나님의 인도하심을 구해야 합니다.

"만일 그들의 말도 듣지 않거든 교회에 말하고 교회의 말도 듣지 않거든 이방인과 세리와 같이 여기라"(마 18:17)
"진실로 너희에게 이르노니 무엇이든지 너희가 땅에서 매면 하늘에서도 매일 것이요 무엇이든지 땅에서 풀면 하늘에서도 풀리리라"(마 18:18)

마태복음 18:18은 사람들이 세상에서 묶을 때 하늘에서도 묶일 것이라는 말씀입니다. 사람들이 세상에서 풀 때 하늘에서도 풀릴 것이라는 말씀입니다. 이 말씀만 보면 무슨 뜻인지 의문스럽습니다. 그렇지만 이 말씀을 마태복음 18:17과 연결하면 그 의미를 쉽게 알 수 있습니다. 교회가 결정하는 것을 하나님이 그대로 인정하신다는 뜻입니다. 교회가 묶으면 하나님도 묶으시고 교회가 풀면 하나님도 푸신다는 것입니다. 이 말씀을 묵상하면 교회가 얼마나 귀한 공동체인지 알 수 있습니다. 하나님께서 교회의 결정을 인정해 주십니다. 하나님은 교회를 이 정도로 사랑하십니다.

마태복음 18:18을 '땅에서 묶으면 하늘에서도 묶인다, 땅에서 풀면 하늘에서도 풀린다'라고 기억할 것이 아닙니다. '교회가 묶으면 하나님도 묶으시고, 교회가 풀면 하나님도 푸신다'고 기억해야 합니다. 하나님께서 교회를 이만큼 사랑하신다는 뜻입니다. 하나님이 교회의 권위를 인정하십니다. 세상에 이런 공동체는 없습니다. 땅에서 묶으면 하늘에서 묶이고 땅에서 풀면 하늘에서도 풀리는 공동체는 오직 교회뿐입니다.

그리스도의 신부인 교회가 이렇게 귀합니다. 믿는 자는 이렇게 귀한 공동체의 일원입니다. 자긍심을 가져야 합니다. 감사하고 기뻐해야 합니다. 또 그런 모습에 어울리는 거룩한 사람이 되어야 합니다. 하나님이 교회를 그렇게 귀히 여기십니다. 그러므로 믿는 자는 교회를 위해 기도해야 합니다. 교회를 세우기 위해 기도해야 합니다. 교회가 건강하게 성장하기를 위해 기도해야 합니다. 교회의 사명을 위해서 기도해야 합니다.

> "그 너비와 길이와 높이와 깊이가 어떠함을 깨달아 하나님의 모든 충
> 만하신 것으로 너희에게 충만하게 하시기를 구하노라"(엡 3:19)

에베소서 3:14-21은 교회를 위한 대표적인 기도입니다. 교회를 위한 아름다운 기도로 그 핵심은 그리스도의 사랑을 깨달으라는 것입니다. 바울은 에베소 교회가 그리스도의 사랑을 깨닫기를 원합니다. 그래

서 '주여, 에베소 교인들로 하여금 그리스도의 사랑을 깨닫게 하소서'라고 기도합니다. 하나님의 도우심으로 교회가 그리스도의 사랑을 알게 되기를 간구하는 것입니다. 모든 교회가 그래야 합니다. 그러기 위해서 기도가 필요합니다.

에베소서 3:19 전반부의 의미는 이렇습니다. 인간의 이성으로는 모든 인간에게 영생을 주시려는 하나님의 사랑을 이해할 수 없다는 것입니다. 인간은 하나님이 왜 이런 일을 하시는지 알 수 없습니다. 뭐가 부족해서 그렇게 하시는지 이해할 수 없습니다. 에베소서 3:19 후반부는 에베소서 3:14-21의 최종 목적입니다. 그것은 성도들이 하나님의 모든 충만함으로 충만해져 가는 것입니다. 삼위일체 하나님의 한없는 사랑을 체험한 성도들은 하나님의 모든 충만함으로 충만해집니다. 모든 신령한 복으로 채워진다는 뜻입니다. 바울은 에베소 교인들로 하여금 하나님의 은혜로 충만해지기를 기도하고 있습니다.

이 말씀은 '예수 그리스도를 믿어 하나님의 사랑을 깨달은 사람은 하나님의 신령한 은혜로 충만함을 얻는다'는 뜻입니다. 세상에는 이 사실을 모르는 사람들이 많습니다. 듣지도 못한 사람들이 있고 듣고도 거부하는 사람들이 있습니다. 교회 안에는 믿지만 체험하지 못한 사람들이 있습니다. 신령한 은혜를 체험하지 못한 것입니다. 이들을 위해 기도해야 합니다.

성경은 하나님의 사랑을 강조합니다. 요한복음 3:16은 '하나님이 세상을 이처럼 사랑하사 독생자를 주셨으니 이는 저를 믿는 자마다 멸망치 않고 영생을 얻게 하려 하심이니라'고 합니다. 하나님의 무한한 사랑에 대한 결론이 요한일서 4:8의 '하나님은 사랑이시라'는 말씀입니다.

하나님의 그 한없이 넓고 큰 사랑을 체험할 수 있는 길은 기도입니다. 바울은 에베소서 3:18-19에서 '그리스도의 사랑이 얼마나 크고 넓으며 얼마나 깊고도 높은지 진정으로 깨닫기를 구하노라'고 합니다. 에베소 교인들이 하나님의 사랑을 체험할 수 있도록 기도한다는 뜻입니다. 교회를 위한 이런 기도가 필요합니다. 바울처럼 믿음의 형제들을 위해 기도해야 합니다.

• 헌신을 위한 기도

"또 자기 십자가를 지고 나를 따르지 않는 자도 내게 합당하지 아니하니라"(마 10:38)
"이에 예수께서 제자들에게 이르시되 누구든지 나를 따라오려거든 자기를 부인하고 자기 십자가를 지고 나를 따를 것이니라"(마 16:24)

믿는 자는 자기를 부인하고 자기 십자가를 지고 예수님의 뒤를 따라야 합니다. 이 말씀에 불순종하는 사람은 예수님의 제자가 될 수 없습니다. 여기서 자기를 부인한다는 말은 자신의 유익을 구하지 않는다는 뜻입니다. 그렇지만 자기를 부인하는 것으로 충분한 것이 아닙니다. 자기 십자가를 지는 일도 실천해야 합니다. 그래야 주님의 온전한 제자가 될 수 있습니다. 주님은 믿는 자에게 두 가지를 명령하십니다. 자기를 부인하고 자기 십자가를 지라는 것입니다. 이때 기도는 중요한 자기 부인의 삶입니다. 간절한 기도가 열심히 자기를 부인하는 일입니다.

자기 십자가를 진다는 말은 주신 사명을 감당한다는 말입니다. 주신 사명을 감당하며 살아야 한다는 말씀을 그렇게 표현하신 것입니다. 예수께서 지신 십자가는 온 세상 죄를 대속하는 것이었습니다. 그것이 하나님이 주신 사명이었습니다. 십자가를 진다는 것은 그런 의미입니다. 믿는 자는 예수님처럼 자기 십자가를 져야 합니다.

"나는 이제 너희를 위하여 받는 괴로움을 기뻐하고 그리스도의 남은 고난을 그의 몸 된 교회를 위하여 내 육체에 채우노라"(골 1:24)

자기 십자가를 진다는 말씀은 골로새서 1:24와 깊은 관계가 있습니다. 이 말씀은 그리스도의 남은 고난이 있다고 하면서 그 남은 고난이 교회 안에 있다고 합니다. 교회 안에 그리스도께서 남겨 놓으신 고난이 있습니다. 믿는 자는 그 고난에 참여함으로써 그리스도의 영광에 참여합니다.(롬 8:17, 히 2:10, 벧전 4:13, 16, 5:10) 이 비밀을 깨닫는 자에게 복이 있는데 바울이 이 비밀을 깨달았습니다. 그래서 바울은 골로새 교회를 위하여 받는 고난을 기뻐한다고 말한 것입니다.

그리스도께서 남겨 놓으신 고난이 교회 안에 있습니다. 그 남은 고난을 감당하기 위하여 교회 다니는 사람이 되어야 합니다. 그리스도의 남은 고난을 내 몸에 채우는 일을 기뻐하며 교회 다니는 사람이 되어야 합니다. 이를 위해 기도하는 사람이 되어야 합니다.

그런 사람이 성경의 '남은 자'입니다. 예언자들과 제사장들과 지도자들이 모두 부패했을 때 남은 자들이 있었습니다. 아합과 이세벨이 바알 종교를 부흥시켰을 때 남은 자들이 있었습니다. 엘리야는 여호와를 참되게 믿는 사람이 자신 밖에 없다고 생각했습니다.(왕상 19:10) 그러나 하나님은 7천 명의 남은 자들이 있다고 말씀하셨습니다.(왕상 19:18) 중세 시대에 교회가 극도로 부패했을 때도 남은 자들이 있었습니다. 그들이 종교개혁을 일으켰습니다.

"우리가 하나님과 함께 일하는 자로서 너희를 권하노니 하나님의 은혜를 헛되이 받지 말라 이르시되 내가 은혜 베풀 때에 너에게 듣고 구원의 날에 너를 도왔다 하셨으니 보라 지금은 은혜 받을 만한 때요 보라 지금은 구원의 날이로다"(고후 6:1-2)

믿는 자는 구원의 은혜를 받은 사람입니다. 바울은 이 사실을 고린도후서 6:2에서 강조합니다. 이 말씀의 전반부는 이사야 49:8을 인용한 것으로 '내가 너에게 은혜를 베풀었고 내가 너를 분명히 구원했다'라는 뜻입니다. 후반부는 그 말씀처럼 '우리가 하나님의 은혜를 받았고 하나님의 구원을 경험했다'는 뜻입니다

이 구원의 은혜를 헛되게 하지 말아야 합니다. 바울은 고린도후서 6:1에서 하나님의 은혜를 헛되이 받지 말라고 권면합니다. 하나님의 은혜를 받은 사람은 그 은혜를 올바르게 사용해야 한다는 것입니다. 바울은 이 말씀에서 믿는 자를 가리켜 하나님과 함께 일하는 일꾼이라고 합니다. 받은 은혜에 대한 감사를 넘어서 주신 사명을 감당하는 사람이 되어야 합니다.

> "그가 모든 사람을 대신하여 죽으심은 살아 있는 자들로 하여금 다시
> 는 그들 자신을 위하여 살지 않고 오직 그들을 대신하여 죽었다가 다
> 시 살아나신 이를 위하여 살게 하려 함이라"(고후 5:15)

고린도후서 5:15에서 하나님의 은혜를 선용하는 길을 배울 수 있습니다. 그것은 더 이상 자신을 위해 살지 않고 예수님을 위해 사는 것입니다. 예수님을 위해 사는 것이 하나님의 은혜를 헛되이 하지 않는 것입니다. 예수님을 위해 산다는 것이 꼭 목사가 되고 선교사가 되는 것은 아닙니다. 일상생활 가운데 자기 십자가를 지고 사는 것입니다. 그것이 그리스도의 향기를 풍기는 일입니다.

고린도후서 5:18-20은 화목의 직분을 감당하라고 권면합니다. 세상을 하나님과 화목하게 한다는 뜻입니다. 이는 세상 사람을 주님께로 인도하는 것을 의미합니다. 복음을 전하고 사람들을 주님께 인도하는 것이 받은 은혜를 헛되이 하지 않는 것입니다. 이를 위한 기도가 필요

합니다.

하나님은 믿는 자가 그 일을 잘 감당할 수 있도록 재능과 은사를 주십니다. 그 주신 재능과 은사를 가지고 하나님의 뜻과 명령에 순종하기를 원하시는 것입니다. 그러므로 하나님께서 원하시는 일을 발견할 수 있도록 기도해야 합니다. 사명을 감당하기 위한 재능과 은사를 위해 기도해야 합니다. 주신 재능과 은사를 잘 사용하기 위한 기도도 해야 합니다.

하나님께서 주시는 사명은 쉽게 이루어지는 게 아닙니다. 사명이 하루아침에 이루어 질 수는 없습니다. 그런 정도의 일이라면 사명이라고 말할 수 없습니다. 일생을 바쳐도 좋을 하나님의 일, 평생 노력해야 할 일을 사명이라고 합니다. 그러므로 이 사명을 위한 기도, 즉 헌신을 위한 기도를 게을리 할 수는 없습니다.

이때 사명은 사람이 정하는 것이 아니라 하나님이 주시는 것입니다. 그러므로 사명을 받는 자는 그 사명에 순종하는 태도가 필요합니다. 이것이 마태복음 25:14-30이 전하는 '달란트 비유'의 교훈입니다. 자기 십자가를 지고 나를 따르라는 예수님의 명령입니다. 예수님은 그 명령에 순종한 자를 착하고 충성된 종이라고 칭찬하셨습니다.(마 25:21, 23)

바울이 주신 사명에 순종하고 충성했을 때 수많은 교회들이 세워지고 하나님의 역사가 일어났습니다. 이렇게 하나님의 뜻에 순종할 때 자신의 변화는 물론 주변에 큰 변화를 일으킵니다. 믿는 자는 쉬지 않고 사명을 위해 기도해야 합니다. 바울이 그렇게 사명을 위해 기도했습니다.(엡 1:16, 6:18, 빌 1:3-5, 9-11, 골 1:3, 9, 4:2, 살전 1:2, 살후 1:11)

• 하나님을 경외하는 기도

"여호와를 경외하는 것이 지식의 근본이라"(잠 1:7)
"여호와를 경외하는 것이 지혜의 근본이요 거룩하신 자를 아는 것이
명철이니라"(잠 9:10)
"고운 것도 거짓되고 아름다운 것도 헛되나 오직 여호와를 경외하는
여자는 칭찬을 받을 것이라"(잠 31:30)
"하나님을 경외하고 그 명령을 지킬지어다. 이것이 사람의 본문이니
라"(전 12:13)

'무엇이든 간구하라'는 가르침은 '기도는 쉬운 일'이라는 교훈 외
에 또 다른 교훈을 가지고 있습니다. 그것은 '하나님을 경외하라'는 교훈
입니다. 하나님을 경외하는 사람은 모든 일에 기도합니다. 모든 일에 하
나님을 인정하는 사람은 모든 일에 기도해야 합니다. 하나님을 경외하는
일에 기도는 필수입니다.

잠언에 신학적 지혜, 실용적 지혜, 외국의 지혜가 들어 있습니다.
잠언의 목적은 이런 지혜를 이용해 인생을 지혜롭게 살라는 것입니다.
그런데 이런 잠언이 하나님 경외를 강조합니다.(잠 1:7, 9:10, 31:30) 여기서
하나님 경외는 하나님을 무서워해야 한다는 뜻이 아닙니다. 하나님 앞에
서 안절부절 해야 한다는 말이 아닙니다. 하나님을 진심으로 존경해야
한다는 말입니다.

이렇게 경외를 강조하는 잠언에서 하나님 경외하는 방법을 배울
수 있습니다. 그것은 '모든 일에 하나님을 인정하고 모든 일에 하나님을
의지하는 것'입니다. 잠언 31장 전체를 한 줄로 요약하면 '모든 일에 하
나님을 인정하고 모든 일에 하나님을 의지하라'는 것입니다. 이것이 바
로 하나님을 경외하는 방법입니다. 성경의 인물들이 그랬습니다. 아브라

함, 요셉, 욥, 다윗이 그랬습니다.

> "네 하나님 여호와를 경외하여 그를 섬기며 그에게 의지하고 그의 이름으로 맹세하라"(신 10:20)
>
> "너희는 너희의 하나님 여호와를 따르며 그를 경외하며 그의 명령을 지키며 그의 목소리를 청종하며 그를 섬기며 그를 의지하며"(신 13:4)
>
> "너는 범사에 그를 인정하라 그리하면 네 길을 지도하시리라"(잠 3:6)
>
> "만민이 각각 자기의 신의 이름을 의지하여 행하되 오직 우리는 우리 하나님 여호와의 이름을 의지하여 영원히 행하리로다"(미 4:5)
>
> "우리는 우리 자신이 사형 선고를 받은 줄 알았으니 이는 우리로 자기를 의지하지 말고 오직 죽은 자를 다시 살리시는 하나님만 의지하게 하심이라"(고후 1:9)

성경은 범사(凡事)에 하나님을 인정하고 만사(萬事)에 하나님을 의지하라고 가르칩니다. 그렇게 할 때 하나님의 복을 받을 것이라고 합니다. 신명기 11:22-23에 '너희가 만일 내가 너희에게 명하는 이 모든 명령을 잘 지켜 행하여 너희의 하나님 여호와를 사랑하고 그의 모든 도를 행하여 그에게 의지하면 여호와께서 그 모든 나라 백성을 너희 앞에서 다 쫓아내실 것이라 너희가 너희보다 강대한 나라들을 차지할 것인즉'이라는 말씀이 있습니다. 그런 말씀이 시편에 아주 많습니다.

그러므로 믿는 자는 하루를 시작하는 새벽에 '오늘 하루도 하나님의 전신갑주를 입고 그리스도를 내 심령의 주인으로 모시고 성령으로 충만케 하옵소서'라고 기도해야 합니다. 하루를 마치는 밤에 기도하면서 '오늘 하루도 오직 주님의 은혜로 살았습니다. 주께서 평안케 하시고 건강 주시고 일용할 양식 주시니 감사합니다'라고 기도해야 합니다. 그런 것이 하나님을 경외하는 것입니다.

인생이 평안하고 행복할 때 '하나님 감사합니다. 하나님의 은혜로 살고 있습니다'라고 기도해야 합니다. '내 노력, 내 능력 때문이야, 내가 잘나서 그래' 하지 말아야 합니다. 인생이 힘들고 괴로울 때 하나님을 소망하고 인내하며 기도해야 합니다. 원망하거나 낙심하지 말아야 합니다. 사람을 의지하지 말아야 합니다. 그런 것이 하나님을 경외하는 것입니다.

인생의 중요한 일이 다가올 때 하나님의 선하심을 믿고 하나님의 인도하심을 간구해야 합니다. 밤새도록 고민하지 말아야 합니다. 모든 일에서 자신의 신앙을 되돌아보아야 합니다. 그러면서 회개할 일은 회개하고 결심할 일은 결심해야 합니다. 그런 것이 하나님을 경외하는 것입니다.

"여호와를 경외하는 자들아 너희는 여호와를 의지하여라 그는 너희의 도움이시요 너희의 방패시로다"(시 115:11)
"높은 사람이나 낮은 사람을 막론하고 여호와를 경외하는 자들에게 복을 주시리로다"(시 115:13)
"그러나 무릇 여호와를 의지하며 여호와를 의뢰하는 그 사람은 복을 받을 것이라"(렘 17:7)

성경은 하나님을 경외하는 사람이 복을 받는다고 합니다. 시편 115:11-15가 그렇습니다. 이 말씀을 '나를 경외하라. 그리하면 내가 너를 도와주고, 너를 보호하며, 네 가정에 복을 주고 너와 네 자녀를 번성케 하겠다. 나는 하늘과 땅을 지은 창조주다'라고 요약할 수 있습니다.

하나님을 경외하는 자들이 하나님을 의지할 때 하나님이 도움이 되시고 방패가 되십니다.(시 115:11) 하나님은 하나님을 경외하는 사람을 보호해 주십니다. 그리고 믿는 자를 기억하시고 그 가정에 복을 주십니다. 높은 사람 낮은 사람을 차별하지 않으시고 가정의 화목과 식구들의 건강과 일용할 양식을 허락하십니다.(시 115:12-13) 하나님을 경외하는 자들이 그런 복을 받습니다. 창조주 하나님이 그런 복을 주시는 것입니다.(시 115:14-15)

전도서 12:13에 '하나님을 경외하고 그 명령을 지킬지어다. 이것이 사람의 본분이니라'는 말씀이 있습니다. 하나님을 경외하는 것이 사람의 본분입니다. 사람의 본분을 다 할 때 하나님께서 풍성한 은혜를 허락하십니다. 예레미야 17:7도 같은 맥락의 말씀입니다.

> "내가 주께 대하여 귀로 듣기만 하였사오나 이제는 눈으로 주를 뵈옵
> 나이다 그러므로 내가 스스로 거두어들이고 티끌과 재 가운데에서 회
> 개하나이다"(욥 42:5-6)

하나님을 경외하는 사람의 특징이 있습니다. 피조물의 겸손을 아는 것입니다. 욥기 42:1-6이 이를 잘 가르칩니다. 여기서 욥은 창조주의 능력을 인정하며 자신의 무지를 고백합니다. 무지하면서 하나님 앞에서 아는 척 했다는 것입니다. 욥은 자신이 깨닫지 못한 일, 알 수 없는 일, 헤아릴 수도 없는 일을 아는 척 했다고 말하면서 회개합니다.

욥기의 결론은 사람이 이렇게 하나님을 경외하며 겸손을 지킬 때 하나님의 은혜를 입는다는 것입니다. 하나님은 욥이 피조물의 겸손을 회복했을 때 욥에게 모든 것을 2배로 회복시켜 주셨습니다. 하나님을 경외하는 사람이 하나님의 은혜를 누립니다. 하나님 경외로 시작해서 사람의 소망이 이루어지는 것입니다.

그런데 피조물의 겸손을 아는 사람은 기도합니다. 하나님을 의지할 수밖에 없기 때문입니다. 기도하지 않는 사람은 하나님 앞에서 겸손하지 않습니다. 겸손한 사람은 반드시 기도합니다. 자신의 소망을 위

해 기도합니다. 받은 은혜를 감사하며 기도합니다. 하나님의 영광을 구하며 '저를 사용해 주님의 뜻을 이루소서'라고 기도합니다. 자신의 허물을 고백하면서 기도합니다. 기도는 사람의 겸손을 확인할 수 있는 척도입니다.

3. 이웃을 사랑하는 기도

· 중보기도와 이웃 사랑

"이와 같이 성령도 우리의 연약함을 도우시나니 우리는 마땅히 기도할 바를 알지 못하나 오직 성령이 말할 수 없는 탄식으로 우리를 위하여 친히 간구하시느니라 마음을 살피시는 이가 성령의 생각을 아시나니 이는 성령이 하나님의 뜻대로 성도를 위하여 간구하심이니라"(롬 8:26-27)

"누가 정죄하리요 죽으실 뿐 아니라 다시 살아나신 이는 그리스도 예수시니 그는 하나님 우편에 계신 자요 우리를 위하여 간구하시는 자시니라"(롬 8:34)

"하나님은 한 분이시요 또 하나님과 사람 사이에 중보자도 한 분이시니 곧 사람이신 그리스도 예수라"(딤전 2:5)

"그러므로 자기를 힘입어 하나님께 나아가는 자들을 온전히 구원하실 수 있으니 이는 그가 항상 살아 계셔서 그들을 위하여 간구하심이라"(히 7:25)

'중보'라는 말은 '신과 사람의 사이를 화해시키고 교제를 유지하도록 하는 일'이라는 뜻입니다. 그런 의미에서 진정한 중보자는 예수 그리스도와 성령이십니다. 중보기도는 예수 그리스도와 성령께서 우리를 위해 드리시는 기도입니다. 예수께서 성도를 위해 기도하십니다.(롬 8:34) 성령께서 믿는 자를 위해 기도하십니다.(롬 8:26-27) 예수님과 성령께서 이렇게 중보기도의 모범을 보여 주십니다.

그렇지만 그것이 중보기도의 전부는 아닙니다. 믿는 자 역시 예수 그리스도의 기도를 모범으로 삼아 다른 사람을 위해 기도해야 합니다. 사람을 위해 하나님께 간구하시는 것이 그리스도의 마음입니다. 그러므로 그리스도의 마음을 가진 사람은 다른 사람을 위해 간구하게 됩니다. 중보기도는 그리스도의 마음을 가진 사람의 자연스러운 행위입니다. 그러므로 '중보기도를 하지 않는 사람은 아직 예수님의 마음을 충분히 가지고 있지 않다'고 말할 수 있습니다.

> "모든 기도와 간구를 하되 항상 성령 안에서 기도하고 이를 위하여 깨어 구하기를 항상 힘쓰며 여러 성도를 위하여 구하라"(엡 6:18)
> "그러므로 내가 첫째로 권하노니 모든 사람을 위하여 간구와 기도와 도고와 감사를 하되 임금들과 높은 지위에 있는 모든 사람을 위하여 하라 이는 우리가 모든 경건과 단정함으로 고요하고 평안한 생활을 하려 함이라"(딤전 2:1-2)

중보기도는 다른 사람을 위한 기도를 뜻합니다. 하나님의 명령을 따라 이웃을 내 몸처럼 사랑하는 사람은 중보기도를 하게 됩니다. 중보기도야말로 다른 사람을 사랑하는 가장 좋은 방법이기 때문입니다. 만일 우리가 누구를 사랑한다면 그를 위해 기도하게 됩니다. 그에게 자신의 능력 이상의 것을 주고 싶기 때문입니다. 사랑하는 사람에게 최대한 것을 주고 싶은 사람은 그를 위해 기도하게 됩니다.

간구에서 중보로 기도의 중심을 바꾸는 것은 신앙의 중심을 자신에게서 이웃으로 옮기는 것입니다. 중보기도는 이기심이 없는 기도입니다. 영혼을 사랑하는 법을 배우는 기도입니다. 원수를 사랑하고 축복하는 법을 배우는 기도입니다.

살펴보면 주변의 많은 사람들에게 도움이 필요합니다. 결혼이 위기에 처한 부부가 있습니다. 자녀 문제가 있는 가정이 있습니다. 절망에 빠져 사는 이웃이 있습니다. 일용할 양식이 필요한 사람도 있습니다. 그들을 대신해서 기도할 때 상황이 달라집니다. 믿는 자가 중보기도를 해야 하는 이유가 여기에 있습니다. 하나님의 일 중에서 중보기도는 참으로 중요한 사역입니다. 모범적 신앙을 위해 반드시 필요합니다.

믿는 자가 중보기도를 할 때 이기적인 신앙을 극복할 수 있습니다. 이웃 사랑을 제대로 배울 수 있습니다. 다른 사람의 영혼을 사랑하는 일을 배울 수 있습니다. 중보기도는 자기 자신만 생각하는 미성숙한 믿음을 극복할 수 있는 좋은 방법입니다. 이웃을 위해 기도할 때 영적 성숙을 경험합니다. 중보기도가 있어야 신앙의 성숙을 기대할 수 있습니다.

중보기도는 자신을 깨끗하게 하는 기도입니다. 본회퍼 목사는 '중보기도는 우리를 깨끗하게 하는 욕조와 같아서 개개인이 날마다 들어가야 하는 곳이며, 교제가 날마다 이루어져야 할 곳이다'라고 말했습니다. 중보기도의 신앙적 의미와 중요성을 잘 표현한 말입니다.

중보기도는 다른 사람의 영혼을 사랑하게 되는 기도입니다. 다른 사람을 사랑하는 가장 좋은 방법입니다. 아우구스티누스는 '기도란 하나님 앞에서 다른 사람들의 행복을 위해서 중재하는 것이다'라고 말했습니다. 그렇게 다른 사람을 위해서 기도할 때 내가 깨끗해지고 평안을 얻습니다. 하나님께서 나를 기뻐하시고 은혜를 내려주십니다. 다른 사람을 위해서 열심히 기도함으로써 내가 복을 받습니다. 이것이 신앙의 논리입니다. 중보기도야말로 사랑을 배우는 기도입니다.

성도는 중보기도를 통해 원수를 위한 기도를 배웁니다. 그러면서 결국 원수를 사랑하는 일까지 배우게 됩니다. 기도의 사람 조지 버트릭(George Buttrick)은 중보기도에 대해 이렇게 조언합니다. 먼저 원수를 위한 기도부터 시작하고 권면합니다. 그는 가장 먼저 해야 할 중보기도는 '제가 어리석게도 원수라고 생각하는 아무개를 복 내려주옵소서. 제가 잘못한 아무개에게 복을 내려주옵소서. 그들을 주님의 은혜로 지켜 주옵소서. 저의 쓰라린 상처를 떨쳐 버리게 하옵소서'라는 기도라고 말합니다.(『기도』, 리처드 포스터, 송중인, 두란노, 1995, 269쪽)

조지 버트릭은 그 다음으로 정치, 의약, 학문, 예술, 그리고 종교 분야 지도자들을 위해 기도하라고 권합니다. 그 다음은 이 세상에서 궁핍한 사람들입니다. 그 다음은 일터나 놀이터에 있는 친구들입니다. 그 다음에 사랑하는 사람들을 위해 기도하라고 가르칩니다. 조지 버트릭의 조언은 우리 자신의 편협하고 사소한 관심사를 넘어서게 합니다. 상처받고 궁핍한 세계 속으로 뛰어들게 합니다. 이것이 그의 조언이 주는 큰 가치입니다.

• 중보기도의 능력

"내가 그들을 위하여 비옵나니 내가 비옵는 것은 세상을 위함이 아니요 내게 주신 자들을 위함이니이다 그들은 아버지의 것이로소이다"(요 17:9)

"내가 비옵는 것은 이 사람들만 위함이 아니요 또 그들의 말로 말미암아 나를 믿는 사람들도 위함이니 아버지여, 아버지께서 내 안에, 내가 아버지 안에 있는 것 같이 그들도 다 하나가 되어 우리 안에 있게 하사 세상으로 아버지께서 나를 보내신 것을 믿게 하옵소서"(요 17:20-21)

중보기도는 근본적으로 예수 그리스도께서 믿는 자를 위해 기도하시는 것입니다. 그래서 그 내용은 회개와 성령으로 거듭나는 일, 성령 충만한 제자로서 거룩한 삶을 사는 일, 복음을 전하고 영혼을 구원하는 일 등입니다. 대표적인 예가 요한복음 17:9-26입니다. 요한복음 17:9-19는 제자들을 위한 예수님의 기도입니다. 그리고 요한복음 17:20-26은 제자들을 통해 예수를 믿게 될 신자들을 위한 예수님의 기도입니다. 요한 복음 17:9-26은 예수님의 중보기도입니다.

그러므로 다른 사람을 위해 중보기도를 할 때 그가 거듭난 사람으로서 거룩한 삶을 사는 일을 위해 먼저 기도해야 합니다. 하나님을 사랑하는 사람, 하나님의 사랑을 아는 사람이 되기를 기도해야 하는 것입니다.

그러나 이와 더불어 이웃의 필요를 위한 기도 역시 드릴 수 있습니다. 하나님께서 그를 위로하시기를 기도할 수 있습니다. 그에게 평안과 기쁨을 주시기를 위해 기도할 수 있습니다. 그가 당면한 문제의 해결을 위해 기도할 수 있습니다. 그에게 필요한 것을 간구할 수 있습니다. 이웃을 위한 간구 역시 중보기도의 중요한 내용입니다.

> "모세가 그의 하나님 여호와께 구하여 이르되 여호와여 어찌하여 그 큰 권능과 강한 손으로 애굽 땅에서 인도하여 내신 주의 백성에게 진노하시나이까 어찌하여 애굽 사람들이 이르기를 여호와가 자기의 백성을 산에서 죽이고 지면에서 진멸하려는 악한 의도로 인도해 내었다고 말하게 하시려 하나이까 주의 맹렬한 노를 그치시고 뜻을 돌이키사 주의 백성에게 이 화를 내리지 마옵소서"(출 32:11-12)
> "여호와께서 뜻을 돌이키사 말씀하신 화를 그 백성에게 내리지 아니하시니라"(출 32:14)
> "구하옵나니 주의 인자의 광대하심을 따라 이 백성의 죄악을 사하시되 애굽에서부터 지금까지 이 백성을 사하신 것 같이 사하시옵소서 여호와께서 이르시되 내가 네 말대로 사하노라"(민 14:19-20)
> "여호와께서 심히 분노하사 너희를 멸하려 하셨으므로 내가 두려워하였노라 그러나 여호와께서 그때에도 내 말을 들으셨고 여호와께서 또 아론에게 진노하사 그를 멸하려 하셨으므로 내가 그때에도 아론을 위

하여 기도하고"(신 9:19-20)

이렇게 이웃을 위해 간구하는 중보기도를 할 때 필요한 것은 중보기도의 능력을 믿는 것입니다. 남을 위한 간구 역시 나를 위한 간구와 같은 능력을 가집니다. 하나님은 자기 자신을 위한 간구기도 뿐만 아니라, 다른 사람을 위한 간구기도 역시 이루어주십니다. 이것이 중보기도를 하는 중요한 이유입니다.

하나님께서 이스라엘 백성을 이집트 땅에서 이끌어 내신 후 먹을 것과 마실 물을 주셨습니다. 그리고 시내 산까지 인도하셨습니다. 이스라엘 백성과 계약을 맺고 십계명과 여러 가르침을 주셨습니다. 그 다음에 모세를 부르셔서 40일 동안 시내 산에서 성소와 제사장과 번제 등에 관한 가르침을 주셨습니다. 그런데 그 40일 동안에 이스라엘 백성들이 금송아지를 만들어 숭배하면서 하나님을 배반했습니다. 이에 하나님께서 심히 진노하셔서 이스라엘 백성들을 멸하려고 하셨습니다. 그러나 모세가 그 중간에서 간절히 간구하여 하나님께서 그 뜻을 돌이키셨습니다. 광야에서 비슷한 일이 여러 번 있었습니다.(민 14:19-20, 신 9:19-20)

이처럼 중보기도에 힘이 있고 능력이 있습니다. 다른 사람을 위한 기도는 단순히 나 자신을 깨끗케 하고 나 자신이 사랑을 배우는 일에 머무는 것이 아닙니다. 실제로 그 기도 내용이 이루어지는 힘이 있습니다. 그래서 하나님께서 진노를 거두시고 또 복을 내려주십니다. 내가 다른 사람을 위해 기도하는 일에 능력이 있습니다. 반대로 다른 사람이 나를 위해 기도하는 일에 능력이 있습니다. 이를 믿고 중보기도에 열심을 내야 합니다.

중보기도를 소중히 여기고 실천할 때 기도의 복을 누리게 됩니다. 많은 기독교인이 기도의 복을 누리지 못하는 이유는 중보기도에 소홀하기 때문입니다. 성도는 교회에 속한 믿음의 형제들을 위해 기도해야 할 책임이 있습니다. 사무엘은 '나는 너희를 위하여 기도하기를 쉬는 죄를 여호와 앞에 결단코 범하지 아니하고 선하고 의로운 길을 너희에게 가르칠 것인즉'라고 말합니다.(삼상 12:23) 중보기도를 쉬는 일을 죄라고 말한 것입니다. 이 말을 가볍게 여길 수 없습니다.

• 복음 전파를 위한 기도

"예수께서 이르시되 내가 다른 동네들에서도 하나님의 나라 복음을 전하여야 하리니 나는 이 일을 위해 보내심을 받았노라 하시고"
(눅 4:43)

예수께서 이 세상에 오신 목적은 세상에 복음을 전하는 일이었습니다. 예수님은 세례를 받으신 후 먼저 광야에서 40일간 금식하셨습니다. 금식 후에 마귀로부터 시험을 받으셨으나 그 시험을 이기셨습니다. 그 후에 하신 일이 복음 전파였습니다. 예수님은 갈릴리 지방을 두루 다니시면서 하나님의 복음을 전하셨습니다. '때가 찼고 하나님의 나라가 가까이 왔으니 회개하고 복음을 믿으라'고 전하셨습니다.(막 1:14-15)

이 일을 위해 제자들을 부르셨습니다. 예수님은 제자들을 사람 낚는 어부로 부르셨습니다.(막 1:16-17) 이 말은 제자들을 복음을 전하는 자들로 세우셨다는 뜻입니다. 실제로 예수님은 열두 제자들을 보내어 복음을 전하게 하셨습니다. 그들에게 복음을 전하는 방법을 가르쳐 주셨습니다.(마 10:1-15) 12제자들은 각 마을에 두루 다니며 곳곳에 복음을 전했습니다.(눅 9:1-6) 또 칠십 인의 제자들을 세워서 각 동네와 각 지역에서 복음을 전하도록 하셨습니다.(눅 10:1-20)

"그러므로 너희는 가서 모든 민족을 제자로 삼아 아버지와 아들과 성령의 이름으로 세례를 베풀고 내가 너희에게 분부한 모든 것을 가르쳐 지키게 하라"(마 28:19-20)

이렇게 생전에 복음을 전하신 예수께서는 부활하신 후 승천하시면서 역시 제자들에게 복음을 전하라고 명령하셨습니다.(마 28:18-20, 행 1:6-9) 세상에 생명의 빛을 밝게 비취는 일이야말로 예수께서 행하신 일입니다. 또 예수께서 진정으로 원하시는 일입니다. 예수의 제자는 복음 전하는 일을 기쁘게 실천해야 합니다. 복음을 전하는 일은 영원한 생명의 길로 인도하는 일이기 때문입니다.

믿는 자는 단순히 하나님의 은혜를 누리고 하나님과 교제하는 기쁨에 머물러 있을 수 없습니다. 하나님의 백성으로서 해야 할 일이 있습니다. 그것은 교회를 세우고 복음을 전하는 일입니다. 그리스도의 몸 된 교회를 세우고 하나님의 사랑을 세상에 전해야 하는 것입니다. 이를 위한 기도가 필요합니다.

믿는 자의 자기 이해는 하나님의 자녀나 그리스도의 친구에 머물 수 없습니다. 그리스도의 제자로서 자기 십자가를 지는 사명을 다 해야 합니다. 예수께서 승천하시기 전에 제자들에게 주신 명령에 순종해야 합니다. 모든 민족에게 복음을 전하고 세례를 주라는 명령을 실천해야 합니다.

하나님은 믿는 자들이 그 명령에 순종하기를 원하십니다. 믿는 자는 세상에 나가 복음 전하고 그들에게 세례를 베풀어 그들이 하나님 뜻을 지키도록 해야 하는 사람입니다. 그러므로 이를 위한 기도가 필요합니다. 전도와 선교를 위해 기도해야 합니다. 복음 전파를 위한 기도가 반드시 필요합니다.

"너희도 우리를 위하여 간구함으로 도우라 이는 우리가 많은 사람의 기도로 얻은 은사로 말미암아 많은 사람이 우리를 위하여 감사하게 하려 함이라"(고후 1:11)

"또한 우리를 위하여 기도하되 하나님이 전도할 문을 우리에게 열어 주사 그리스도의 비밀을 말하게 하시기를 구하라 내가 이 일 때문에 매임을 당하였노라"(골 4:3)

"끝으로 형제들아 너희는 우리를 위하여 기도하기를 주의 말씀이 너희 가운데서와 같이 퍼져 나가 영광스럽게 되고"(살후 3:1)

사도들이 이 사실을 잘 알았습니다. 복음 전파를 위한 기도가 필수적이라는 사실을 알았습니다. 그래서 사도들은 기회가 있을 때마다 기도를 부탁합니다. 교회들을 향해 복음 전파를 위한 기도를 부탁한 것입니다. 그들이 중보기도의 능력을 믿었기 때문입니다. 복음 전파를 위한 기도가 꼭 필요함을 알았기 때문입니다.

"보라 내가 너희를 보냄이 양을 이리 가운데로 보냄과 같도다 그러므로 너희는 뱀 같이 지혜롭고 비둘기 같이 순결하라"(마 10:16)

복음을 전하는 일은 쉬운 일이 아닙니다. 그래서 예수께서는 제자들을 향해 '내가 너희를 세상에 보내는 것이 마치 양을 이리 떼 속으로 보내는 것과 같다'고 말씀하십니다. 그만큼 어려운 일이라는 뜻입니다. 복음을 전할 때 우선 사랑이 있어야 합니다. 예수님처럼 세상을 측은히 여기는 사랑의 마음이 있어야 합니다. 그러나 사랑만으로 충분한 것이 아닙니다. 성령께서 주시는 지혜와 순결함이 있어야 합니다.

복음 전하는 일은 때로 늑대 무리 속에 양이 들어가는 것과 같습니다. 힘들고 어려울 수 있다는 말입니다. 그러므로 지혜롭게 전하는 일이 필요합니다. 그것은 때와 상황, 듣는 사람의 수준과 형편에 맞게 복음을 전하는 것입니다. 이에 관해 고린도전서 9:20-22가 도움이 됩니다. 유대인에게는 유대인으로, 이방인에게는 이방인처럼, 믿음이 약한 자에게는 믿음이 약한 자처럼 복음을 전했다는 말씀입니다. 지혜롭게 행동했다는 뜻입니다.

한편, 복음을 전할 때 비둘기처럼 순결해야 합니다. 이는 복음을 전하면서 '사람의 생각을 섞지 말라, 돈 벌지 말라, 명예를 얻지 말라, 서로 경쟁하지 말라'는 뜻입니다. 당연한 일인 것 같지만 복음 전하는 일에 이런 일이 일어나고 있습니다. 국내는 물론이고 해외 선교 현장에서도 이런 일이 일어나고 있습니다.

복음을 전하는 일은 참으로 가치 있는 일입니다. 예수님이 열심히 하신 일입니다. 예수께서는 가능한 한 많은 곳을 찾아다니시며 복음을 전하셨습니다. 예수님은 '나는 다른 마을에서도 하나님 나라, 즉 복음을 전해야 한다. 내가 이 목적으로 이 세상에 왔다'고 말씀하십니다.(막 1:38, 눅 4:43) 예수님은 사마리아 우물가에서 사마리아 여인에게도 복음을 전하셨고(요 4:1-42), 사람들에게 배척을 받으면서도 복음을 전하셨습니다.(눅 9:51-56) 그리고 목숨을 버리기까지 복음을 전하셨습니다.

열심히 복음을 전하는 사람이 풍성한 상급을 소망할 수 있습니다. 그러나 열심만 있으면 되는 것이 아닙니다. 사랑과 지혜와 순결이 있어야 합니다. 이를 위해 기도해야 합니다. 그래야 성령께서 주시는 지혜와 순결함을 얻을 수 있습니다. 사람의 능력으로 복음을 전하는 것이 아닙니다. 성령께서 주시는 능력으로 복음을 전하는 것입니다. 이를 기억하여 성령의 도우심을 간구해야 합니다.

"이에 제자들에게 이르시되 추수할 것은 많되 일꾼이 적으니 그러므로 추수하는 주인에게 청하여 추수할 일꾼들을 보내 주소서 하라 하

시니라"(마 9:37-38)

　　예수께서 '추수할 것은 많되 일꾼이 적다'라고 말씀하셨습니다.(마 9:37) '아직도 영원한 생명을 얻지 못한 사람들이 이렇게 많은데, 그들에게 복음을 전할 사람이 적다'라는 한탄입니다. 그러므로 '주여, 제가 여기 있나이다. 저를 보내소서'라고 자원하면서 더 많은 하늘나라 추수꾼들이 생겨나기를 위해 기도해야 합니다.

4장.
어떻게 기도해야 하는가(기도의 방법)

1. 하나님의 뜻을 따라

• 하나님을 바로 알자!

"리브가는 보기에 아리따우므로 그 곳 백성이 리브가로 말미암아 자기를 죽일까 하여 그는 내 아내라 하기를 두려워함이었더라"(창 26:7)
"네가 만일 그 포로 중의 아리따운 여자를 보고 그에게 연연하여 아내를 삼고자 하거든"(신 21:11)
"이에 사람을 보내어 그를 데려오매 그의 빛이 붉고 눈이 빼어나고 얼굴이 아름답더라"(삼상 16:12)
"너희가 기도할 때에 무엇이든지 믿고 구하는 것은 다 받으리라 하시니라"(마 21:22)
"내 이름으로 무엇이든지 내게 구하면 내가 행하리라"(요 14:14)
"너희가 내 안에 거하고 내 말이 너희 안에 거하면 무엇이든지 원하는

대로 구하라 그리하면 이루리라"(요 15:7)

사람이 기도할 때 자신의 외모를 위해 기도할 수 있을까요? 예쁜 여자, 잘 생긴 남자가 되고 싶다고 기도할 수 있을까요? 그런 기도도 괜찮은 것일까요? 답은 그렇다는 것입니다. 성경은 우리가 그런 기도를 할 수 있다고 가르칩니다.

우선 성경은 사람의 외모를 인정합니다. 사라, 리브가, 라헬, 밧세바가 매우 아름다웠다고 합니다. 압살롬의 동생 다말과 딸 다말도 예뻤다고 합니다. 신명기 21:11은 포로 중에 예쁜 여자가 있으면 그 여자와 결혼해도 좋다고 합니다. 그리고 사울과 다윗과 압살롬이 잘 생겼다고 말합니다.(삼상 9:2, 16:12, 삼하 14:25) 압살롬의 경우 머리부터 발끝까지 흠이 없었다고 합니다. 성경은 이렇게 예쁜 여자, 멋진 남자를 인정합니다.

그리고 예수님은 '너희는 내 이름으로 무엇이든지 원하는 대로 간구하라'고 말씀하십니다.(요 14:13, 14, 15:7) '무엇이든지 내 이름으로 구하는 것은 하나님께서 주실 것이다'라고 약속하십니다.(요 16:23) '믿고 구하는 것은 다 받으리라'고 말씀하십니다.(마 21:22) 그러므로 '하나님, 저 예쁜 여자, 멋진 남자 되고 싶어요'라고 기도할 수 있습니다. 그런 기도에 성경적 근거가 있습니다.

"여호와께서 사무엘에게 이르시되 그의 용모와 키를 보지 말라 내가 이미 그를 버렸노라 내가 보는 것은 사람과 같지 아니하니 사람은 외모를 보거니와 나 여호와는 중심을 보느니라 하시더라"(삼상 16:7)
"너희의 단장은 머리를 꾸미고 금을 차고 아름다운 옷을 입는 외모로 하지 말고 오직 마음에 숨은 사람을 온유하고 안정한 심령의 썩지 아니할 것으로 하라 이는 하나님 앞에 값진 것이니라"(벧전 3:3-4)

그러나 성경에는 외모에 신경을 쓰지 말라는 말씀도 있습니다. 외적인 아름다움이 아니라 내적 아름다움에 마음을 쏟으라는 말씀이 있습니다. 베드로전서 3:3-4가 대표적인 말씀입니다. 사무엘은 이새의 아들 엘리압의 외모를 높이 평가했지만 하나님은 사람의 외모가 아니라 그 마음을 보십니다.(삼상 16:7)

하나님은 우리의 얼굴이 아니라 마음을 보십니다. 예쁜 여자, 멋진 남자를 원하시는 것이 아닙니다. 경건한 여자, 거룩한 남자를 원하십니다. 그래서 하나님은 외모를 위해 기도하는 사람이 아니라 거룩한 삶을 위해 기도하는 사람을 기뻐하십니다. 예쁨과 멋짐이 아니라 경건훈련을 위해 기도하는 사람을 기뻐하십니다. 하나님의 기쁨이 되기 위해서는 그런 기도를 해야 합니다.

> "이는 내 생각이 너희의 생각과 다르며 내 길은 너희의 길과 다름이니라 여호와의 말씀이니라 이는 하늘이 땅보다 높음 같이 내 길은 너희의 길보다 높으며 내 생각은 너희의 생각보다 높음이니라"(사 55:8-9)

하나님의 생각은 사람의 생각과 다릅니다. 하늘과 땅이 다른 것만큼 다릅니다.(사 55:8-9) 그러므로 하나님의 뜻을 따라 기도하기 위해서는 하나님을 바로 아는 일이 필요합니다. 하나님을 바로 알아야 그 뜻을 따라 기도할 수 있습니다.

요나는 니느웨의 멸망을 위해 기도했습니다.(욘 4:2) 이는 하나님의 뜻이 아니었습니다. 그래서 하나님은 요나의 기도를 기뻐하지 않으셨습니다.(욘 4:10-11) 반대로 솔로몬은 하나님의 뜻을 따라 기도했습니다.(왕상 8:22-53) 이는 하나님이 기뻐하시는 기도였습니다. 그래서 솔로몬에게 복을 약속하셨습니다.(왕상 9:3-5) 하나님의 뜻을 따라 기도하는 일이 필요합니다.

"구하여도 받지 못함은 정욕으로 쓰려고 잘못 구하기 때문이라"
(약 4:3)

야고보 4:3에 '동기가 잘못된 기도, 자신의 유익만을 위한 기도는 응답이 없다'는 말씀이 있습니다. '하나님, 저 예쁜 여자, 멋진 남자가 되어 연예인이 되고, 그래서 돈 많이 벌어 잘 살고 싶어요'라는 기도는 하나님이 들어주시지 않는다는 말입니다. 오직 자신의 이익을 위한 기도이기 때문입니다.

어쩌면 하나님은 '하나님, 저는 멋진 외모를 전도에 사용하겠어요, 그러니 예쁘게 해주세요'라는 기도는 들어주실지 모르겠습니다. 자신의 유익을 구하는 게 아니기 때문입니다. 그러나 하나님이 진짜 기뻐하시는 기도는 외모가 아니라 내면을 위한 기도입니다. 자신의 거룩함과 경건, 사명과 헌신을 위한 기도입니다. 하나님을 바로 아는 사람은 그렇게 기도합니다.

성경에서 하나만 아는 사람은 자신의 외모를 위해 기도합니다. 성경이 멋진 외모를 인정하고 예수님은 무엇이든지 기도하라고 하셨다는 것입니다. 성경에서 둘을 아는 사람은 자신의 내면, 즉 믿음을 위해 기도합니다. 내면의 아름다움이 진짜 아름다움이고, 하나님은 사람의 마음을 보시기 때문입니다. 그래서 하나님의 뜻에 맞는 기도를 합니다.

하나만 아는 사람과 둘을 아는 사람은 다릅니다. 하나만 아는 사람은 공부만 열심히 합니다. 둘을 아는 사람은 열심히 공부하면서 운동도 열심히 합니다. 하나만 아는 사람은 돈만 열심히 법니다. 둘을 아는 사람은 돈을 벌면서 가족과 시간을 보냅니다. 하나만 아는 사람은 삶의 균형을 잃어버립니다. 공부만 열심히 하다가 건강을 해치고, 돈만 열심히 벌다가 가족과의 관계를 해칩니다. 둘을 아는 사람은 삶의 균형을 유지합니다. 공부도 열심히 하고 건강도 지킵니다. 돈도 열심히 벌고 가족과의 관계도 유지합니다.

신앙도 마찬가지입니다. 한 가지 아는 것만 열심히 주장하다가 다른 중요한 것을 놓치는 경우가 있습니다. 하나만 아는 사람들이 구원 문제, 십일조 문제, 교회 세습 문제, 동성애 문제, 성령의 은사 문제 등을 일으킵니다. 왜곡되고 균형을 잃은 편향된 주장만 되풀이하면서 문제를 일으킵니다. 온전한 지식이 없기 때문입니다. 하나님을 바로 알지 못해 일으키는 믿음의 비극입니다.

바르고 참된 신앙으로 풍성한 열매를 맺기 위해서는 하나님을 바로 알아야 합니다. 하나님이 무엇을 원하시고 무엇을 기뻐하고 미워하시는지 바로 알아야 합니다. 그래야 하나님의 진짜 은혜, 풍성한 은혜를 체험할 수 있습니다. 하나님을 제대로 사랑할 수 있습니다.

> "나는 인애를 원하고 제사를 원하지 아니하며 번제보다 하나님을 아
> 는 것을 원하노라"(호 6:6)

호세아 6:1-6에서 사람의 생각과 하나님의 뜻이 어떻게 다른지 알 수 있습니다. 6:1-3은 제사장들의 말입니다. 호세아 자신의 예언이 아니라 제사장들의 말이 이렇다고 호세아가 말한 것입니다. 제사장들은 호세아 6:1-3에서 이렇게 말합니다. '우리가 회개하자. 그러면 하나님이 금방 우리를 살려주실 것이다. 우리가 하나님을 아는데 전력하자. 그러면 하나님이 갑자기, 그리고 틀림없이 우리를 도와주실 것이다.'

호세아 6:1-3에서 보는 제사장들의 말을 요약하면 이렇습니다. '우리가 하나님을 아는데 애를 쓰면, 하나님은 금방, 틀림없이, 그리고 풍성한 은혜로 도와주신다'라는 것입니다. 여기까지만 읽으면 그들의 말이 옳은 것 같습니다. '회개하자, 하나님을 알자, 그러면 하나님이 도와주실 것이다'라는 말이 틀린 것 같지는 않습니다.

호세아 6:4-6이 제사장들의 말에 대한 하나님의 대답입니다. 하나님은 제사장들을 책망하십니다. '너희의 말은 틀렸다'는 것입니다. 하나님은 '내가 예언자들을 보내서 이전에 너희에게 경고를 했다. 그럼에도 불구하고 너희는 여전히 틀린 말을 하고 있다. 그래서 너희는 심판을 면치 못할 것이다'라고 말씀하십니다.(호 6:5) 그 다음 말씀이 중요합니다. '나는 인애를 원하고 제사를 원하지 아니하며 번제보다 하나님을 아는 것을 원하노라'라는 말씀입니다.(호 6:6) 이 말씀에서 제사장들이 왜 틀렸는지 알 수 있습니다. 하나님이 정말 원하시는 것을 알 수 있습니다.

호세아 6:6에 비추어서 제사장들의 말을 이해하면 이렇게 됩니다. 제사장들은 '우리가 하나님을 알자, 하나님을 아는 데 애를 쓰자'고 하면서 '하나님께 제사를 드리자, 번제를 드리자'라고 한 것입니다. '그렇게 제사를 잘 드리면 하나님이 금방, 틀림없이, 그리고 풍성하게 우리를 도와주신다'라고 말한 것입니다.

그러나 하나님이 정말 원하신 것은 인애와 하나님을 바로 아는 일이었습니다. '인애'는 히브리어 '헤세드'(hesed)를 번역한 것인데 '진실한 사랑'을 의미합니다. '헤세드'는 '사랑, 자비, 친절, 인애' 등으로 번역되는 단어로 하나님의 사랑과 자비를 표현할 때 많이 사용됩니다. 그래서 구약신학에서 중요합니다.

제사장들은 '하나님을 알자'라고 하면서 '제사를 드리자'라고 합니다. 그러면 하나님이 기뻐하신다는 것입니다. 그러나 하나님은 '나는 제사를 원치 않는다. 오히려 이웃에 대한 진실한 사랑을 원한다'라고 하십니다. 그래서 호세아 6:4에서 '너희의 인애가 아침 구름 같고 아침 이슬 같구나'라고 한탄하십니다. 너무나 쉽게 사라진다는 뜻입니다.

제사장들은 '하나님을 알자'라고 말하지만 제대로 아는 게 아닙니다. 입으로는 회개하자고 하지만 제대로 회개하는 게 아닙니다. 그래서 '하나님을 알자'라고 하면서 '제사를 드리자, 그러면 하나님이 금방 우리를 도와주실 것이다'라고 말합니다. 그러나 그것은 진실이 아닙니다. 하나님이 원하시는 것이 아닙니다. 그러므로 하나님의 은혜를 체험할 수 없습니다.

> "이는 삼림의 짐승들과 뭇 산의 가축이 다 내 것이며 산의 모든 새들도 내가 아는 것이며 들의 짐승도 내 것임이로다"(시 50:10-12)
> "감사로 하나님께 제사를 드리며 지존하신 이에게 네 서원을 갚으며"(시 50:14)

시편 50:7-15에서 하나님은 이스라엘 백성의 잘못된 제사를 책망하십니다. 그들이 자신의 것을 하나님께 드린다고 생각했기 때문입니다. 하나님은 '나는 너희 소유를 탐내지 않는다. 내가 너희 것을 빼앗는 것이 아니다'라고 하십니다.(시 50:9) '이 세상 모든 동물이 다 내 것이다. 그런데 내가 겨우 너희 외양간의 소나 염소를 탐내겠느냐?'라고 하십니다.(시 50:10-12) 그리고 '그뿐 아니라 실은 내가 소의 고기를 먹거나 염소의 피를 마시는 것이 아니다'라고 하십니다.(시 50:13) 하나님은 이 세상 모든 짐승이 다 하나님의 것임을 강조하십니다.(시 50:10, 11, 12)

그래서 하나님은 '감사로 제사를 드리라'고 명령하십니다. 모든 제물이 하나님의 것임을 인정하면서 제사를 드리라는 말씀입니다. 사람은 자신의 것을 하나님께 드리는 것이 아닙니다. 하나님이 주신 것을 하나님께 되돌려드리는 것입니다. 이것이 감사로 제사를 드리라는 말씀의 의미입니다. 그렇게 제사를 드리는 것이 하나님의 뜻을 바로 아는 것입니다.

> "여호와여 위대하심과 권능과 영광과 승리와 위엄이 다 주께 속하였사오니 천지에 있는 것이 다 주의 것이로소이다"(대상 29:11)

"모든 것이 주께로 말미암았사오니 우리가 주의 손에서 받은 것으로
주께 드렸을 뿐이니이다"(대상 29:14)

역대상 29장에 다윗의 감사기도가 있습니다. 성전 건축에 쓸 예
물을 마련한 다윗이 드리는 기도입니다. 다윗은 '천지에 있는 것이 다 주
의 것이로소이다'라고 기도합니다.(대상 29:11) 그리고 '모든 것이 주께로
말미암았사오니 우리가 주의 손에서 받은 것으로 주께 드렸을 뿐이니이
다'라고 기도합니다.(대상 29:14) 이런 마음으로 기도해야 합니다. 이런 기
도가 하나님의 뜻을 따라 기도하는 것입니다.

"무엇이든지 구하는 바를 그에게서 받나니 이는 우리가 그의 계명을
지키고 그 앞에서 기뻐하시는 것을 행함이라"(요일 3:22)
"그를 향하여 우리가 가진 바 담대함이 이것이니 그의 뜻대로 무엇을
구하면 들으심이라"(요일 5:14)

하나님은 믿는 자가 하나님을 대충 아는 것을 원치 않으십니다.
바로 알기를 원하십니다. 하나님의 뜻을 대충 아는 게 아니라 제대로, 바
르게 알기를 원하십니다. 그래서 기도하는 사람은 성경을 깊이 읽고 성
경을 바로 알아야 합니다. 하나님을 알기 위해서는 무엇보다 성경을 읽
고 알아야 합니다. 예배, 기도, 성령 사모, 헌신도 필요하지만, 성경이 가
장 중요합니다. 성경이 곧 하나님의 뜻이기 때문입니다.
요한일서 3:22는 하나님의 계명을 지킬 때 간구하는 것을 받는다
는 말씀입니다. 하나님이 기뻐하시는 일을 행할 때 구하는 것을 받습니
다. 요한일서 5:14도 같은 맥락의 말씀입니다. 하나님의 뜻을 따라 간구
할 때 하나님께서 허락하신다는 말씀입니다. 예수님도 겟세마네에서 기
도하실 때 '그러나 나의 원대로 마시옵고 아버지의 원대로 하옵소서'라

고 기도하셨습니다.(마 26:39, 42)

• 기도와 성경

"너희가 내 안에 거하고 내 말이 너희 안에 거하면 무엇이든지 원하는
대로 구하라 그리하면 이루리라"(요 15:7)

요한복음 15:1-11에 '나는 참 포도나무요 너희는 그 가지라'는 비
유적 가르침이 있습니다. 그 가운데 '너희가 내 안에 거하고 내 말이 너
희 안에 거하면 무엇이든지 원하는 대로 구하라 그리하면 이루리라'는
말씀이 있습니다.(요 15:7) 이는 예수님의 말씀을 듣고 순종하는 사람은
하나님께 모든 것을 구할 수 있다는 뜻입니다. 그리고 하나님은 그의 소
망을 이루어주신다는 것입니다. 이는 예수님의 계명을 지키며 살아야 열
매 맺는 가지가 될 수 있다는 뜻이기도 합니다.

이 말씀은 기도의 아주 중요한 원칙을 가르칩니다. 그것은 기도하
는 자가 먼저 예수 안에 거하고 예수님의 말씀이 그 사람 안에 거해야 한
다는 것입니다. 이것이 진실로 중요합니다. 그래야 예수 이름으로 무엇
이든지 원하는 대로 구할 수 있습니다. 그리고 그 구하는 것이 이루어집
니다. 요한복음 15:7을 기도의 가장 중요한 원칙이라고 할 수 있습니다.

사람은 모든 것을 간구할 수 있습니다. 그렇지만 아무렇게나 함
부로 간구하는 것은 아닙니다. 하나님을 가볍게 여기며 무례하게 간구할
수는 없습니다. 하나님의 뜻을 따라 간구해야 합니다. 성령 안에서 간구
하는 것입니다. 기도는 자기 멋대로 하는 것이 아닙니다. 성경 말씀을 따
라 간구하는 것입니다. 하나님은 예수 안에 거하는 사람의 기도를 기뻐
하십니다. 말씀에 순종하고 계명을 지키는 사람의 기도를 기뻐하시는 것

입니다. 그런 사람의 기도에 응답하십니다. 참 포도나무에 붙은 가지가 되어야 열매를 맺을 수 있습니다.

> "여호와여 나의 부르짖음이 주의 앞에 이르게 하시고 주의 말씀대로 나를 깨닫게 하소서"(시 119:169)
> "우리는 오직 기도하는 일과 말씀 사역에 힘쓰리라 하니"(행 6:4)
> "하나님의 말씀과 기도로 거룩하여짐이라"(딤전 4:5)

믿음의 영역에서는 사람의 생각이 아니라 하나님의 뜻이 중요합니다. '내가 이런 일을 해서 하나님을 기쁘시게 해야지'라고 생각하는 게 중요치 않습니다. 중요한 것은 성경에서 하나님이 기뻐하시는 일을 발견하는 것입니다. 그것을 실천하는 것입니다. 그러므로 성경에서 하나님이 기뻐하시는 기도를 알아야 합니다.

내 생각대로 기도하는 것이 아니라 하나님의 뜻을 따라 기도하는 것이 중요합니다. 성경에서 기도에 대한 하나님의 뜻을 알아야 합니다. 그것이 올바른 믿음이고 올바른 기도입니다. 성경을 읽으며 기도해야 하는 이유는 그래야 하나님의 뜻을 따라 기도할 수 있기 때문입니다.

성경이 기도의 기초가 됩니다. 성경을 읽고 알아야 하나님의 뜻을 바로 알 수 있기 때문입니다. 기도하는 사람은 늘 성경을 읽고 묵상해야 합니다. 기도는 하나님께 아뢰는 것이고 성경은 하나님의 말씀을 듣는 것입니다. 그렇게 말하고 들음으로써 친밀한 관계가 이루어집니다. 기도를 통해 하나님과 친밀한 관계가 이루어집니다. 그래서 기도는 하나님과 소통하는 일이기도 합니다. 다만 성경에 기초해서 올바르게 기도할 때 그렇습니다.

말씀에 기초한 기도가 바른 기도입니다. 그래서 성경 역시 기도와 말씀의 관계를 강조합니다. 예루살렘 교회에 어려운 일이 생겼을 때 사도들이 그랬습니다.(행 6:4) 사람은 말씀과 기도로 거룩해집니다.(딤전 4:5) 기도와 말씀은 동전의 양면과 같은 것입니다.

성경만 읽고 기도하지 않으면 하나님의 기쁨이 될 수 없습니다. 기도만 하고 성경을 읽지 않는 경우도 마찬가지입니다. 양쪽 모두 성숙한 믿음을 가질 수 없습니다. 그런 사람은 하나님의 뜻을 어기게 됩니다. 그래서 성경을 읽으며 기도해야 하고 기도하면서 성경을 읽어야 합니다. 그래서 시인은 시편 119:169에서 자신의 기도가 하나님 앞에 이르게 하시고 주의 말씀으로 자신을 깨우쳐 달라고 간구합니다.

"주의 말씀의 맛이 내게 어찌 그리 단지요 내 입에 꿀보다 더 다니이다"(시 119:103)

"갓난아기들 같이 순전하고 신령한 젖을 사모하라 이는 그로 말미암아 너희로 구원에 이르도록 자라게 하려 함이라"(벧전 2:2)

"오직 우리 주 곧 구주 예수 그리스도의 은혜와 그를 아는 지식에서 자라 가라"(벧후 3:18)

베드로전서 2:2에 갓난아기가 젖을 찾듯이 순결한 말씀을 사모해야 믿음이 자라고 구원을 받는다는 말씀이 있습니다. 간절한 마음으로 성경을 사모해야 하나님을 바로 알고 하나님의 풍성한 은혜를 체험할 수 있습니다. 그렇게 간절한 마음, 갓난아기가 엄마 젖을 찾듯이 성경을 사모해야 합니다.

문제는 사람 안에 그런 영적 본능이 없다는 것입니다. 사람에게 갓난아기가 젖을 찾는 육체적 본능 같이 성경을 읽고자 하는 영적 본능이 없습니다. 오히려 하나님 말씀에 대한 거부감이 있습니다. 그래서 신문에는 손이 쉽게 가지만 성경에는 손이 잘 가지 않습니다. 성경이 신문보다 재미없고 소설보다 지루합니다. 인간의 본성 때문입니다. 이를 오직 믿음으로 극복해야 합니다.

성경은 읽고 싶을 때 읽는 책이 아닙니다. 읽어야 하기 때문에 읽는 책입니다. 성경은 읽고 싶어질 때까지 기다려서 읽는 책이 아닙니다. 읽기를 결심하고 읽겠다고 하나님께 약속해야 합니다. 그 약속을 지키기 위해 의무적으로 읽어야 하는 책입니다. 일 년에 한 번이나 두 번 통독을 약속한 후 그 약속을 지켜야 합니다. 그래야 성경을 읽을 수 있습니다. 말씀에 대한 거부감을 믿음으로 극복해야 합니다.

그렇게 성경을 읽을 때 믿음이 자랍니다. 의무감 때문에 성경을 읽을지라도 성경을 읽으면서 믿음이 자랍니다. 그러면서 시편 119:103처럼 '하나님의 말씀이 내 입에 꿀보다 더 단 경험'을 하게 됩니다. 실제로 그런 은혜가 있습니다. 의무적으로 성경을 읽어야 믿음이 성장합니다. 그러면서 올바른 기도를 할 수 있습니다. 하나님은 말씀에 기초한 기도를 기뻐하십니다. 올바른 기도를 위해서 반드시 성경을 읽어야 합니다.

• 주기도문의 교훈

"그러므로 너희는 이렇게 기도하라 하늘에 계신 우리 아버지여 이름이 거룩히 여김을 받으시오며 나라가 임하시오며 뜻이 하늘에서 이루어진 것 같이 땅에서도 이루어지이다 오늘 우리에게 일용할 양식을 주시옵고 우리가 우리에게 죄 지은 자를 사하여 준 것 같이 우리 죄를 사하여 주시옵고 우리를 시험에 들게 하지 마시옵고 다만 악에서 구하시옵소서 나라와 권세와 영광이 아버지께 영원히 있사옵나이다 아멘"(마 6:9-13)

산상수훈(마 5-7장)에 기도에 대한 예수님의 가르침이 있습니다.

예수님은 기도할 때 외식하는 자와 같이 하지 말라고 말씀하십니다.(마 6:5) 골방에 들어가 은밀하게 기도하라고 하십니다.(마 6:6) 이방인과 같이 중언부언하지 말라고 하십니다.(마 6:7) 의식주에 대한 염려보다 먼저 하나님 나라와 그 의를 구하라고 말씀하십니다.(마 6:25-34) 무엇보다 열심히 기도하라고 하십니다.(마 7:7-8) 하나님이 가장 좋은 것으로 주실 것이라고 믿고 기도하라고 하십니다.(마 7:9-11) 모두 다 기도에 대한 귀한 가르침입니다.

그렇지만 산상수훈에서 가장 귀한 기도의 가르침은 주기도문입니다.(마 6:9-13) 주기도문은 기도의 길잡이로서 기도의 기본 형식과 틀을 보여줍니다. 기도에 고정된 형식이 있는 것은 아닙니다. 그렇지만 아무렇게나 기도할 수는 없습니다. 그래서 예수께서는 제자들의 요청을 따라 주기도문을 가르치셨습니다.

예수님은 주기도문에서 하나님의 뜻을 따라 기도해야 한다는 사실을 강조하셨습니다. 앞에서 밝힌 것처럼 기도의 본질은 간구입니다. 사람의 소원을 하나님이 이루어주실 것을 믿고 하나님께 아뢰는 것이 기도입니다. 그렇지만 기도의 내용에 소원만 있는 것은 아닙니다. 기도에는 죄에 대한 고백과 받은 은혜에 대한 감사, 주신 사명에 대한 순종, 이웃과 하나님의 일에 대한 중보기도도 있습니다.

기도가 소원을 간구하는 차원에 머물 때 이기적인 기도가 됩니다. 그래서 하나님의 뜻을 따라 간구하는 일이 필요합니다.(요일 5:14) 이것이 기도의 피할 수 없는 원칙입니다. 주기도문이 이 기도의 원칙을 강조합니다. 예수님은 주기도문에서 하나님의 뜻을 따라 간구하는 방법을 가르치신 것입니다.

주기도문은 '하늘에 계신 우리 아버지여'라는 머리말로 시작됩니다. 여기서 '하늘에 계신'은 창조주 하나님을 의미하는 것입니다. 땅에 있는 인간이 하늘에 계신 하나님께 기도합니다. 유한한 존재인 피조물이 전지전능하신 창조주에게 기도한다는 뜻입니다. 그리고 '우리'는 믿는 자들이 하나님의 백성이라는 사실을 의미하는 것입니다. 믿는 자들은 교회라는 그리스도의 몸에 속한 한 지체입니다. '아버지여'는 하나님과 우리 사이의 친밀함을 의미합니다. 하나님은 창조주로서 하늘에만 존재하시는 것이 아니라 아버지로서 우리와 함께 계십니다. 초월적 하나님이 동시에 내재적 하나님이신 것입니다.

주기도문은 모두 여섯 개의 간구로 이루어져 있습니다. 그 첫 번째 간구는 '하나님의 이름이 거룩히 여김을 받는 것'입니다. 하나님은 거룩하신 분이시기 때문에 하나님의 이름 역시 거룩합니다. 그 거룩한 이름은 사람들이 망령되게 그 이름을 입에 올리거나 하나님의 뜻에 불순종할 때 더럽혀 집니다. 이는 하나님의 명예가 실추되는 것을 의미합니다.

그러므로 사람은 하나님의 이름이 거룩히 여김을 받도록 기도해야 합니다. 기도는 근본적으로 하나님의 복을 받아 행복하게 살기 위한 수단이 아닙니다. 하나님을 영화롭게 하고 하나님을 온전히 즐거워하는 수단입니다. 하나님의 이름을 거룩하게 하기 위한 수단입니다.

주기도문의 두 번째 간구는 '나라가 임하기를 간구하는 것'입니다. 여기서 나라는 하나님 나라를 의미합니다. 그 나라가 임하는 때는 마지막 날을 의미합니다. 그러므로 사탄의 멸망을 전제합니다. 주기도문의 두 번째 간구는 결국 영원한 것을 소망하고 영원한 것을 간구하라는 것입니다. 믿는 자의 진정한 소망은 영원한 것에 있습니다. 영원한 것을 간구하지 않는 기도는 결국 부패하고 맙니다.

주기도문의 세 번째 간구는 하나님의 뜻이 땅에서도 이루어지기를 간구하는 것입니다. 여기서 하나님의 뜻은 근본적으로 사람들이 예수 그리스도를 믿어 구원 받고 마지막 날에 영원한 생명을 얻는 것입니다. 이를 다르게 표현하면 거룩한 자들이 되어 마지막 날에 새 예루살렘에서 하나님과 영원히 함께 사는 것입니다. 그런 의미에서 세 번째 간구는 전도와 선교에 대한 요청을 내포합니다. 복음이 전파되어야 사람들이 예수 그리스도를 믿을 수 있기 때문입니다. 세 번째 간구를 넓게 이해한다면 성경 말씀에 순종하는 삶이라고 할 수 있습니다. 성경 전체가 하나님의 뜻을 나타내기 때문입니다.

주기도문의 네 번째 간구는 일용할 양식에 대한 간구입니다. 이는 하나님 나라가 임하기를 간구하는 두 번째 간구와 조화와 균형을 이루는 것으로 볼 수 있습니다. 신앙은 저 세상의 것만 구하는 것도 아니고 이 세상의 것만 구하는 것도 아닙니다. 그런데 이 세상의 것을 구한다고 해서 지나치게 과한 것을 구하는 것이 아닙니다. 단지 일용할 양식을 구할 뿐입니다.

여기서 일용할 양식은 인간에게 필요한 것을 의미합니다. 그러므로 일용할 양식은 가진 것에 만족하며 이를 은혜로 생각하면서 감사할 줄 아는 마음을 의미합니다. 기도는 사람이 가지고 싶은 최대치를 간구하는 것이 아닙니다. 생활에 필요한 정도를 간구하면서 오히려 영원한 것과 하나님의 뜻이 이루어지기를 먼저 간구하는 것입니다.

주기도문의 다섯 번째 간구는 자신이 지은 죄에 대한 용서를 구하는 것입니다. 성도는 기도할 때 반드시 자신의 죄를 회개하고 하나님의 용서를 구하는 기도를 드려야 합니다. 이것이 주님이 가르치신 기도의 내용입니다. 바울은 자신이 선을 행하고자 하면서도 원치 않는 악을 행하는 존재라고 고백합니다.(롬 7:15, 19) 마음으로는 하나님의 법을 즐거워하면서도 죄의 법에 사로잡혀 있다고 실토합니다.(롬 7:22-23)

그래서 바울은 '오호라 나는 곤고한 사람이로다 이 사망의 몸에서 누가 나를 건져내랴'고 한탄합니다.(롬 7:24) 자신이 비참한 사람이라는 고백입니다. 바울의 이 고백이 모든 믿는 자의 고백입니다. 그래서 믿는 자는 기도 중에 자신의 죄를 고백하고 그 죄에 대한 용서를 구하는 기도를 드려야 합니다.

회개에 대한 기도는 올바른 기도의 필수요소입니다. 그런데 이런 회개 기도에 한 가지 조건이 있습니다. 그것은 먼저 남이 자신에게 저지른 죄나 잘못을 용서하는 것입니다. 남이 자신에게 지은 죄를 용서한 사람만이 하나님께 자신의 죄를 용서해 달라는 기도를 드릴 자격이 있습니다.

주기도문의 여섯 번째 간구는 마귀의 유혹을 이기게 하셔서 악에서 구해달라는 것입니다. 마귀는 당연하다는 듯이 예수님을 유혹합니다. 마귀가 예수님조차 유혹한다면 사람은 말할 것도 없습니다. 그래서 성경은 마귀가 배고픈 사자처럼 먹이를 찾아 돌아다닌다고 합니다.(벧전 5:8) 마귀의 유혹이 그만큼 강렬하다는 것입니다.

> "끝으로 너희가 주 안에서와 그 힘의 능력으로 강건하여지고 마귀
> 의 간계를 능히 대적하기 위하여 하나님의 전신 갑주를 입으라"
> (엡 6:10-11)

마귀의 유혹을 이기는 방법은 하나님의 전신갑주를 입는 것입니다.(엡 6:10-18) 이를 위해 하나님의 말씀으로 무장해야 합니다. 예수께서 마귀의 유혹을 모두 말씀으로 이기신 사실은 매우 중요합니다.(마 4:4, 7, 10) 그리고 성령 안에서 늘 기도해야 합니다.(엡 6:17-18) 성령의 도우심 없이 마귀의 유혹을 이길 수 없습니다. 그런데 기도가 있어야 성령의 도우심을 받을 수 있습니다.

주기도문의 결론은 '나라와 권세와 영광이 아버지께 영원히 있다'는 것입니다. 여기서 나라는 하나님 나라를 의미합니다. 권세는 피조물 전체에 대한 하나님의 주권으로 이해할 수 있습니다. 하나님 나라와 우주 만물에 대한 주권이 하나님께 있습니다. 그러므로 하나님은 모든 피조물의 영광을 받기에 합당하신 분입니다.

주기도문의 교훈을 따라 기도하는 일이 필요합니다. 그래야 바른 기도를 드릴 수 있고 삼위일체 하나님의 풍성한 은혜를 누릴 수 있습니다. 주기도문은 기도에 대한 가장 근본적인 가르침입니다. 교회에 주신 복이며 믿는 자를 기도의 삶으로 안내하는 길잡이가 분명합니다.

• 먼저 그 나라와 그 의를 구하라

"그러므로 염려하여 이르기를 무엇을 먹을까 무엇을 마실까 무엇을 입을까 하지 말라 이는 다 이방인들이 구하는 것이라 너희 하늘 아버지께서 이 모든 것이 너희에게 있어야 할 줄을 아시느니라 그런즉 너희는 먼저 그의 나라와 그의 의를 구하라 그리하면 이 모든 것을 너희에게 더하시리라"(마 6:31-33)

예수님은 주기도문을 가르치신 후 하나님 나라와 그 의를 먼저 구하는 기도를 가르치십니다.(마 6:25-34) 이는 의식주를 위해 염려하지 말고 하나님 나라와 그 의를 추구하라는 말씀입니다. 생명은 의식주보다 훨씬 소중합니다. 영원한 생명은 말할 것도 없습니다. 의식주 문제에 매달려 영원한 생명을 잃거나 놓치는 일이 없어야 한다는 말씀입니다.

하나님은 하늘의 새를 먹이시고 들의 백합꽃을 입히십니다. 그러므로 당연히 하나님의 백성을 먹이고 입히십니다. 하나님의 백성이 의식주 문제로 걱정하는 것은 믿음이 적다는 증거입니다. 그런 걱정은 세상 사람들이나 하는 것입니다. 하나님은 하나님의 백성에게 의식주가 필요한 것을 다 아십니다.

그러므로 이를 위해 기도하는 것보다 하나님 나라와 그 의를 구하는 기도를 해야 합니다. 그렇게 할 때 하나님께서 의식주에 필요한 것을 공급하십니다. 이것이 기도의 순서입니다. 하나님의 뜻입니다. 이는 생활 문제에 기도가 국한 되는 것을 경고하시는 말씀입니다. 생활 문제 때문에 하나님 나라를 위한 기도가 약해지는 것을 경고하시는 말씀입니다. 이는 소수의 특별한 사람들에게만 주신 말씀이 아닙니다. 믿는 자 전부에게 주신 말씀입니다. 믿는 자는 반드시 이 순서대로 기도해야 합니다.

예수님은 의식주 문제로 염려하는 사람을 가리켜 '믿음이 적은 자'라고 책망하십니다.(마 6:30) 먹고사는 문제나 돈 때문에 고민할 때 '믿음이 작다'고 책망하시는 것입니다. 생활에 마음을 빼앗겨 하나님을 잊고 살 때 이를 책망하십니다. 재물에 집착하는 태도를 금하시는 말씀이기도 합니다. 이런 문제를 하나님께 맡기고 먼저 하나님의 일을 생각하는 사람이 되라고 하십니다. 그러므로 믿는 자는 의식주 문제보다 먼저 하나님 나라를 위해 기도해야 합니다.

> "충성된 자는 복이 많아도 속히 부하고자 하는 자는 형벌을 면하지 못하리라"(잠 28:20)

의식주 문제로 일확천금을 위해 기도하는 경우가 있습니다. 하나님이 원치 않으시는 기도입니다.(잠 28:20) 이재철 목사가 쓴 요한복음 설교집에 이런 내용이 있습니다.(『요한과 더불어: 두 번째 산책』, 이재철, 2004, 40-41쪽) 이재철 목사가 집사였던 80년대 초 사업이 어려웠을 때 1등 당첨금이 1억인 주택복권을 샀습니다. 주초에 복권을 사고 다음날부터 새벽기도회에서 열심히 기도했습니다. '복권에 당첨되면 제일 먼저 십일조 천만 원 바치겠습니다. 진짜 크리스천이 되겠습니다. 제게 1억 원 주실 줄로 믿습니다'라고 기도했습니다.

당시는 일요일 저녁 6시에 추첨을 했는데 복권을 추첨하는 주일은 아주 진지하게 예배를 드렸습니다. 평소보다 10분 먼저 교회에 가서 준비 기도를 드렸고 목사님 설교에 연신 '아멘, 아멘' 했습니다. 그렇게 지성으로 예배를 드리니 마음이 한없이 뿌듯했습니다. 그리고 그날 추첨에서 5백 원짜리도 맞지 않았습니다.

이재철 목사가 회심한 후 신학생이었을 때, 자기보다 훨씬 더 심한 사람을 만났다고 합니다. 이 사람도 사업을 하다 신학교에 왔는데, 사업할 때 매주 초에 복권을 사서 기도원에서 금식기도를 했습니다. 주일 저녁에 내려와 복권이 당첨되지 않은 걸 확인하면 월요일에 일을 했습니다. 그리고 화요일에 복권을 사서 다시 기도원에 가서 금식기도를 했습니다. 석 달 동안 그렇게 하다가 그만 두었다고 합니다. 재미있는 것은 그 석 달 동안 5백 원짜리 한 번 당첨된 적이 없었습니다. 그렇게 금식을 했는데 말입니다.

이재철 집사는 그럴 듯한 기도를 드렸습니다. 첫째, 복권을 산 후 열심히 새벽기도에 참석했습니다. 그리고 아주 정성스럽게 주일예배를 드렸습니다. 둘째, 천만 원 십일조를 약속했습니다. 셋째, 진짜 크리스천이 되겠다고 약속했습니다. 회심의 약속을 한 것입니다. 넷째, 1억 원 주실 줄로 믿는다는 믿음의 기도를 드렸습니다. 믿고 기도한 것입니다. 전부 다 하나님이 기뻐하실 것 같은 내용입니다. 그런데 5백 원조차 당첨되지 않았습니다. 이재철 목사가 신학생 때 만난 그 사람은 훨씬 더 합니다. 주 5일 금식기도를 3달 간 했습니다. 그런데도 5백 원조차 단 한 번도 당첨되지 않았습니다. 하나님께서 그렇게 하신 것이 분명합니다.

하나님 나라와 그 의를 위하여 기도하면 먹고 사는 문제는 하나님께서 책임지십니다. 이것이 기도에 대한 예수님의 교훈입니다. 믿는 자는 이 말씀을 글자 그대로 믿고 기도해야 합니다. 복권 당첨을 위해 기도할 것이 아니라 하나님 나라와 그 의를 위해 기도해야 합니다. 이는 하나님의 사랑이 세상에 널리 퍼지기를 위해 기도하는 것입니다. 사람들이 하나님을 믿고 영원한 생명을 얻을 수 있도록 기도하는 것입니다. 거룩하신 하나님을 닮아 사람들이 거룩해지기를 소망하며 기도하는 것입니다. 그렇게 기도할 때 먹고 사는 문제가 해결됩니다.

> "너희가 얻지 못함은 구하지 아니하기 때문이요 구하여도 받지 못함은 정욕으로 쓰려고 잘못 구하기 때문이라"(약 4:2-3)
> "다윗이 그 아이를 위하여 하나님께 간구하되 다윗이 금식하고 안에 들어가서 밤새도록 땅에 엎드렸으니 그 집의 늙은 자들이 그 곁에 서서 다윗을 땅에서 일으키려 하되 왕이 듣지 아니하고 그들과 더불어 먹지도 아니하더라 이레 만에 그 아이가 죽으니라"(삼하 12:16-18)

기도의 동기가 잘못된 기도는 이루어지지 않습니다.(약 4:2-3) 오직 자신의 유익만을 구하는 기도와 하나님의 뜻에 맞지 않는 기도는 이루어지지 않습니다. 가장 대표적인 예가 다윗과 밧세바가 낳은 첫째 아이 사건입니다.(삼하 12:16-19) 다윗은 밧세바가 낳은 첫째 아이를 위해 7일 동안 금식하면서 기도했습니다. 그러나 결국 그 아이는 죽었습니다. 다윗의 기도가 하나님의 뜻에 맞지 않았기 때문입니다.

> "무엇이든지 구하는 바를 그에게서 받나니 이는 우리가 그의 계명을 지키고 그 앞에서 기뻐하시는 것을 행함이라"(요일 3:22)
> "그를 향하여 우리가 가진 바 담대함이 이것이니 그의 뜻대로 무엇을 구하면 들으심이라"(요일 5:14)

하나님의 뜻에 맞는 것을 간구할 때 그 기도가 이루어집니다.(요일 3:22, 5:14) 하나님은 사람의 기도를 들으시고 무조건 이루어주지 않으십니다. 하나님은 '너희가 내 이름으로 무엇이든지 내게 구하면, 내가 다 이루어주겠다. 내 때에, 내 방법으로, 더 좋은 것으로'라고 말씀하십니다. 그래서 하나님의 뜻을 따라 기도하는 것이 중요합니다.

> "어떤 사람이 다윗에게 알리되 압살롬과 함께 모반한 자들 가운데 아히도벨이 있나이다 하니 다윗이 이르되 여호와여 원하옵건대 아히도벨의 모략을 어리석게 하옵소서 하니라"(삼하 15:31)
> "압살롬과 온 이스라엘 사람들이 이르되 아렉 사람 후새의 계략은 아히도벨의 계략보다 낫다 하니 이는 여호와께서 압살롬에게 화를 내리려 하사 아히도벨의 좋은 계략을 물리치라고 명령하셨음이더라"
> (삼하 17:14)

좋은 예가 아히도벨의 모략에 대한 다윗의 기도입니다. 다윗은 압살롬의 책사 아히도벨의 모략이 어리석은 것이 되도록 기도했습니다.(삼하 15:31) 하나님께서는 다윗의 그 기도를 들어주셨습니다.(삼하 17:14) 그래서 다윗은 가까스로 목숨을 구할 수 있었습니다. 하나님의 뜻에 맞는 기도를 할 때 하나님께서 들어주십니다.

믿는 자는 믿음의 기도를 해야 합니다. 그 믿음은 하나님이 살아계신다는 믿음입니다. 하나님께서 나를 사랑하신다는 믿음입니다. 하나님께서 내 기도를 듣고 계신다는 믿음입니다. 좋은 일이 있을 때는 기쁨으로 기도해야 합니다. 슬픈 일이 있을 때는 주님의 위로를 구하는 기도를 해야 합니다. 은혜를 체험했을 때는 감사로 기도해야 합니다. 힘들고 어려운 일을 당하면 주님의 도움을 구하는 기도를 드려야 합니다. 하나님은 그런 믿음의 기도를 기대하십니다. 그런 것이 하나님의 뜻을 따라 드리는 기도입니다.

> "조금 나아가사 얼굴을 땅에 대시고 엎드려 기도하여 이르시되 내 아

버지여 만일 할 만하시거든 이 잔을 내게서 지나가게 하옵소서 그러
나 나의 원대로 마시옵고 아버지의 원대로 하옵소서 하시고"(마 26:39)
"다시 두 번째 나아가 기도하여 이르시되 내 아버지여 만일 내가 마시
지 않고는 이 잔이 내게서 지나갈 수 없거든 아버지의 원대로 되기를
원하나이다 하시고"(마 26:42)
"또 그들을 두시고 나아가 세 번째 같은 말씀으로 기도하신 후"
(마 26:44)

예수께서 잡히시던 날 밤 겟세마네에서 간절히 기도하셨습니다.
할 수만 있다면 십자가의 죽음이라는 고난의 잔을 피하고 싶으셨던 것
입니다. 그러나 예수님은 간절한 기도 끝에 자신의 뜻이 아니라 하나님
의 뜻대로 하시길 원한다고 기도하십니다. 그런 기도를 세 번 하셨습니
다.(마 26:39, 42, 44) 하나님의 뜻을 구하고 하나님의 뜻대로 이루어지기
를 바라는 것이 기도의 모범입니다.

2. 끈기와 간절함으로

· 끈기 있는 기도

"내가 너희에게 말하노니 비록 벗됨으로 인하여서는 일어나서 주지 아니할지라도 그 간청함을 인하여 일어나 그 요구대로 주리라 내가 또 너희에게 이르노니 구하라 그러면 너희에게 주실 것이요 찾으라 그러면 찾아낼 것이요 문을 두드리라 그러면 너희에게 열릴 것이니"(눅 11:8-9)

누가복음 11:1-13에 기도에 대한 귀한 가르침이 있습니다. 교회가 주목해야 할 말씀으로 기도의 진정한 핵심을 가르쳐줍니다. 앤드류 머레이가 쓴 『그리스도의 기도학교』라는 책이 있습니다. 정말 '그리스도의 기도학교'가 있다면 누가복음 11:1-13 말씀이 그 학교의 핵심 가르침이 될 것입니다.

이 말씀을 3부분으로 나눌 수 있습니다. 11:1-4까지는 주기도문, 11:5-8은 빵을 빌리는 이웃에 대한 비유, 11:9-13은 '구하라, 찾아라, 두드려라'는 가르침입니다. 각 부분마다 나름대로 교훈을 가지고 있습니다. 주기도문은 '주님의 가르침을 따라 기도하라'는 것입니다. 빵 빌리는 이웃에 대한 비유는 '끈기 있게 기도하라'는 것입니다. 구하고 찾고 두드리라는 말씀은 '기도하는 자가 받는다'는 것입니다. 그리고 11:13 후반부에 '구하는 자에게 성령을 주신다'는 말씀이 강조되어 있습니다.

이 교훈들을 하나로 묶으면 '주님의 가르침을 따라 끈기 있게 기도하면 그 구하는 것을 받고 또 성령으로 충만하게 된다'는 것입니다. 이것이 기도에 관한 예수님의 가르침입니다. 믿는 자는 주님의 뜻을 따라 끈기 있게 기도해서 그 구하는 것을 받고 성령으로 충만해야 합니다.

　이 말씀 중에 기도의 방법에 대한 소중한 가르침이 들어있습니다. 바로 끈질기게 기도하라는 것입니다. 기도에 지치지 말라는 것입니다. 기도에 관한 주님의 특별한 가르침입니다. 모든 기도 제목은 끈기 있게 기도하는 것을 몸으로 익혀야 합니다. 그래야 풍성한 은혜를 체험할 수 있습니다.

　이 말씀은 떼를 쓰라는 말이 아닙니다. 아이가 사탕을 사달라고 할 때 부모가 거절합니다. 그러나 계속 조르고 떼를 쓰면 귀찮아서 사준다는 식의 교훈이 아닙니다. 이 말씀의 핵심은 '이 문제가 얼마나 갈급한 문제인지 끊임없이 고하라'는 것입니다. 그리고 '그 문제를 가지고 늘 하나님과 대화하라'는 것입니다. 이는 철없는 행동을 정당화 시켜주시는 말씀이 아닙니다. 늘 기도하되 갈급한 문제는 더욱 열심히 기도하라는 교훈입니다.

　비유에서 빵을 얻으러 간 사람은 갈급한 문제를 해결하러 갔습니다. 친한 친구가 먼 곳에서 왔는데 '밥은 없어, 반찬만 먹어'라고 할 수는 없습니다. 어떻게든 밥을 마련하려고 사방으로 노력합니다. '밤이 늦었어, 귀찮아'라는 말에 그냥 돌아설 정도라면 친구를 잘 대접하겠다는 마음이 없는 것입니다. 친구를 잘 대접하겠다는 갈급한 마음이 있기 때문에 끈질기게 문을 두드립니다.

　꼭 해결하기를 바라는 중요한 문제는 갈급한 심정으로 끈기 있게 기도해야 합니다. 그러면 하나님께서 응답하십니다. 끈기 있는 기도를 배워야 합니다. 기도에 관한 예수님의 특별한 가르침입니다. 다만 그것이 철없는 내용을 가지고 무조건 떼를 쓰라는 말씀은 아닙니다. 이 일이 얼마나 갈급한 일인가 하는 것을 하나님께 알리고 하나님과 끊임없이 대화하라는 말씀입니다. 이를 기억해야 합니다.

"천사가 그에게 이르되 사가랴여 무서워하지 말라 너의 간구함이 들린지라 네 아내 엘리사벳이 네게 아들을 낳아 주리니 그 이름을 요한이라 하라"(눅 1:13)

사가랴는 제사장으로서 성전에 들어가 향을 피우고 있었습니다. 제사장들은 모두 24개조로 나뉘어 일 년에 두 번 성전제사를 책임졌습니다. 한 조가 한 주씩 안식일에서 안식일까지 그렇게 한 것입니다. 성전에서는 매일 두 차례 정기적인 제사를 드렸습니다. 그때 번제를 드릴 제사장, 밀가루와 포도주를 바치는 제사장, 분향하는 제사장, 일곱 가지 촛대를 보살피는 제사장들을 추첨으로 뽑았습니다. 제사장들 숫자가 많았기 때문입니다.

제사장들은 그 중에서 분향을 가장 영광스럽게 여겼습니다. 그래서 한 번 분향하는 일에 뽑히면 다른 사람들이 다 뽑힐 때까지 제비를 뽑을 수 없었습니다. 분향은 제사장 일생에 한 번, 또는 두 번 정도 행하게 되는 일이었던 것입니다. 사가랴가 바로 그 영광스런 일에 뽑혀 향을 피우고 있었습니다.

그때 분향단 오른쪽에 천사가 나타났습니다. 하나님의 뜻을 전하기 위해서입니다. 사가랴가 몹시 놀라며 두려움에 휩싸였습니다. 천사라는 초자연적 존재를 경험하면서 경외감에 휩싸인 것입니다. 천사는 사가랴에게 두려워하지 말라고 하면서 '네 간구를 하나님께서 들으셨다'고 합니다.(눅 1:13)

여기서 천사가 말한 사가랴의 간구는 아주 오랜 기도였을 것입니다. 누가복음 1:7에 사가랴와 그 아내 엘리사벳의 나이가 아주 많았다는 표현이 있습니다. 출산하기에는 나이가 너무 많다는 의미입니다. 1:18에도 같은 말씀이 있습니다. 사가랴는 천사에게 '저는 늙었고 아내 또한 나이가 많습니다'라고 말했습니다.

그 당시는 법적으로 남자 14살, 여자 12살이면 결혼이 가능했습니다. 그렇지만 대개 17세 전후로 결혼했습니다. 그러므로 사가랴와 엘리사벳은 스무 살 쯤에는 자녀 문제로 기도를 시작했을 것입니다. 당시는 결혼하면 아기가 생기는 것이 자연스러웠고 다산이 곧 복이었기 때문입니다. 결혼했는데 3년 정도 소식이 없으면 기도를 시작했을 가능성이 큽니다. 제사장이었던 사가랴와 그 아내 엘리사벳은 더욱 그랬을 것입니다. 믿음이 있었기 때문입니다.

누가복음 1:7의 '나이 많은' 사가랴와 그 아내 나이를 50살 정도로 잡는다면 두 사람은 30년쯤 기도했습니다. 두 사람은 쉽게 포기하지 않았을 것입니다. 아브라함이 100살, 사라가 90살에 이삭을 낳은 것을 알고 있었기 때문입니다. 이렇게 두 사람의 나이를 계산하는 이유는 그들의 기도가 오랜 기도였다는 것을 강조하기 위해서입니다. '네 간구를 하나님께서 들으셨다'는 천사의 말이 20-30년 기도에 대한 응답이라는 것입니다.

늙은 사가랴는 그렇게 오랜 기도의 응답으로 부모의 기쁨이 되는 자식을 얻었습니다. 많은 사람들에게 즐거움이 되는 자식을 얻었습니다. 하나님 앞에서 큰 인물이 되고 뱃속에서부터 성령으로 충만한 자식을 얻었습니다. 그게 다가 아닙니다. 많은 사람들을 하나님께로 돌아오게 하는 자식입니다. 하나님께 불순종하는 자들로 하여금 주님 맞을 준비를 하도록 하는 자식입니다. 한 마디로 부모에게 큰 영광이 되는 자식입니다. 요한은 나중에 예수님으로부터 '여자가 낳은 사람 중에서 가장 위대한 인물'이라는 평을 들었습니다.(마 11:11)

누가복음 1장의 사가랴와 천사의 만남에서 이런 교훈을 얻을 수 있습니다. '수십 년 기도하면 이렇게 큰 기쁨을 얻는구나'라는 것입니다. '세례자 요한과 같은 자식을 얻는구나'라는 것입니다. '그렇게 큰 기쁨을 얻으려면 수십 년 기도해야 하는구나'라는 것입니다. 오랜 기도, 끈기 있는 기도를 실천하는 사람은 사가랴와 엘리사벳이 얻은 그런 기쁨을 누릴 수 있습니다.

> "예수께서 그들에게 항상 기도하고 낙심하지 말아야 할 것을 비유로 말씀하여"(눅 18:1)
> "주께서 또 이르시되 불의한 재판장이 말한 것을 들으라 하물며 하나님께서 그 밤낮 부르짖는 택하신 자들의 원한을 풀어 주지 아니하시겠느냐 그들에게 오래 참으시겠느냐"(눅 18:6-7)

누가복음 18:1-8에 과부와 불의한 재판장 비유가 있습니다. 기도에 관한 비유로 이런 내용입니다. 어느 마을에 하나님을 두려워하지 않고 사람들을 무시하는 재판관이 있었습니다. 아주 나쁜 인간이라는 뜻입니다. 그 마을의 과부가 그 재판관을 찾아가 '내 원수를 갚아달라'고 간청했습니다. 정말 억울한 일이 있다는 뜻입니다. 재판관은 한동안 과부의 간청을 무시했습니다. 돈이 생기는 일이 아니기 때문입니다. 그러나 과부가 너무 끈질기게 부탁하니까 결국은 과부의 간청을 들어주기로 결심합니다. 너무 귀찮게 굴어서 불편했던 것입니다.

비유의 교훈은 이렇습니다. '나쁜 재판관조차 과부의 끈질긴 간청을 들어준다, 선하신 하나님은 하나님 자녀의 끈기 있는 간구를 반드시 들어주신다'라는 것입니다. 그러므로 '너희는 소망을 가지고 끈기 있게 기도하라'는 것입니다. 누가복음 18:1이 바로 비유의 교훈입니다.

이 비유에 비교강조법이 사용되었습니다. 예수님이 비유에서 자주 사용하시는 방법입니다. 예수님은 나쁜 재판관과 선하신 하나님, 과부와 하나님의 자녀를 비교하십니다. '나쁜 재판관도 과부의 끈기 있는 간청을 들어준다, 선하신 하나님은 하나님 자녀의 끈기 있는 기도를 반드시 들어주신다'는 것입니다. 항상 기도하고 끈기 있게 기도하는 사람이 되어야 합니다. 최대한 열심히, 가능한 한 많이 기도하는 사람이 되어야 합니다.

경험에 의하면 기도는 저절로 되는 쉬운 일이 아닙니다. 그래서 많은 사람들이 먼저 해야 할 일을 하고 난 후 남는 시간에 기도하려고 합니다. 기도가 쉽게 되는 일이 아니다 보니 해야 할 일을 먼저 하는 것입니다. 일하고 공부하고 생활하고 난 후 남는 시간에 기도하려고 합니다. 그래서 기도가 늘 충분하지 않습니다. 남는 시간이 거의 없기 때문입니다.

믿는 자에게 기도하고 싶은 마음이 있어도 실제로 끈기 있게 기도하기는 어렵습니다. 기도가 영적 세계를 경험하는 일이기 때문에 낯설고 힘듭니다. 주변 상황이 어려운 경우도 있고 육체적으로 힘든 경우도 있습니다. 그래서 끈기 있게 기도하고 가능한 한 많이 기도하는 것은 어려운 일입니다.

그렇지만 끈기 있는 기도가 특별한 사람이나 할 수 있는 특별한 기도는 아닙니다. 예수께서 불가능한 일을 명령하셨을 리 없습니다. 끈기 있는 기도가 쉬운 일은 아닐 수 있지만 불가능한 일도 아닙니다. 작은 일에 충성하면서 큰일에 충성하게 됩니다. 십 분 기도가 삼십 분 기도가 됩니다. 삼십 분 기도가 한 시간 기도가 됩니다. 하루 기도가 일주일 기도가 됩니다. 일주일 기도가 한 달 기도, 일 년 기도가 됩니다. 그러면서 끈기 있게 기도하는 사람이 되는 것입니다.

그렇게 끈기 있는 기도를 하기 위해서는 먼저 기도 시간을 마련하는 일이 필요합니다. 기도부터 하고 난 후에 일하고 공부하고 생활하는 것입니다. 그것이 경건 훈련입니다. 경건 훈련을 위한 시간부터 마련해야 합니다. 남는 시간에 성경 읽고 기도하려고 하면 그렇게 되지 않습니다. 늘 남는 시간이 없습니다. 먼저 성경 읽고 기도하면 남는 시간에 일하고 공부하고 생활할 수 있습니다. 끈기 있는 기도를 하기 위해서는 기도부터 하는 결단과 습관이 필요합니다.

• 간절한 기도

"야곱은 홀로 남았더니 어떤 사람이 날이 새도록 야곱과 씨름하다
가"(창 32:24)
"한나가 마음이 괴로워서 여호와께 기도하고 통곡하며"(삼상 1:10)
"히스기야가 낯을 벽으로 향하고 여호와께 기도하여 이르되 여호와여
구하오니 내가 진실과 전심으로 주 앞에 행하며 주께서 보시기에 선
하게 행한 것을 기억하옵소서 하고 히스기야가 심히 통곡하더라"(왕하
20:2-3)

기도의 사람이 되는 방법 중에 하나가 긴박한 상황에서 간절히
기도하는 것입니다. 위급한 상황에서 절박한 기도를 할 줄 알아야 합니
다. 글자 그대로 목숨을 건 기도입니다. 그렇게 간절히 드리는 기도에 능
력이 있습니다.

성경에 간절한 기도에 대한 예가 많습니다. 야곱은 에서를 만나기
전 얍복 강가에서 목숨을 걸고 기도했습니다.(창 32:22-32) 야곱은 자신은
물론 온 가족의 생사가 걸린 문제를 놓고 얍복 강에서 하나님께 간구합
니다. 이 이야기는 야곱이 기도한 것이 아니라 씨름한 것으로 나옵니다.
그렇지만 이는 야곱이 자신의 당면한 문제를 놓고 하나님께 간구한 것으
로 이해할 수 있습니다. 야곱은 하나님께 간절히 매달려서 하나님의 복
을 받았습니다. 간절한 기도에 하나님의 은혜를 받는 힘이 있습니다. 야
곱의 기도에서 생사를 건 간절한 기도를 배울 수 있습니다.

한나는 자식이 없다는 아픈 마음을 가지고 하나님께 자식을 간구

합니다.(삼상 1:1-20) 고대의 상황을 이해할 때 한나의 쓰라린 아픔을 충분히 이해할 수 있습니다. 하나님께서 한나의 기도를 들으시고 아들을 주십니다. 한나의 간절한 기도를 들어주신 것입니다. 한나는 기도로 사무엘을 얻었음을 기억했습니다.(삼상 1:20)

히스기야는 아시리아 군대가 예루살렘을 포위했을 때 나라의 안전을 위해 기도했습니다.(왕하 19:1-37) 하나님께서 히스기야의 간절한 기도를 들으시고 예루살렘을 아시리아 군대의 손에서 구원하셨습니다.(왕하 19:20) 이 구원의 경험은 예루살렘 백성들이 결코 잊지 못하는 사건이 되었습니다.

그리고 히스기야는 자신의 병 때문에 간절히 기도했습니다.(왕하 20:1-11) 히스기야가 병들었을 때 예언자 이사야가 와서 더 이상 살지 못할 것이라는 하나님의 말씀을 전했습니다. 히스기야는 이사야의 예언을 듣고 통곡하면서 자신의 생명을 연장시켜 달라고 간구했습니다. 하나님께서 그 간절한 기도를 듣고 히스기야의 생명을 15년 연장시켜 주셨습니다.(왕하 20:5-6) 사람의 간절한 기도는 때로 하나님의 뜻을 돌이키는 힘이 있습니다.

> "이에 베드로는 옥에 갇혔고 교회는 그를 위하여 간절히 하나님께 기도하더라"(행 12:5)
> "이에 베드로가 정신이 들어 이르되 내가 이제야 참으로 주께서 그의 천사를 보내어 나를 헤롯의 손과 유대 백성의 모든 기대에서 벗어나게 하신 줄 알겠노라 하여 깨닫고 마가라 하는 요한의 어머니 마리아의 집에 가니 여러 사람이 거기에 모여 기도하고 있더라"(행 12:11-12)

간절한 기도에 능력이 있습니다. 영혼에서 우러나오는 간절한 소원을 가지고 기도할 때 놀라운 기도의 능력을 체험하게 됩니다. 헤롯 아그리파 1세는 헤롯 대왕의 손자로 41-44년 사이에 유대를 다스렸습니다.(행 12:1의 헤롯 왕) 아그리파 1세는 로마 황제 가이우스(Gaius, 일명 Caligula)와의 개인적인 친분으로 인해 할아버지 헤롯이 다스리던 땅 거의 전체를 돌려받았습니다. 지금의 팔레스타인 거의 전체 지역을 다스린 것입니다. 이 기간 동안 로마의 직접적인 통치는 없었습니다.

유대에 정치적 뿌리가 없던 아그리파 1세는 유대인들의 호감을 얻기 위해 신실한 유대인처럼 행동했습니다. 그런 행동 중 하나가 기독교를 핍박한 것입니다. 기독교는 유대교 내에서 새로 성장하면서 일반적 유대인들로부터 의심스러운 눈치를 받고 있었습니다. 아그리파 1세의 예루살렘 교회 박해는 자신의 국내 정치를 위해 필요했습니다. 그런 박해의 결과 야고보가 순교했고 베드로가 체포되었습니다.(행 12:1-4)

베드로는 유월절이 막 시작하는 날 체포되어 유월절이 끝난 후 처형될 계획이었습니다. 유월절 기간 중 이런 처형은 불가능했습니다. 7일 이상 감옥에 갇혀 있던 베드로는 처형 전 날 천사의 도움으로 옥을 탈출합니다. 기적과 같은 일이었습니다. 사실 베드로의 탈출은 불가능했습니다. 베드로는 두 군사 틈에서 두 쇠사슬에 매여 있었습니다.(행 12:7) 베드로 자신도 믿지 못하여 환상을 보는 것처럼 생각했습니다.(행 12:11) 베드로가 찾아간 집의 여자 아이의 말을 사람들이 믿지 못했습니다.(행 12:15) 아그리파 1세는 베드로를 지킨 보초들을 죽이라고 명령했습니다.(행 12:19)

베드로의 탈출 이면에 간절한 기도가 있었습니다. 예루살렘 교회 성도들이 베드로를 위해 간절히 기도했습니다.(행 12:5, 12) 그리고 하나님의 놀라운 은혜를 체험했습니다. 간절한 기도에 이런 능력이 있습니다. 야고보서 5:17에는 '엘리야는 우리와 성정이 같은 사람이로되 그가 비가 오지 않기를 간절히 기도한즉 삼 년 육 개월 동안 땅에 비가 오지 아니하고'라는 말씀이 있습니다. 이 역시 간절한 기도의 능력에 대한 말씀입니다.

간절한 기도를 위해서는 금식이 좋은 방법입니다. 다니엘은 하나님의 응답을 듣기 위해 금식하면서, 베옷을 걸치고 재를 깔고 앉아서 기도했습니다.(단 9:3) 안디옥 교회는 바울과 바나바에게 전도의 사명을 주어 파송할 때 금식하며 기도했습니다.(행 13:3)

> "하늘에 계신 하나님이 이 은밀한 일에 대하여 불쌍히 여기사 다니엘과 친구들이 바벨론의 다른 지혜자들과 함께 죽임을 당하지 않게 하시기를 그들로 하여금 구하게 하니라"(단 2:18)

다니엘 2장에 느부갓네살의 꿈 이야기가 있습니다. 바빌로니아 왕 느부갓네살이 아주 놀라운 꿈을 꾸었습니다. 상스럽지 않은 꿈이었고 분명히 예지적인 꿈이었습니다. 느부갓네살은 그 꿈의 의미를 알고 싶었습니다. 그런데 도대체 그 꿈의 내용이 생각나지 않아서 답답했습니다. 그래서 느부갓네살은 바빌로니아의 주술사들에게 자신의 꿈을 밝히고 그 꿈을 해석하라는 명령을 내렸습니다.

그러자 주술사들은 꿈의 내용을 알려달라고 요청했습니다. 꿈의 내용을 알려주시면 꿈을 해석하겠다고 말한 것입니다. 그러나 느부갓네살은 그 꿈을 알려줄 수가 없었습니다. 자신도 기억하지 못했던 것입니다. 느부갓네살은 주술사들에게 자신이 꾼 꿈도 알아내고 그 꿈을 해석하라고 명령했습니다. 주술사들은 그런 요구는 무리라고 하면서 그런 일은 신이나 할 수 있다고 대답했습니다.

그러자 느부갓네살은 화가 나서 바빌로니아의 모든 지혜자를 모두 잡아 죽이라고 명령합니다. 꿈의 내용과 의미를 정말 알고 싶었던 것입니다. 그래서 다니엘과 세 친구도 죽게 되었습니다. 그런 상황에서 네 사람은 간절히 기도합니다. 하나님께서 느부갓네살의 꿈을 알려주시기를 목숨을 걸고 기도한 것입니다. 그리고 환상 중에 그 꿈의 내용과 의미를 알게 됩니다. 간절한 기도에 이런 능력과 은혜가 있습니다.

> "예수께서 힘쓰고 애써 더욱 간절히 기도하시니 땀이 땅에 떨어지는
> 핏방울 같이 되더라"(눅 22:44)

간절한 기도의 가장 대표적인 예는 예수님의 겟세마네 기도입니다. 예수님은 잡히시던 날 밤에 간절히 기도하셨습니다. 땀이 땅에 떨어지는 핏방울 같이 되도록 기도하셨습니다. 그만큼 간절히 기도하셨다는 뜻입니다. 예수님은 그렇게 간절히 기도하신 후 마음의 평안을 얻으셨습니다. 하나님 뜻에 순종하고자 하는 마음을 얻으셨습니다. 간절한 기도의 은혜를 체험하신 것입니다.

필요할 때 간절히 기도하는 사람이 되어야 합니다. 위급한 일이 있을 때 간절히 기도해야 하고 큰 소망이 있을 때 간절히 기도해야 합니다. '전지전능하신 하나님께서 알아서 해 주시겠지'라고 생각하지 말아야 합니다. 기도가 있어야 은혜가 있습니다. 간절한 기도가 있어야 놀라운 은혜가 있는 법입니다.

3. 믿음과 겸손함으로

• 믿음의 기도

"그러므로 내가 너희에게 말하노니 무엇이든지 기도하고 구하는 것은
받은 줄로 믿으라 그리하면 너희에게 그대로 되리라"(막 11:24)
"오직 믿음으로 구하고 조금도 의심하지 말라 의심하는 자는 마치 바
람에 밀려 요동하는 바다 물결 같으니 이런 사람은 무엇이든지 주께
얻기를 생각하지 말라 두 마음을 품어 모든 일에 정함이 없는 자로
다"(약 1:6-8)

히브리서 11:6에 '믿음이 없이는 하나님을 기쁘시게 하지 못하나
니'라는 말씀이 있습니다. 사람의 믿음이 하나님을 기쁘시게 한다는 뜻
입니다. 기도도 마찬가지입니다. 믿음의 기도가 하나님을 기쁘시게 합니
다. 예수님은 '너희기 기도하면서 구하는 것은 무엇이든지 이미 그것을
받은 줄로 믿어라. 그리하면 너희에게 그대로 이루어질 것이다'라고 말
씀하십니다.(막 11:24) 믿음의 기도를 강조하신 것입니다.

믿음의 기도에 능력이 있습니다. 사람이 하나님의 약속을 믿지 못
하고 기도하면 그 능력을 기대할 수 없습니다. 하나님의 약속이 기도에
대한 응답으로 성취되리라는 믿음이 있어야 합니다. 그래야 은혜를 체험
할 수 있습니다. 한나는 실로의 성막에서 아이를 위해 기도한 후 더 이상
슬퍼하지 않았습니다. 가족이 있는 곳으로 돌아가 음식을 먹었습니다.(삼
상 1:18) 믿음의 기도를 한 후 마음의 평안을 얻은 것입니다.

야고보서 1:5-8 역시 믿음의 기도에 대한 말씀입니다. 야고보서
1:5는 하나님의 지혜를 구하라는 말씀입니다. 믿음의 시련을 극복하기

위해서는 인내만 필요한 게 아닙니다. 하나님의 지혜도 필요합니다. 인내는 견디는 것이고 지혜는 해결하는 것입니다. 인내는 방패 같은 것이고 하나님의 지혜는 칼 같은 것입니다. 방어하고 공격해야 시험을 이길 수 있습니다.

그 다음 야고보서 1:6-7은 하나님의 지혜를 구할 때 믿고 구하라는 것입니다. 구하면서 의심하면 지혜를 얻을 수 없습니다. 그 이유를 야고보서 1:8이 설명합니다. 두 마음을 품고 구하기 때문입니다. 여기서 두 마음은 믿음과 의심을 의미합니다. 믿음과 의심으로 하나님의 지혜를 구할 경우 그 지혜를 얻을 수 없다는 말씀입니다. 이는 당연한 이치입니다.

두 마음은 신실하지 못함을 의미합니다. 믿음과 의심이라는 두 마음으로 하나님의 지혜를 구하는 게 그런 것입니다. 하나님께 신실하지 않은 것입니다. 그러니 하나님의 지혜를 얻을 수 없습니다. 신실하지 않은 사람이 신실하신 하나님의 지혜를 얻을 수는 없습니다. 오직 믿음으로 하나님의 지혜를 구해야 합니다. 믿음의 기도를 드리는 사람이 하나님의 지혜를 얻을 수 있습니다.

그런데 한 가지 정확하게 이해할 것이 있습니다. 그것은 야고보서 1:5-8이 믿음의 기도라고 해서 사람의 소원 그대로 이루어진다는 뜻은 아니라는 것입니다. 하나님은 믿음의 기도에 반드시 응답하십니다. 그러나 그 기도를 들으신 후 하나님의 뜻을 따라 은혜를 베푸십니다. 기도하는 사람의 뜻을 무조건 따르시는 것은 아닙니다.

사람은 잘못 구하는 것이 많습니다. 사람은 이기적이고 교만한 심성을 가지고 있습니다. 육체의 욕망도 있습니다. 미래를 모르고 사물의 인과관계를 헤아릴 수 없습니다. 악한 영의 유혹도 있습니다. 그러니 잘못 구하는 것이 많을 수밖에 없습니다. '먹고 나면 체할 음식, 입고 나면 감기에 걸릴 옷, 사귀고 나면 상처 줄 친구' 같은 것을 구하는 경우가 많습니다. 무엇이 좋은 것인지를 모르기 때문에 나쁜 것을 구할 수 있습니다. 무지해서 천한 것을 구하는 것입니다.

그러므로 내가 원하는 것을 기도하면서 한편으로 하나님의 뜻을 물어야 합니다. '아버지, 이런 일을 허락하소서'라고 간구하면서 '그러나 아버지의 뜻대로 하옵소서'라는 기도를 잊지 말아야 합니다. 그래서 예수님조차도 '제 뜻대로 하지 마옵시고, 아버지의 뜻대로 하옵소서'라고 기도하셨던 것입니다. 하나님의 뜻을 따르는 믿음의 기도가 필요합니다.

기도의 최종 목적은 내 뜻을 이루는 것이 아닙니다. 나를 향한 아버지의 뜻이 이루어지기를 바라는 것입니다. 나를 통해 하나님의 뜻이 이루어지는 것입니다. 이것이 믿음의 기도입니다. 그러나 사람이 처음부터 이렇게 될 수가 없기 때문에 기도는 소원을 간구하는 것으로 시작합니다. 그런 단순한 간구가 훈련을 통해서 하나님의 뜻을 구하는 기도가 됩니다. 참된 믿음의 기도가 되는 것입니다.

기도 훈련에 믿음의 기도가 필요합니다. 하나님의 신실하심을 믿고 흔들리지 말고 기도해야 합니다. 하나님의 약속을 믿고 의심하지 말고 기도해야 합니다. 그럴 때 하나님의 은혜를 체험합니다. 하나님의 기도 응답에 중요한 조건이 있습니다. 그것은 믿음의 기도를 드리는 것입니다. 하나님의 은혜를 의심하지 않고 기도하는 것입니다.

"내가 너희에게 이르노니 속히 그 원한을 풀어 주시리라 그러나 인자가 올 때에 세상에서 믿음을 보겠느냐 하시니라"(눅 18:8)

누가복음 18:1-8의 '과부와 불의한 재판관' 비유에서 누가복음 18:8에 주의를 기울일 필요가 있습니다. '그러나 인자가 올 때에 세상에서 믿음을 보겠느냐?'라는 말씀입니다. 이는 비유의 과부처럼 '이렇게 끈기 있게 기도하는 믿음의 사람이 얼마나 있겠느냐?'라는 한탄의 뜻입니다. 예수님의 이 한탄에 기도에 관한 중요한 가르침이 들어있습니다. 이 말씀을 강조하면 '과부와 불의한 재판관' 비유는 믿음의 기도에 관한 말씀이 됩니다.

'과부와 불의한 재판관' 비유에는 숨은 가르침이 하나 있습니다. 그것은 하나님께서 기도에 금방 응답하지 않으신다는 것입니다. '끈기 있게 기도하라, 낙심하지 말고 기도하라, 항상 기도하라'는 말씀을 뒤집어 이해하면 하나님은 기도에 빨리 응답하지 않으신다는 것입니다. 의도적으로 늦게 응답하십니다. 가능하면 늦게, 최대한 늦추어서 응답하십니다. 이것이 끈기 있게 기도하라는 말씀의 숨은 교훈입니다.

그 이유는 굳센 믿음 때문입니다. 사람의 믿음이 자라도록 하기 위해서 기도 응답을 최대한 늦추시는 것입니다. 기도 응답이 늦어야 끈기 있게 기도합니다. 그렇게 끈기 있게 기도하면서 믿음이 자라는 것입니다. 그것을 모르고 응답이 없다고 기도를 포기하는 사람이 많습니다. 예수님은 '너희는 그렇게 기도하지 말라'는 교훈을 주십니다.

기도 중에 용두사미 기도가 있습니다. 시작은 크고 멋진데 끝은 아주 작고 초라하다는 뜻입니다. 믿는 자는 용두사미 기도를 피해야 합니다. 그렇게 되면 기도 시간이 줄어들고 기도의 열정이 줄어듭니다. 기도하고자 하는 마음이 약해지고 기도의 순수함이 사라집니다. 이 정도 기도했으면 충분한 것 같습니다. 더 이상 기도를 안 해도 형통할 것 같습니다. 이 기도는 해도 안 될 것 같습니다. 하나님께서 무관심하신 것 같습니다. 그러면서 기도를 중단합니다. 이런 것이 용두사미 기도입니다.

기도하는 사람은 어느 순간에 기도의 응답이 늦어짐을 경험합니다. 하나님께서 기도의 응답을 늦추시는 때가 있습니다. 그래야 그의 믿음이 자라기 때문입니다. 기도의 응답이 늦어지지만 그래도 계속 기도하면서 믿음이 자랍니다. 그러면서 겸손을 배웁니다. 하나님만 의지하는 일을 배웁니다. 기도 응답이 늦어지는 이유는 하나님께서 믿음의 성장을 바라시기 때문입니다.

그러므로 기도 응답이 늦어질 때 '이 일은 기도해도 안 돼'라 하면서 포기하지 말아야 합니다. '지금은 내 믿음이 자랄 때야, 하나님이 그걸 원하시는 거야' 하면서 계속 기도해야 합니다. 예수님은 믿는 자가 그렇게 기도하기를 원하십니다. 믿음의 기도를 통해 굳센 믿음의 사람이 되기를 원하십니다.

'과부와 불의한 재판관' 비유의 교훈은 '하나님께 떼를 쓰면 통한다'가 아닙니다. 아이가 땅바닥에 뒹굴면 장난감이 생기듯이 기도원 바닥에 뒹굴면 소원이 이루어진다는 것이 아닙니다. '기도를 포기하지 마라. 응답이 없다고 해서 기도를 중단하지 마라. 끈기 있게 기도하라'는 것입니다. '그런 끈기 있는 기도를 통해 믿음의 사람이 되라, 영적 세계에 밝은 눈을 가지라'는 것입니다.

땅바닥에 뒹굴어 장난감을 얻는 자식은 아직 유치한 아이에 불과합니다. 부모가 자식의 존재 자체를 기뻐하면 땅바닥에 뒹굴지 않아도 장난감을 사줍니다. 그런 하나님의 자녀가 되어야 합니다. 믿음의 기도를 간절하고 끈기 있게 드리는 사람이 그런 자녀가 될 수 있습니다. 믿음의 기도를 통해 성숙하고 굳센 믿음을 가진 사람이 되기 때문입니다. 그런 사람이 되라는 것이 누가복음 18:8의 교훈입니다.

· **겸손한 기도**

"바리새인은 서서 따로 기도하여 이르되 하나님이여 나는 다른 사람들 곧 토색, 불의, 간음을 하는 자들과 같지 아니하고 이 세리와도 같지 아니함을 감사하나이다 나는 이레에 두 번씩 금식하고 또 소득의 십일조를 드리나이다 하고"(눅 18:11-12)
"세리는 멀리 서서 감히 눈을 들어 하늘을 쳐다보지도 못하고 다만 가

슴을 치며 이르되 하나님이여 불쌍히 여기소서 나는 죄인이로소이다 하였느니라"(눅 18:13)

누가복음 18:9-14에 '바리새인과 세리의 기도 비유'가 있습니다. 이 비유는 '과부와 불의한 재판관 비유'에 이어지는 말씀입니다. 비유의 내용은 이렇습니다. 바리새인과 세리가 성전에서 조금 떨어져서 기도했습니다. 바리새인은 의인의 대명사고 세리는 죄인의 대명사입니다. 당대의 의인과 당대의 죄인이 나란히 서서 기도한 것입니다. 마치 모태신앙인이 교회 앞에 앉고, 사기절도 전과범이 교회 뒤에 앉아 기도하는 것과 비슷합니다.

바리새인은 자기의 의로움을 감사했습니다. '나는 사기나 간음 같은 죄를 짓지 않았고, 세리 같은 죄인이 아니고, 금식하고 십일조 하는 사람입니다'라고 기도했습니다. 감사한다고 했지만 자신의 의를 자랑한 것입니다. 세리는 자신의 죄를 회개했습니다. '하나님, 저는 죄인입니다' 하면서, 자신의 존재 자체가 죄인이라고 고백했습니다.

이 비유는 의로운 기도에 대한 교훈인데 겸손한 기도가 곧 의로운 기도라는 것입니다. 바리새인은 자신의 의로움을 자랑했습니다. 예수님은 그 자랑을 교만으로 보십니다. 교만은 악입니다. 그래서 바리새인의 기도가 악하다는 것입니다. 세리는 자신의 죄를 인정하며 회개했습니다. 예수님은 그 회개를 겸손으로 보십니다. 하나님은 겸손을 기뻐하십니다. 그래서 세리의 기도가 의로운 것입니다.

기도는 간구로 시작합니다. 내 힘으로 해결할 수가 없어서 하나님의 도우심을 구하는 게 기도입니다. 사람이 어떤 일을 당했을 때 자기 힘으로 해결할 수 있으면 하나님께 기도하지 않습니다. 그냥 자기 힘으로 해결합니다. 기도할 필요가 없습니다.

천만 원짜리 자동차를 사고 싶을 때 천만 원이 있으면 기도하지 않습니다. 기도할 필요 없이 그냥 살 수 있습니다. 그러나 그 천만 원이 없으면 기도합니다. '하나님, 선교에 자동차가 필요한데 그 자동차가 천만 원입니다. 도와주십시오'라고 기도합니다. 사람은 간구할 게 있을 때 기도합니다. 자기 힘으로 해결할 수 없어서 하나님의 도우심을 구하는 게 기도입니다.

그러나 그런 간구가 기도의 전부는 아닙니다. 기도는 간구로 시작해서 간구로 끝나는 게 아닙니다. 만약 그런 게 기도라면 기도는 소원 성취나 욕망 해결의 도구일 뿐입니다. 기도가 온통 '이것도 달라, 저것도 달라, 이것도 해결해 달라, 저것도 해결해 달라'는 것이 되어버립니다. 만약 기도가 그런 것이라면 기도를 열심히 하면 할수록 욕심의 노예나 이기심의 화신이 될 수 있습니다. 기도는 그런 것이 아닙니다.

기도는 간구로 시작해서 겸손으로 끝을 맺습니다. 기도하는 사람은 전능하신 창조주 하나님 앞에서 자신은 풀과 같은 존재임을 깨닫습니다. 선하고 거룩하신 하나님 앞에서 자신은 추하고 악한 존재라는 것을 깨닫습니다. 그러면서 죽을 수밖에 없는 존재가 은혜로 영원히 사는 존재가 되었음을 감사하게 됩니다.

사람은 누구나 '과부와 불의한 재판관 비유'의 과부처럼 기도를 시작합니다. 원하는 것을 해결하고 싶은 것입니다. 그렇지만 계속 기도하면서 '바리새인과 세리의 기도 비유'의 세리처럼 기도하게 됩니다. 자신의 죄를 고백하면서 하나님의 은혜를 구하는 것입니다.

하나님께서 그렇게 하십니다. 간구만 아는 미숙한 믿음을 회개를 아는 성숙한 믿음으로 만들어 주십니다. 끈기 있는 믿음의 기도가 사람을 겸손한 기도로 인도합니다. 이것이 '과부와 불의한 재판관 비유'와 '바리새인과 세리의 기도 비유'의 연결에서 배우는 교훈입니다. 이는 기도의 시작과 끝을 가르치는 말씀입니다.

기도는 간구로 시작합니다.(눅 11:5-12, 18:2-7) 그러나 기도의 결론은 성령 충만과 겸손입니다.(눅 11:13, 18:9-14) 사람은 기도하면서 성령으로 충만해집니다. 그리고 겸손을 배웁니다. 성령 충만한 사람은 겸손한 기도를 합니다. 겸손한 기도를 하는 사람이 성령 충만한 사람입니다. 성령 충만의 증거가 바로 하나님을 경외하는 겸손한 기도입니다.

> "그들이 악인의 교만으로 말미암아 거기에서 부르짖으나 대답하는 자가 없음은 헛된 것은 하나님이 결코 듣지 아니하시며 전능자가 돌아보지 아니하심이라"(욥 35:12-13)

욥기 35:12-13에 '하나님은 악인들의 교만한 기도에는 대답하지 않으신다'라는 말씀이 있습니다. 교만한 기도는 헛된 말로 부르짖는 것에 불과합니다. 하나님은 그런 기도를 들은 체도 하지 않으신다고 합니다. 하나님은 교만한 기도는 듣지 않으십니다. 교만한 기도는 헛된 말에 불과합니다. 반대로 하나님은 겸손한 기도는 들으십니다. 겸손한 기도는 하늘 보좌를 흔드는 향기와 같습니다.

온전한 기도를 해야 합니다. 온전한 기도는 간구로 시작해서 성령 충만과 겸손으로 끝나는 기도입니다. 이것이 주님이 원하시는 기도입니다. 만약 간구만 있고 성령 충만과 겸손이 없으면 그 기도는 욕심과 욕망이 됩니다. 그리고 하나님을 내 소원 성취의 도구로 삼는 것입니다. 하나님을 자판기 취급하는 것입니다. 그런 기도는 기도가 아니라 하나님에 대한 모독입니다. 그러므로 기도는 반드시 성령 충만과 겸손까지 가야 합니다.

반대로 간구 없이 겸손한 기도만 하겠다는 것도 문제입니다. 사람은 간구하면서 겸손을 배우기 때문입니다. 간구한다는 것은 하나님을 의지한다는 뜻입니다. 그러므로 간구하지 않는 것은 하나님을 의지하지 않고 자신을 믿는다는 뜻입니다. 간구를 생략하고 겸손할 수 없고 성령으로 충만할 수 없습니다. 그런 생각은 오히려 교만이 될 수 있습니다.

C. S. 루이스는 영적 교만을 가리켜 가장 강력하고도 아름다운 악이라고 합니다.(『스크루테이프의 편지』, C. S. 루이스, 김선형, 홍성사, 2000, 139쪽) 영적 교만이 가장 무서운 죄라는 뜻입니다. 간구하지 않는 믿음이 그렇게 될 수 있습니다. 간구할 것이 없다는 것은 분명 교만입니다. 간구하지 않아도 주신다는 것은 하나님을 오해한 것입니다. 무지도 죄입니다. 그리고 간구하지 않으면서 기도가 줄어듭니다. 간구가 기도의 본질임을 기억해야 합니다.

• 믿음과 겸손의 은혜

"예수께서 들으시고 놀랍게 여겨 따르는 자들에게 이르시되 내가 진실로 너희에게 이르노니 이스라엘 중 아무에게서도 이만한 믿음을 보지 못하였노라"(마 8:10)

겸손은 필수적인 신앙의 덕목입니다. 예수께서는 가버나움 백부장의 겸손을 보시고 '이스라엘에서 이렇게 큰 믿음을 가진 사람을 본 적이 없다'라고 말씀하셨습니다.(마 8:10) 하나님은 사랑하시는 자녀에게 겸손을 가르치십니다. 진정한 믿음의 사람이 되라는 것입니다. 그리고 겸손은 하나님의 은혜와 직결되어 있습니다. 겸손한 믿음의 사람이 하나님의 은혜를 체험합니다.

"진실로 그는 거만한 자를 비웃으시며 겸손한 자에게 은혜를 베푸시나니"(잠 3:34)
"젊은 자들아 이와 같이 장로들에게 순종하고 다 서로 겸손으로 허리를 동이라 하나님은 교만한 자를 대적하시되 겸손한 자들에게는 은혜를 주시느니라 그러므로 하나님의 능하신 손 아래에서 겸손하라 때가 되면 너희를 높이시리라 너희 염려를 다 주께 맡기라 이는 그가 너희를 돌보심이라"(벧전 5:5-7)

이를 베드로전서 5:5-7에서 배울 수 있습니다. 베드로전서는 박해받는 교회에 소망을 주는 서신입니다.(벧전 1:3, 13, 21, 3:15) 이 서신을 받은 사람들은 이교 사회에서 미움과 멸시, 박해를 받고 있었습니다. 베드로전서는 그런 성도들에게 인내로 믿음을 지키고 세상의 모범이 되라고 권면합니다. 시련을 견디고 모든 행실에 거룩한 사람이 되라고 가르칩니다. 그러면서 그리스도의 고난에 참여하는 것을 즐거워하라고 합니다.(벧전 4:13) 고난을 견디는 사람이 은혜를 체험하고 마지막 날 영광의 면류관을 받는다고 합니다.

베드로전서 5:5-7도 같은 맥락의 말씀입니다. 이 말씀은 장로들, 회중들에 대한 마지막 권면입니다. 고난의 상황에서 하나님을 신뢰하고 겸손하고 인내하라고 합니다. 선한 싸움에서 이기라는 말도 됩니다. 그렇게 할 때 하나님의 은혜를 체험할 수 있다는 것입니다.

베드로전서 5:5의 '하나님은 교만한 자를 대적하시되 겸손한 자들에게 은혜를 주시느니라'는 말씀은 잠언 3:34를 인용한 것입니다. 야고보서 4:6도 이 말씀을 인용합니다. '하나님이 더욱 큰 은혜를 주시나니'라고 하면서 '하나님이 교만한 자를 물리치시고 겸손한 자에게 은혜를 주신다'라고 합니다.

신약이 구약의 말씀을 2번 인용하는 것이 흔한 일은 아닙니다. 그만큼 중요하다는 뜻이 됩니다. 하나님은 정말 겸손한 사람을 기뻐하시고 그에게 은혜를 베푸십니다. 그래서 '하나님의 은혜를 체험하고 싶다면 겸손한 믿음의 사람이 되어야 한다'는 결론을 얻을 수 있습니다.

베드로전서 5:6이 이 사실을 확인합니다. 하나님의 손아래 자신을 낮출 때 하나님께서 높여주신다는 말씀입니다. 우리가 겸손한 믿음을 보일 때 하나님의 은혜로 높아진다는 것입니다. 베드로전서 5:7은 모든 걱정과 근심을 하나님께 맡기라고 권면합니다. 이는 겸손한 사람의 특징이라 할 수 있습니다. 겸손한 믿음의 사람은 모든 걱정과 근심을 하나님께 맡깁니다. 자신이나 사람이 아니라 하나님을 신뢰하고 의지하기 때문입니다.

그러므로 이렇게 말할 수 있습니다. 만약 걱정과 근심 가운데 있다면 아직 충분한 겸손을 배우지 못한 것입니다. 걱정과 근심 가운데 있다는 말은 하나님을 온전히 신뢰하고 의지하지 못한다는 말입니다. 이는 진정한 겸손을 배우지 못했다는 뜻입니다. 그런 경우 참된 은혜를 체험하기 어렵습니다.

"그는 육체에 계실 때에 자기를 죽음에서 능히 구원하실 이에게 심한 통곡과 눈물로 간구와 소원을 올렸고 그의 경건하심으로 말미암아 들으심을 얻었느니라"(히 5:7)

모든 걱정과 근심을 하나님께 맡기라는 말씀은 고난 중에 마음 편하게 먹고 여행이나 다니고 취미 생활이나 하라는 뜻은 아닙니다. 이 말씀은 모든 걱정과 근심을 하나님께 고하라는 뜻으로 하나님께 기도하라는 말입니다. 이 사실을 히브리서 5:7에서 확인할 수 있습니다. 예수님은 힘들고 어려울 때 눈물로 기도하셨습니다. 모든 것을 하나님께 맡기고 하나님을 의지하신 것입니다.

믿음의 사람은 기도합니다. 그리고 그의 기도는 겸손합니다. 자신의 뜻을 이루려는 것이 아니라 하나님의 뜻을 발견하고 그에 순종하려는 것입니다. 그는 자신의 지혜와 경험과 인맥이 아니라 하나님의 선하심과 인도하심을 믿습니다. 그래서 기도합니다. 그렇게 겸손히 기도할 때 하나님께서 기도에 응답하십니다. 말씀에 순종하고 하나님을 의지할 때 은혜를 베푸시는 것입니다. 새벽이나 밤에 작정하고 겸손히 기도하는 사람이 놀라운 은혜를 체험합니다.

> "내가 이 곳과 그 주민에게 대하여 빈 터가 되고 저주가 되리라 한 말을 네가 듣고 마음이 부드러워져서 여호와 앞 곧 내 앞에서 겸비하여 옷을 찢고 통곡하였으므로 나도 네 말을 들었노라 여호와가 말하였느니라"(왕하 22:29)

요시야 때 성전 건물을 수리하면서 대제사장 힐기야가 율법책을 발견했습니다. 힐기야는 율법책을 서기관 사반에게 주었고, 사반이 이를 요시야에게 보고했습니다. 요시야는 사반에게 그 율법책을 읽으라고 명령했습니다. 요시야는 그 말씀을 듣고 슬퍼하며 옷을 찢었고, 여 예언자 훌다에게 사람을 보내 말씀의 의미를 물었습니다.

훌다의 예언은 이렇습니다. 하나님이 요시야의 회개와 겸손을 보시고 요시야의 기도를 들어주실 것을 약속하셨다는 것입니다. 하나님께서 은혜를 약속하신 것입니다. 하나님은 이렇게 겸손한 기도를 기뻐하십니다. 그 겸손한 기도에 은혜를 베푸십니다.

겸손한 사람은 하나님을 의지하고, 하나님을 의지하는 사람은 기도합니다. 예수님도 중요하고 어려운 일이 생기면 기도하셨습니다. 겟세마네 기도가 대표적인 예입니다. 어려울 때 기도로 새 힘을 얻어야 합니다. 소망이 이루어질 때까지 기도로 인내해야 합니다. 겸손한 마음으로 끈기 있게 기도해야 합니다. 그렇게 기도할 때 하나님께서 그를 푸른 초장과 쉴만한 물가로 인도하십니다. 그는 사망의 골짜기에서 하나님이 함께하시는 은혜를 체험합니다.

토마스 머턴은 '주님, 우리가 주님께 이르는 길은 질병과 가난뿐입니다'라는 기도를 했습니다. 그가 말한 질병은 한두 달 질병이 아닐 것입니다. 가난은 1-2년 가난이 아닐 것입니다. 토마스 머턴은 훨씬 더 오랜 기간을 생각하며 그 기도를 했을 것입니다. 토마스 머턴이 한 말의 진짜 의미는 사람이 주님께 이르는 길은 '오랜' 질병과 '오랜' 가난뿐이라는 말이었을 것입니다. 이는 사람의 겸손을 강조하는 말입니다. 오랜 질병과 오랜 가난은 사람에게 겸손을 가르칩니다.

사람은 오랜 질병이나 오랜 가난을 경험하면서 자신의 한계를 뼈저리게 경험합니다. 그러면서 겸손을 배웁니다. 사람은 자기 잘난 멋에 사는 뿌리 깊은 본성을 가지고 있습니다. 그런 본성을 눈에 보이지 않는 하나님, 십자가에 매달리신 초라한 예수님께 굴복시키는 일은 쉬운 일이 아닙니다. 하루아침에 되는 일이 아닙니다. 오랜 기간 낙심과 소망, 원망과 감사, 눈물과 웃음을 반복하면서 배우는 것입니다.

사람은 자신이 얼마나 보잘 것 없는 존재인가를 깨닫고 난 후에야 하나님을 온전히 의지하게 됩니다. 그런 깨달음을 얻는데 오랜 질병이나 오랜 가난이 필요한 것입니다. 그런 깨달음 후에 진정한 의미의 겸손한 기도를 드릴 수 있습니다.

겸손한 기도야 말로 가장 어려운 자기 극복입니다. 겸손한 기도는 보이지 않는 하나님의 존재하심을 믿는 일입니다. 들리지 않는 하나님의 전능하심을 믿는 것입니다. 하나님을 전적으로 의지하면서 자신의 미련함과 무능함을 고백하는 일입니다. 손에 쥐지 않은 것을 손에 쥔 것으로 확신하는 일입니다. 기도는 자기를 극복하는 영적 행위로서 가장 나약한 듯 보이지만 실은 가장 강한 믿음의 행위입니다. 겸손히 기도하며 하나님을 의지하는 사람은 약한 자가 아닙니다. 오히려 그리스도의 강한 군사입니다. 굳센 믿음의 사람입니다.

"그는 곤고한 자의 곤고를 멸시하거나 싫어하지 아니하시며 그의 얼굴을 그에게서 숨기지 아니하시고 그가 울부짖을 때에 들으셨도다"(시 22:24)

"겸손한 자는 먹고 배부를 것이며 여호와를 찾는 자는 그를 찬송할 것이라 너희 마음은 영원히 살지어다"(시 22:26)

시편 22편은 고통을 겪는 자의 기도입니다. 한탄이나 자기연민이 아니라 하나님을 향한 부르짖음입니다. 이 사실을 시편 22편 전체를 통해 잘 확인할 수 있습니다. 어려움 중에 시편 22편을 기억하며 하나님께 부르짖는 자는 하나님의 구원을 체험하게 됩니다.

시편 22:24는 고통당하는 자의 겸손한 부르짖음에 하나님께서 귀 기울이시고 응답하신다는 말씀입니다. 하나님은 하나님을 의지하는 자의 기도를 외면하지 않으십니다. 이 말씀을 믿고 하나님께 부르짖어 기도해야 합니다. 시편 22:24는 구원의 말씀입니다.

시편 22:26 역시 구원의 말씀입니다. 하나님께 기도하여 그 구원을 경험하는 자는 단순히 육체의 배부름만 얻는 것이 아닙니다. 그들의 마음이 영원히 살게 됩니다. 소망하는 일이 이루어질 뿐만 아니라 마음의 평안까지 얻는다는 말씀입니다. 겸손한 기도에 응답이 있고 겸손한 사람이 은혜와 복을 받습니다.(시 22:26)

사람들은 낮은 자의 고난을 멸시합니다. 고난 중에 하나님을 의지하는 것을 조롱합니다. 약골이나 병자나 하는 추한 짓이라고 경멸합니다. 기도하지 않으면서 하나님을 의지하면 그들의 조롱이 옳습니다. 그러나 시편 22편의 시인처럼 밤낮으로 하나님께 부르짖어 기도하면 그들의 조롱은 크게 틀렸습니다. 기도하는 사람은 모든 조롱과 고난을 이깁니다. 하나님께서 기도를 듣고 그에게 힘을 주십니다. 이것이 기도의 능력입니다. 믿음과 겸손으로 기도하는 사람이 이런 능력을 체험합니다.

2부

경험에 의하면

5장.
기도의 어려움

1. 유혹과 방해

· 기도하지 않는 목사

"제자들에게 오사 그 자는 것을 보시고 베드로에게 말씀하시되 너
희가 나와 함께 한 시간도 이렇게 깨어 있을 수 없더냐 시험에 들
지 않게 깨어 기도하라 마음에는 원이로되 육신이 약하도다 하시고"
(마 26:40-41)
"다시 오사 보신즉 그들이 자니 이는 그들의 눈이 피곤함일러라"
(마 26:43)

3장 1절에서 밝혔듯이 기도는 어려운 일이 아닙니다. 쉬운 일입니
다. 우선 무엇이든 간구할 수 있습니다. 기도할 수 있는 것과 없는 것을
분별할 필요가 없습니다. 기도의 과정은 단순합니다. 하나님의 이름을

부르고 예수 이름으로 마치면 됩니다. 소정의 훈련 과정이 필요하지 않습니다. 그래서 기도를 배우거나 실습해야 할 필요가 없습니다. 누구나 기도할 수 있고 쉽게 기도할 수 있습니다. 어린이도 기도할 수 있습니다. 기도는 쉬운 일이라는 것이 성경의 가르침입니다.

그러나 경험에 의하면 기도는 어렵습니다. 시작도 어렵고 지속하기도 어렵습니다. 하나님의 뜻을 따라 기도하기가 어렵습니다. 끈기 있고 간절하게 기도하기가 어렵습니다. 굳센 믿음으로 겸손하게 기도하기가 어렵습니다. 그 이유는 사람의 본성 때문입니다. 사람의 본성이 악하고 교만하고 이기적이기 때문에 그렇습니다.

사람에게 육적 배고픔은 있습니다. 먹지 않으면 먹고 싶고 또 먹어야 합니다. 누구나 그렇습니다. 그래서 사흘 굶어 도둑질하지 않는 사람 없다는 속담이 있습니다. 그러나 사람에게 영적 배고픔은 없습니다. 기도하지 않으면 기도하고 싶어지는 경우는 없습니다. 사흘 기도하지 않으면 누구나 기도원을 찾는다는 속담은 없습니다.

사람에게는 스스로 하나님을 찾는 영적 갈망이 없습니다. 하나님 앞에서 스스로 낮아지는 겸손도 없습니다. 사람의 본성은 하나님을 경외하지 않습니다. 그래서 사람은 기도하지 않습니다. 간절히 기도하지 않고 끈기 있게 기도하지 않습니다. 사람의 본성이 그렇습니다.

사람의 본성은 악하고 교만해서 하나님을 외면합니다. 성경은 이 사실을 선악과 사건으로 설명합니다. 선악과를 먹은 아담과 하와는 하나님을 피해 숨었습니다.(창 3:8-10) 사람은 성경 읽기를 싫어합니다. 하나님의 말씀이 싫은 것입니다. 사람은 기도하기를 싫어합니다. 하나님과의 관계가 싫은 것입니다. 사람의 이런 본성 때문에 기도가 어렵습니다. 시작도 어렵고 지속하기도 어렵습니다.

저는 초등학교 3학년 때부터 기도하시는 어머니를 보고 자랐습니다. 어머니는 40대 초반에 위암 말기로 시한부 생명을 살다가 하나님의 은혜를 체험하고 병 고침을 받았습니다.(70대 후반에 돌아가심) 기도 중에 신유의 은사를 체험한 것입니다. 병 고침을 받은 후 어머니는 뜨겁게 기도했습니다. 당연한 일입니다.

그 후 2-3년이 지나 아버지의 사업이 크게 망했습니다. 그리고 집안 형편이 아주 어려워졌습니다. 어머니는 이제 먹고 사는 일로 간절히 기도했습니다. 하나님의 살아계심을 체험한 후 가정이 어려워졌으니 당연히 기도로 매달렸습니다. 교회가 집에서 걸어서 3분 거리였기 때문에 어머니는 새벽과 밤에 교회에 가서 기도하셨습니다.

그런 어머니를 보며 자랐지만 저는 기도하지 않았습니다. 기도는 어머니의 일이라 생각했습니다. 신학교에 들어갔지만 기도하지 않았습니다. 신학대학원에 진학했지만 기도하지 않았습니다. 이스라엘에서 공부할 때도 기도하지 않았습니다. 기도할 필요를 느끼지 못했습니다. 그저 신학 공부가 재미있었을 뿐입니다.

저는 20대 중반에 어떤 책에서 '생활이 곧 기도'라는 말을 알게 되었습니다. 저는 이 말에 격하게 공감했습니다. 그러면서 '학생(학자)은 공부가 곧 기도'라고 믿게 되었습니다. 그 당시 저는 나름 성실히 공부하고 있었기 때문에 기도 역시 성실하게 하고 있다고 믿었습니다. 공부가 곧 기도였기 때문입니다. 이런 생각이 40대 초반까지 이어졌습니다. 저는 그때까지 기도하지 않고 살았습니다.

저는 이스라엘 10년 유학을 마친 후 캐나다로 이민을 가게 되었습니다. 그리고 1998년 밴쿠버에서 개척교회를 시작했습니다. 그때 제 나이가 30대 후반이었습니다. 저는 개척교회를 시작하고 난 후에도 기도하지 않았습니다. 학자로서의 자의식을 가지고 있었기 때문입니다. 공부가 곧 목회였고 기도였습니다. 그래서 여전히 기도하지 않았습니다. 공부가 목회는 아닌데 말입니다.

이 이야기의 결론은 이렇습니다. 저는 모태신앙이었지만 기도하지 않았습니다. 기도하시는 어머니를 보고 자랐지만 기도하지 않았습니다. 신학을 공부했지만 기도하지 않았습니다. 개척교회를 시작했지만 기도하지 않았습니다. 40대 초반까지 그랬습니다.

> "나는 너희를 위하여 기도하기를 쉬는 죄를 여호와 앞에 결단코 범하지 아니하고 선하고 의로운 길을 너희에게 가르칠 것인즉"(삼상 12:23)

40대 초반이었던 2001년 어느 날 저는 '이렇게 기도하지 않는 목사는 처음 봤다'는 책망을 들었습니다. 밴쿠버에서 목회를 시작한 지 3년이 되었을 때입니다. 한국에 있는 누님이 어느 여 목사님에게 저를 위한 기도를 부탁했습니다. 그 여 목사님은 곧 누님에게 '이렇게 기도하지 않는 목사는 처음 봤다'라는 말을 전했습니다. 누님이 그 말을 전화로 제게 알려주었습니다. 하나님의 책망이 분명합니다. 그 말이 맞습니다. 저는 그때까지 기도하지 않고 살았습니다. 개척교회를 시작한 지 만 3년 동안 기도하지 않고 목회했습니다. 무서운 죄입니다.(삼상 12:23)

어느 주는 주일예배 사회를 위해 설교단에 섰을 때 그 주간에 처음으로 기도했습니다. 교인들이 입례송 반주에 맞추어 묵도할 때 저는 속으로 '하나님, 오늘 예배를 주관해 주십시오, 은혜로운 설교를 하게 도와주십시오'라고 기도했습니다. 식사기도 외에 제가 한 주간 동안 한 기도는 그 30초 기도가 전부였습니다. 한 주에 1분도 기도하지 않고 설교단에 선 것입니다. 그러니 '이렇게 기도하지 않는 목사는 처음 봤다'라는 말은 아주 정확한 책망이었습니다.

사실 저는 그런 책망을 듣기 전에 혼자 잠깐 새벽기도를 한 적이 있었습니다. 2001년 1월 초에 난생 처음 목회자 세미나에 참석했다가 기도의 필요성을 느꼈던 것입니다. 세미나에서 돌아온 저는 새벽기도를 시작했습니다. 그때가 2001년 1월 중순이었습니다. 저는 저 혼자 새벽기도를 시작했습니다. 교인들에게 알리지 않았습니다.

그랬던 이유가 몇 가지 있습니다. 우선 빌려 쓰던 서양교회의 허락 때문이었습니다. 교회를 빌려 쓰는 입장에서 목사가 혼자 새벽기도 하는 일은 허락이 없어도 될 것 같았습니다. 그러나 교회 행사라면 서양교회의 허락이 필요했습니다. 교회 주변이 주택가인데 새벽에 차가 들어오고 나가는 일이었기 때문입니다. 저는 서양교회의 허락이 쉽지 않을 것이라고 생각했습니다.

두 번째 이유는 교인들의 참석이 어려울 것 같았습니다. 저는 교인들 중 몇 사람이나 참석할까 하는 의문을 가졌습니다. 교인들이 부담만 느끼고 실제로 참석하지는 않을 것 같았습니다. 그렇게 되면 제가 실망할 것 같았습니다. 저는 해보지도 않고서 혼자서 괜한 염려를 한 것입니다.

그렇지만 가장 큰 이유는 혼자 기도하는 것이 편했기 때문입니다. 조용히 묵상기도를 할 수 있었고 원하면 큰 소리로 기도할 수 있었습니다. 때로 울 수도 있었습니다. 혼자 기도하면 신경 쓸 일이 전혀 없습니다. 일찍 갈 수도 있었고 늦게 갈 수도 있었습니다. 가지 않을 수도 있었습니다. 원한다면 새벽기도를 중단할 수도 있었습니다. 혼자 하는 새벽기도는 얽매이거나 신경 쓸 일이 없었습니다. 저는 편하고 자유롭게 기도하고 싶었습니다.

처음에는 새벽기도가 무척 좋았습니다. '아, 이런 게 새벽기도의 맛이구나'라고 하며 즐겁게 다녔습니다. 그러나 2-3주가 지나면서 집에서 기도하는 날이 생기기 시작했습니다. 늦게 잔 날은 피곤하다는 핑계로 집에서 기도했습니다. 주일새벽에는 주일 준비를 이유로 집에서 기도했습니다. 교회에 오고가는 시간을 아껴 설교를 준비하는 게 더 낫다고 생각했습니다. 그리고 '교회에서만 기도해야 하는 것은 아니잖아'라고 생각했습니다.

그런데 집에서 기도하면서 조는 시간이 많았습니다. 잠이 덜 깼기 때문입니다. 그리고 빨리 끝내게 되었습니다. 다시 눕고 싶었기 때문입니다. 그러면서 집에서도 기도하지 않는 날이 생기기 시작했습니다. 게을러진 것입니다. 새벽에 잠이 깼을 때 비가 많이 오는 날이 반가웠습니다. 새벽 빗길은 위험하니까 집에서 기도하는 게 안전하고 좋다고 생각했습니다. 그러면서 기도는 하지 않고 계속 잠을 잤습니다. 그렇게 2001년 2월을 보냈습니다.

그러다가 3월에 시작된 캐나다의 '서머타임'(Summer Time)을 이유로 새벽기도를 중단했습니다. 캐나다의 '서머타임'은 여름철에 한 시간을 앞당기는 제도입니다. 매년 3월 두 번째 일요일 오전 2시에 시작해서 11월 첫째 일요일 오전 2시에 끝이 납니다. 서머타임이 시작되면 해가 일찍 뜨게 됩니다. 새벽 6시면 환해집니다. 실은 7시이기 때문입니다.

저는 서머타임이 시작되면서 새벽기도의 맛이 나지 않는다고 생각했습니다. 새벽기도는 깜깜해야 제 맛이 나는데 환하니까 전혀 분위기가 잡히지 않는다고 생각했습니다. 그러면서 '서머타임이 끝나고 깜깜한 새벽이 돌아오면 다시 새벽기도를 시작해야지'라고 생각했습니다. 그래서 2001년 4월 중순에 새벽기도를 중단했습니다. 새벽기도를 중단한 이유가 아주 창의적입니다. 사실은 말이 안 되는 이유입니다. 성경이 가르치는 기도는 쉬운 것입니다. 그러나 경험에 의하면 기도는 어렵습니다.

저는 2001년 1월 중순 생애 처음으로 새벽기도를 결심했다가 세 달 만에 중단했습니다. 그 세 달도 제대로 한 것은 아니었습니다. 2-3일 교회에서 기도하고 3-4일 집에서 졸면서 기도했습니다. 하루나 이틀은 새벽기도를 쉬었습니다. 그러다가 날이 밝아졌다는 이유로 새벽기도를 중단했습니다. 그 후에 한국의 여 목사님을 통해 '이렇게 기도하지 않는 목사는 처음 봤다'라는 책망을 들은 것입니다.

그렇게 새벽기도를 중단했지만 그래도 마음속에 기도에 대한 부담감은 늘 남아 있었습니다. 새벽기도를 해야 하는데 하는 부담감이 있었던 것입니다. 하나님은 새벽기도를 다시 시작하라는 신호를 몇 번 주셨습니다. 앞에서 언급한 여 목사님의 책망도 그 중의 하나입니다.

그런 생각으로 지내던 2001년 8월의 어느 날 교인 중 한 사람이 '새벽기도 하는 교회'를 찾는 청년이 있다는 말을 했습니다. 지나가는 말처럼 가볍게 한 이야기입니다. 그런데 저는 그 말을 듣자마자 '우리 교회 나오라고 그래요. 이제 새벽기도를 시작하려고 합니다'라고 말했습니다. 부담감을 가지고 있던 새벽기도도 다시 시작하고 교인 한 사람도 늘리고 싶었던 것입니다.

· 갈등과 서원

"한나가 마음이 괴로워서 여호와께 기도하고 통곡하며 서원하여 이르되 만군의 여호와여 만일 주의 여종의 고통을 돌보시고 나를 기억하사 주의 여종을 잊지 아니하시고 주의 여종에게 아들을 주시면 내가 그의 평생에 그를 여호와께 드리고 삭도를 그의 머리에 대지 아니하겠나이다"(삼상 1:10-11)

그 청년은 한 번도 교회에 나오지 않았습니다. 없었던 일처럼 되었습니다. 그러나 저는 그 일을 계기로 다시 새벽기도를 생각했습니다. 교인에게 한 말도 있었고 또 저 스스로 새벽기도에 대한 부담감이 컸기 때문입니다. 하나님께서 원하신다는 생각도 있었습니다. 새벽기도 하는 교회를 찾는다는 청년 이야기도 그런 신호 중 하나라고 생각했습니다. '이렇게 기도하지 않는 목사는 처음 봤다'는 말도 사실 부끄러웠습니다.

그러면서 이번에는 혼자 하는 새벽기도가 아니라 교회 전체의 새벽기도를 해야겠다고 생각했습니다. 혼자 하는 새벽기도의 실패를 경험했기 때문입니다. 교인들과 함께하면 목사로서 책임감이 있기 때문에 계속 할 수 있을 것 같았습니다.

그런 결론을 내리게 되면서 다른 고민거리가 생겼습니다. 한 주에 며칠 새벽기도를 해야 하는가 하는 문제였습니다. 그 당시에는 아주 심각한 고민이었습니다. 가장 먼저 든 생각은 주 7일은 못하겠다는 것이었습니다. 주 7일 새벽기도를 하면 피로가 쌓여 금방 죽을 것 같았습니다. 정말 그렇게 생각했습니다. 그렇다면 주 5일 아니면 주 6일인데 결정하기가 어려웠습니다. 다른 교회를 살펴보니 어떤 교회는 월요일 하루를 쉬었고 어떤 교회는 주일과 월요일을 쉬었습니다. 토, 일, 월요일 사흘을 쉬는 교회도 있었습니다. 그 교회 목사님은 '주 나흘 세게 기도하고 주 사흘 확실히 쉰다'라고 말했습니다. 그 말에 솔깃해서 저도 그렇게 하고 싶었습니다.

그런 문제로 한 달 가량 고민하던 저는 2001년 9월 9일 주보에 '9월 10일부터 10월 28일까지 7주간 동안 새벽 6시부터 7시까지 교회 문을 열겠습니다. 기도하실 분들은 참석하시기 바랍니다'라는 광고를 실었습니다. 주 7일 새벽기도를 7주 동안 시험적으로 해보고 그 후에 결정하겠다는 생각이었습니다. 그 시간에 교인들이 자유롭게 기도하고 돌아가시라는 뜻이었습니다. 그리고 저는 서양교회의 허락을 받았습니다.

그렇게 기도하던 9월 하순 어느 날 저는 제 자신이 하나님께 너무나 치사하다는 생각이 들었습니다. '목사가 하나님께 이렇게까지 치사할 수 있을까? 그것도 모태신앙이라는 목사가?' 하는 생각이 들었습니다. 그리고 심히 부끄러웠습니다.

저는 하나님은 사랑이시라고 설교했습니다. 우리를 향한 하나님의 사랑은 한이 없다고 설교했습니다. 그 사랑에 늘 감사하며 살아야 한다고 설교했습니다. 저는 구원의 은혜를 강조했습니다. 그 은혜에 감사하며 살아야 한다고 설교했습니다. 그렇게 설교하는 목사로서 진심으로 부끄러웠습니다.

기도 좀 덜 해보겠다고 새벽기도 문제로 몇 주 동안 고민한 저 자신이 너무 한심했습니다. 주 7일 새벽기도를 7주 동안 해보고 결정하겠다고 생각한 저 자신이 정말 부끄러웠습니다. 목사가 하나님 앞에서 치사해도 이렇게 치사할 수는 없다는 생각이 들었습니다. 설교할 자격도 없다는 생각이 들었습니다.

그래서 한나와 같이 서원했습니다.(삼상 1:10-11) '하나님, 평생 주 7일 새벽기도를 하겠습니다'라고 서원했습니다. 가벼운 마음으로 서원한 것은 아닙니다. 저도 목사로서 서원의 무게를 알고 있었습니다. 서원을 어기고 벌 받은 이야기를 많이 들었습니다. 성경을 통해 알고 있었고 들은 이야기를 통해 알고 있었습니다. 그걸 알면서도 평생 새벽기도를 서원한 것입니다.

서원을 어기면 불구가 되거나 팔다리 중 하나를 잃어버릴 각오를 했습니다. 자식들이 잘못될 각오도 했습니다. 그렇지만 그렇게 서원했습니다. 기도 시간을 놓고 이리 재고 저리 재는 모태신앙 목사의 모습이 스스로 너무나 치사하고 한심했기 때문입니다. 그래서 2001년 9월 30일 주보에 이렇게 광고했습니다. '10월 28일까지로 기한을 정했던 새벽기도를 기한 없이 계속 하도록 하겠습니다. 요일에 상관없이 오전 6-7시 사이에 교회 문이 열려 있습니다.(1월 1일 아침, 새벽에 눈이 온 날, 기타 특별한 사정이 있는 날은 예외)' 그렇게 저의 평생 새벽기도가 시작되었습니다.

· **하나님의 격려**

"두려워하지 말라 내가 너와 함께 함이라 놀라지 말라 나는 네 하나님이 됨이라 내가 너를 굳세게 하리라 참으로 너를 도와주리라 참으로 나의 의로운 오른손으로 너를 붙들리라"(사 41:10)

만 42년 동안 기도하지 않고 살던 저는 2001년 9월 30일부터 매일 새벽기도를 했습니다. 서원을 했고 교회에 광고를 했기 때문입니다. 하나님과의 약속을 깰 수 없었고 교인들과의 약속을 깰 수 없었습니다. 서원을 어긴 벌을 받을 수는 없었습니다. 제가 무서운 벌을 받기는 싫었습니다. 자식들이 무서운 벌을 받는 것을 피해야 했습니다. 그래서 열심히 새벽에 기도했습니다. 새벽기도를 하겠다는 교인이 있으면 차량 봉사를 했습니다. 모시러 가고 모셔다 드리고 했습니다. 그렇게 만 2년 정도가 지났을 때 저는 하나님의 격려를 받았습니다.

2003년 12월 12일 새벽이었습니다. 저는 그날 '오늘이 12월 12일, 12.12 사태가 난 날이구나'라는 생각을 하면서 교회에 도착했습니다. 그 날짜를 분명히 기억하는 이유입니다. 그런데 캄캄해야 할 교회에 밝은 불이 켜져 있었습니다. 청소회사 직원이 새벽에 청소를 하러 온 것이었습니다.

그런 날이 1년에 두세 번 있었는데 2003년 12월 12일이 그랬습니다. 교회 안에서 청소회사 직원을 만나 제가 새벽에 교회에 온 이유를 설명했습니다. 그랬더니 그 사람이 제 말을 듣고 'You are a man of prayer(당신은 기도의 사람이네요)'라는 말을 했습니다.

저는 그 말에 살짝 놀랐습니다. 상상도 못한 말을 들었기 때문입니다. 저는 그날까지 제가 '기도의 사람'이라는 생각은 단 한 번도 하지 않았습니다. 1초도 그런 생각을 한 적이 없었습니다. 제가 기도의 사람이라는 것은 어불성설이었습니다. '사과나무에 배가 열렸네'라는 말과 같았습니다. 저는 모태신앙으로 태어나 40년이 넘도록 기도하지 않고 살았습니다. 불과 2년 전에 '이렇게 기도하지 않는 목사는 처음 봤다'

라는 책망을 들었습니다. 그리고 새벽기도를 시작한지 겨우 2년이 되었을 뿐입니다. 그런 형편에 '기도의 사람'이라는 말은 결코 어울리지 않았습니다.

저는 그 말을 듣고 난 후 기도하면서 '그래, 맞아, 나는 기도의 사람이야'라는 생각을 하지 않았습니다. 그런 생각 자체가 교만이고 불경이라 생각했습니다. 그렇지만 그날 새벽에 '아, 하나님께서 내 새벽기도를 기뻐하시고 이 사람을 통해 나를 격려해주시는구나'라는 생각은 했습니다.(사 41:10) 그리고 내심 기뻤습니다. '하나님께서 내 기도를 기뻐하시는구나'라고 생각하면서 '계속 기도해야지' 하는 생각을 했습니다. 그 기도가 지금까지 이어져오고 있습니다. 앞으로도 계속 이어져 나가기를 소망합니다.

2. 서원과 승리

• 은혜의 지름길

"사람이 여호와께 서원하였거나 결심하고 서약하였으면 깨뜨리지 말고 그가 입으로 말한 대로 다 이행할 것이니라"(민 30:2)

"네 하나님 여호와께 서원하거든 갚기를 더디하지 말라 네 하나님 여호와께서 반드시 그것을 네게 요구하시리니 더디면 그것이 네게 죄가 될 것이라"(신 23:21)

"네가 하나님께 서원하였거든 갚기를 더디게 하지 말라 하나님은 우매한 자들을 기뻐하지 아니하시나니 서원한 것을 갚으라"(전 5:4)

"서원하고 갚지 아니하는 것보다 서원하지 아니하는 것이 더 나으니"(전 5:5)

"네 입으로 네 육체가 범죄하게 하지 말라 사자 앞에서 내가 서원한 것이 실수라고 말하지 말라 어찌 하나님께서 네 목소리로 말미암아 진노하사 네 손으로 한 것을 멸하시게 하랴"(전 5:6)3)

기독교인은 보통 서원을 두려워합니다. 하나님께 무언가를 약속하는 일을 두렵게 생각합니다. 그 이유는 서원을 지키지 못했을 때 무서운 벌을 받기 때문입니다. 그렇습니다. 서원을 지키지 못하면 무서운 벌을 받습니다. 성경은 분명히 그렇게 가르칩니다.(신 23:21, 전 5:4, 5:6) 서원을 지키지 못할 바에는 아예 서원을 하지 말라고 가르칩니다.(전 5:5) 그러니 함부로 서원할 일이 아닙니다.

"입다가 이를 보고 자기 옷을 찢으며 이르되 어찌할꼬 내 딸이여 너는 나를 참담하게 하는 자요 너는 나를 괴롭게 하는 자 중의 하나로다 내가 여호와를 향하여 입을 열었으니 능히 돌이키지 못하리로다 하니"(삿 11:35)

가장 무서운 예가 사사기 11장의 입다의 경우입니다. 사사시대에 암몬이 이스라엘 백성을 괴롭혔습니다. 암몬은 요단 강 동쪽, 지금 요르단에 있던 나라입니다. 그래서 이스라엘 백성은 입다를 지도자로 세웠습니다. 당시는 암몬이 강해서 입다에게 불리한 싸움이었습니다. 그래서 입다는 서원을 했습니다. 하나님께서 암몬과의 싸움에서 이기게 해주시면, 입다가 돌아올 때 자신을 반기러 나오는 처음 사람을 번제로 바치겠다고 약속한 것입니다.

입다가 승리한 후 돌아왔을 때 입다의 딸이 제일 먼저 입다를 맞으러 나왔습니다. 결혼 전이었으니 아직 어린 딸이었습니다. 게다가 입다의 무남독녀였습니다. 입다는 몹시 놀라고 당황하면서 딸에게 자기가 서원한 내용을 말했습니다.(삿 11:35) 그러자 입다의 어린 딸은 서원을 지키라고 합니다. 서원은 지켜야한다는 것입니다. 대신 두 달 여유를 주면 친구들과 산에서 지낸 후 돌아와 제물이 되겠다고 부탁합니다. 입다는 딸의 부탁을 들어주었습니다.

입다 이야기를 읽는 사람은 서원을 주저하게 됩니다. '서원이라는 것이 이렇게 무서운 것이구나, 사람의 목숨을 가져갈 수도 있구나'라고 생각하게 됩니다. 저도 어려서부터 서원을 어긴 사람 이야기를 많이 듣고 자랐습니다. 주로 목사가 되겠다고 서원한 후 다른 직업을 가진 사람들 이야기였습니다. 그들은 공통적으로 온 집안이 망하거나 큰 병을 얻은 후 회개하고 목사가 되었습니다. 선교사 서원을 어긴 후 자식이 큰 병을 얻은 어느 의사를 만난 적도 있습니다. 이런 개인적 경험과 성경 말씀이 합쳐지면서 서원이란 무서운 것이라는 인식을 가지게 됩니다. 그러면서 가능한 한 서원을 피하려고 합니다. 일반적으로 그렇습니다.

그러나 진실은 그렇지 않습니다. 서원은 은혜의 지름길입니다. 함부로 서원할 일은 아니지만 간절히 바라는 것이 있을 때 서원하고 은혜를 입는 것이 바람직합니다. 가장 좋은 예가 사무엘의 어머니 한나입니다.(삼상 1-2장) 한나는 아들을 주시면 하나님께 바치겠다고 서원한 후 사무엘을 얻었습니다. 사무엘을 얻은 후 서원을 지켰고 하나님은 한나에게 세 아들과 두 딸을 더 허락하셨습니다.(삼상 2:21) 믿는 자는 이렇게 살아야 합니다. 입다가 서원의 예가 아니라 한나가 서원의 예입니다. 서원은 비극의 씨앗이 아니라 예상치 못한 은혜의 지름길입니다.

• 입다의 잘못된 서원

> "이에 여호와의 영이 입다에게 임하시니 입다가 길르앗과 므낫세를 지나서 길르앗의 미스베에 이르고 길르앗의 미스베에서부터 암몬 자손에게로 나아갈 때에 그가 여호와께 서원하여 이르되 주께서 과연 암몬 자손을 내 손에 넘겨주시면"(삿 11:29-30)
> "내가 암몬 자손에게서 평안히 돌아올 때에 누구든지 내 집 문에서 나와서 나를 영접하는 그는 여호와께 돌릴 것이니 내가 그를 번제물로 드리겠나이다 하니라"(삿 11:31)

입다는 서원을 하면서 두 가지 잘못을 저질렀습니다. 첫째는 하나님의 능력을 의심한 것입니다. 입다는 하나님의 능력을 의심했기 때문에 서원했습니다. 이것이 입다의 첫 번째 잘못입니다. 하나님의 영이 입다에게 내렸습니다.(삿 11:29) 이 말은 하나님께서 입다에게 암몬 군대를 이길 수 있는 특별한 능력을 주셨다는 뜻입니다. 입다는 카리스마를 가진 용사가 되었습니다. 이스라엘을 구원할 수 있는 능력을 받은 것입니다. 그러므로 이제 나가서 이스라엘을 구원하기만 하면 됩니다.

그런데 그 다음 사사기 11:30에 보는 입다는 그런 용사의 모습이 아닙니다. 자신이 없는 모습입니다. 하나님이 주신 능력을 믿지 못하고 있습니다. 카리스마를 잃어버린 지도자의 모습입니다. 그래서 섣부른 서원으로 하나님의 도움을 구하고 있습니다. 히브리어 성경을 보면 11:30에 '만약에'(*im*, if)라는 단어가 있습니다. 입다는 하나님의 영을 받은 후 '이제 제가 이길 수 있습니다'라고 말하지 않습니다. '만약에 내가 이긴다면'이라고 말하고 있습니다.

입다는 백성을 구할 카리스마와 능력을 받고도 '이제 승리를 확신합니다'라고 말하지 않았습니다. '만약에 제가 이길 수 있도록 도와주신다면'이라고 말하고 있습니다. 입다는 하나님의 능력을 의심했기 때문에 서원했습니다. 입다의 서원은 한나처럼 믿음의 서원이 아니었습니다. 한나는 서원 후에 더 이상 슬퍼하지 않았습니다.(삼상 1:18) 하지만 입다는 하나님의 영을 받고도 믿음이 약했습니다. 그래서 서원한 것입니다. 입다의 서원은 경솔하고 불필요한 서원이었습니다. 입다는 '만약에'라고 하면서 서원할 것이 아니라 기드온처럼 담대한 믿음으로 싸웠어야 했습니다. 입다의 서원이 비극으로 끝난 이유가 여기에 있습니다.

또 다른 이유도 있습니다. 입다는 이방 종교 의식으로 서원한 것입니다. 이스라엘에는 사람을 제물로 드리는 경우가 없었습니다. 하나님은 그런 명령을 내리신 적이 없습니다. 모세의 율법 어디에도 사람을 바치라는 내용이 없습니다. 하나님은 결코 사람 제물을 원치 않으셨습니다. 입다는 엉뚱한 제물을 약속한 것입니다. 기독교인이 불교의 108배나 3천배를 약속한 격입니다.

사람 제물은 원래 입다의 적인 암몬 사람들의 의식이었습니다. 사람들은 암몬의 신 몰렉에게 사람을 제물로 바쳤습니다. 암몬의 신인 몰렉에 대한 말씀인 레위기 20:2-5를 보면 이를 확실히 알 수 있습니다.(왕상 11:7 참고) 입다는 우상에게 어울리는 내용으로 하나님께 약속했습니다. 결국 입다의 서원은 이중으로 잘못 되었습니다. 하나님의 능력을 믿지 못해 서원했고 또 우상에게 어울리는 서원을 했습니다. 입다는 몰렉에게 어울리는 제물을 하나님께 약속한 것입니다. 하나님께서 이런 서원을 기뻐하실 리 없습니다. 그래서 입다의 서원이 딸의 죽음으로 끝났습니다. 비극으로 끝난 것입니다. 그러므로 서원을 말할 때 입다를 인용할 수 없습니다.

> "이 아이를 위하여 내가 기도하였더니 내가 구하여 기도한 바를 여호와께서 내게 허락하신지라 그러므로 나도 그를 여호와께 드리되 그의 평생을 여호와께 드리나이다 하고 그가 거기서 여호와께 경배하니라"(삼상 1:27-28)
>
> "여호와께서 한나를 돌보시사 그로 하여금 임신하여 세 아들과 두 딸을 낳게 하셨고 아이 사무엘은 여호와 앞에서 자라니라"(삼상 2:21)

성경의 대표적인 서원은 사무엘상 1-2장에서 보는 한나의 경우입니다. 하나님께 소원을 말하며 약속하고, 하나님의 은혜를 체험한 후 그 약속을 지킵니다. 그리고 더 큰 은혜를 받는 것입니다. 이것이 서원입니다. 서원은 이렇게 은혜를 체험하는 지름길이며 더 큰 은혜로 끝나는 것입니다. 아들 하나를 원했던 한나가 아들 셋과 딸 둘을 더 얻었던 것처럼 말입니다.(삼상 2:21) 서원은 그런 것입니다.

입다 때문에 서원을 두려워해서는 안 됩니다. 잘못 서원했다가는 입다처럼 큰 불행을 당한다는 식으로 생각해서는 안 됩니다. 성경의 교훈은 그런 게 아닙니다. 서원에 대한 가르침은 한나에서 찾아야 합니다. 하나님께 약속하고, 하나님의 은혜를 체험하고, 하나님께 한 약속을 지키고, 생각지도 못한 더 큰 은혜 체험하는 것이 서원입니다.

믿는 자는 하나님의 영을 받은 사람들입니다. 성령께서 그 사람 안에 거하시고 그는 성령의 은사를 선물로 받았습니다. 하나님의 능력을 받은 사람들입니다. 그러므로 하나님께서 그를 사용하려 하실 때 '내가 이 일을 할 수 있을까? 어려울 거야. 불가능해'라고 믿음이 약한 생각을 하지 말아야 합니다. 그것은 겸손이 아니라 의심입니다. 받은 달란트를 땅에 묻어두는 행위입니다. 믿음이 약한 것입니다. 그런 때 '주여, 저를 주의 일에 사용하소서'라고 순종해야 합니다. 그렇게 사용되기를 소망하면서 하나님을 믿고 싸우러 나간 기드온 같은 사람이 되어야 합니다.

서원은 신앙의 지뢰밭에 들어서는 일이 아닙니다. 운 좋으면 한나처럼 되고 운 나쁘면 입다처럼 되는 게 아닙니다. 서원은 인생의 지뢰밭에서 하나님께 손을 내미는 것입니다. '이 위험한 곳에서 나를 안전한 곳으로 인도해 주십시오'라고 전능자에게 손을 내미는 일입니다. 하나님의 은혜를 체험하는 가장 확실한 길입니다.

> "내가 여호와께 서원한 것을 그의 모든 백성이 보는 앞에서 내가 지키
> 리로다"(시 116:18)

경험에 의하면 기도는 어렵습니다. 여러 가지 이유가 있습니다. 첫째, 사람 안에 영적 갈망이 없기 때문입니다. 기도하지 않으면 기도하고 싶어지는 경우는 없습니다. 둘째, 기도 외에 하고 싶은 일이 많습니다. 기도 말고 취미 생활이나 여가 활동을 하고 싶습니다. 셋째, 해야 할 일도 많습니다. 공부해야 하고 먹고 살아야 합니다. 쉬어야 하고 운동해야 합니다. 건강이나 재충전을 위한 시간이 필요합니다.

여기에 은밀하고 무서운 유혹이 있습니다. 먼저 악한 본성이 있습니다. 자신을 믿고 강하게 살라고 속삭입니다. 또 사회적, 문화적 유혹이

있습니다. 친구를 만나야 하고 사회생활도 해야 합니다. 보고 싶은 영화나 TV나 뉴스가 있습니다. 그리고 마귀의 유혹이 있습니다. 기도하지 않고도 살 수 있다고 유혹합니다. 기도 없이 예수를 잘 믿을 수 있다고 속삭입니다. 열심히 사는 것이 곧 기도라고 합니다. 그래서 기도가 어렵습니다.

이런 어려움과 유혹을 이기는 좋은 방법이 서원입니다. 유일한 방법은 아니지만 정말 좋은 방법입니다. 누구나 평생 새벽기도를 서원할 필요는 없을 것입니다. 자신의 형편에 맞게 한시적으로 서원할 수 있습니다. 그 서원을 지키면 말할 수 없는 큰 은혜를 체험하게 됩니다. 기도가 힘들고 어려울 때 입다를 생각하며 서원을 두려워할 것이 아닙니다. 한나를 생각하며 믿음의 서원을 해야 합니다. 그러면 하나님께서 예비해 놓으신 복을 받게 됩니다. 그 복은 사람이 미처 생각하지 못한 풍성한 은혜입니다. 하늘의 신령한 은혜입니다.

6장.
기도의 은혜

1. 온전한 믿음의 시작

• 온건한 자유주의자

"하나님의 지혜에 있어서는 이 세상이 자기 지혜로 하나님을 알지 못
하므로 하나님께서 전도의 미련한 것으로 믿는 자들을 구원하시기를
기뻐하셨도다"(고전 1:21)
"하나님의 어리석음이 사람보다 지혜롭고 하나님의 약하심이 사람보
다 강하니라"(고전 1:25)43)

저는 1998년 밴쿠버에서 개척교회를 시작할 때 저 스스로를 '온
건한 자유주의자'라고 자처했습니다. 신학에서 말하는 자유주의는 인간
의 이성과 경험을 중시하는 입장입니다. 자유주의자는 성경과 교리를 인
간의 이성과 경험에 기초해서 이해합니다. 온건한 자유주의자라는 말은

그렇게 인간의 이성과 경험을 사용하는데 있어 과격하지는 않다는 뜻입니다.

부활 사건을 예로 든다면 과격한 자유주의자는 아예 부활이 없었다고 합니다. 인간의 이성과 경험으로 볼 때 사람이 완전히 죽었다 살아나는 일은 불가능하기 때문입니다. 부활은 제자들이 예수를 신격화 하는 과정에서 일어난 일이라고 설명합니다. 저는 부활이 없어도 예수를 잘 믿을 수 있다고 말했습니다. 이성과 경험으로 볼 때 부활을 믿기는 어렵지만 그렇다고 해서 성경을 부인하고 싶지는 않았던 것입니다. 그래서 부활이 없어도 예수를 잘 믿을 수 있다고 말한 것입니다. 회색지대의 입장입니다.

저는 목회 초기에 온건한 자유주의자라는 사실이 은근히 자랑스러웠습니다. 그 당시 저는 근본주의자는 어리석고 보수주의자는 신학이 없다고 생각했습니다. 인간의 이성과 경험을 중시하는 자유주의가 옳다고 생각했습니다. '좀 배운 목사'는 자유주의 신학을 가질 수밖에 없다고 생각했습니다. 다만 과격하지 않고 온건해야 한다고 생각했습니다. 그래야 성경과 심하게 충돌하지 않기 때문입니다. 저는 온건한 자유주의자가 바람직한 목회자 상이라고 생각했습니다.

그 당시 제 신앙의 좌우명은 '인간 이성의 한계까지, 인간 능력의 한계까지'였습니다. 인간의 이성과 능력의 한계까지 노력하다가 한계에 도달하면 그때 하나님의 지혜와 능력을 의지하겠다는 뜻입니다. 저는 이역시 아주 바람직한 신앙의 모습이라고 생각했습니다. 그래야 '기독교인은 하나님만 의지하는 무기력한 인간'이라는 비난을 피할 수 있다고 생각했습니다. 기독교인이 하나님의 지혜만 구하는 무능한 인간이라는 비평을 피할 수 있다고 생각한 것입니다.

그러나 이는 틀린 생각이었습니다. 온건한 자유주의 역시 잘못된 신앙입니다. 부활이 없어도 예수를 잘 믿을 수 있다고 말하는 것이 그렇습니다. 부활은 신앙의 핵심입니다. 만약 부활이 없다면 기독교 신앙 자체가 의미가 없습니다. 그것은 마치 늘 외도하면서 좋은 배우자가 될 수 있다고 말하는 것과 같습니다. 늘 자식을 때리면서 좋은 부모가 될 수 있다고 말하는 것과 같습니다. 절대 아닌 것을 그렇다고 우기는 것입니다. 성경은 부활과 영생이 없다면 기독교인이야말로 세상에서 가장 불쌍한 사람일 것이라고 합니다.(고전 15:19) 온건하다고는 해도 자유주의자는 자유주의자입니다. 성경 해석이라는 명목으로 성경의 진리를 사람의 지혜로 판단하는 것입니다. 무서운 잘못입니다.

'인간 이성의 한계까지, 인간 능력의 한계까지'라는 신앙의 좌우명도 문제입니다. 하나님께서 인간에게 이성을 주신 이유가 있습니다. 스스로 자신을 책임지며 살도록 능력을 주신 까닭이 있습니다. 그러므로 이성도 좋은 것이고 능력도 좋은 것입니다. 인간은 주체적으로 살아야 합니다. 그러나 신앙의 좌우명을 '인간 이성의 한계까지, 인간 능력의 한계까지'로 정하는 것은 교만입니다. 원죄의 맥락에 서있는 것입니다.

아담과 하와의 죄는 인간이 신과 같은 지혜를 얻고자 했던 것입니다. 그것을 도전이라고 할 수도 있고 교만이라고 할 수도 있습니다. 자유주의 신학은 쉽게 아담과 하와의 죄를 범하게 됩니다. 인간의 이성과 주체성을 강조하다보면 자신도 모르게 교만해집니다. 신의 지혜와 능력에 도전하게 됩니다.

선악과를 먹은 사건은 결코 과거의 사건이 아닙니다. 모든 인간이 날마다 범하는 죄입니다. 성령으로 충만하기를 원하면서 선악과의 죄를 범할 수 있습니다. 하나님의 일을 열심히 하면서 그런 죄를 지을 수 있습니다. 인간은 겸손하기를 원하면서 교만할 수 있습니다. 무지하면 그렇게 됩니다. 그것이 인간의 보편적 모습입니다.

인간의 이성과 체험을 강조하는 자유주의 신앙은 인간의 악한 본성을 쉽게 교만으로 인도합니다. 자신의 한계에 도달하는 과정에서 교만해집니다. 자신이 언제 하나님께 무릎을 꿇어야하는지 모르고 계속 나아가면서 교만해지는 것입니다.

2004년 6월 중순 저는 우연한 기회로 성령에 주목하게 되었습니다. 후배 목사의 차에서 1-2분 동안 설교 테이프를 들은 것이 그 계기였습니다. 저는 지금 그 일을 하나님의 은혜로 굳게 믿고 있습니다. 그 설교 테이프를 계기로 성령에 대해 새롭게 깨닫게 되었기 때문입니다. 저는 그 깨달음을 기초로 온건한 자유주의 신학을 버렸습니다. 그리고 '인간 이성의 한계까지, 인간 능력의 한계까지'라는 신앙의 좌우명도 버렸습니다.

성령에 주목하면서 저는 제가 오래 동안 성령을 외면하고 살았음을 깨달았습니다. 그리고 회개했습니다. 그리고 성령을 사모하면서 큰 은혜를 누렸습니다. 성령께서 주시는 모든 진리를 사모하게 된 것입니다. 저는 삼위일체 하나님에 대한 바른 이해를 얻었습니다. 그것이 저의 신학과 신앙을 변화시켰습니다. 저는 이 사실에 진심으로 감사하고 있습니다.

만약 제가 계속 온건한 자유주의자임을 자처했다면 하나님의 영광을 가렸을 것입니다. 만약 제가 '인간 이성의 한계까지, 인간 능력의 한계까지'라는 신앙의 좌우명을 계속 유지했다면 교회에 해를 끼쳤을 것입니다. 하나님의 말씀을 인간의 이성과 체험으로 판단하는 것은 아주 잘못된 일입니다.

저는 인간의 지혜를 사랑하는 사람에서 성령의 지혜를 사모하는 사람이 되었습니다. 그리고 '모든 일에 하나님을 인정하고 모든 일에 하나님을 의지하자'는 신앙의 좌우명을 가지게 되었습니다. 하나님을 경외하면서 하나님 앞에서 겸손하겠다는 뜻입니다. 저는 이것을 '육신에 속한 자에서 신령한 자로 변화된 것'이라고 고백합니다. 저는 그 변화의 의미를 잘 알고 있습니다.

• 두 번의 계기

"이 말씀을 하시고 그들을 향하사 숨을 내쉬며 이르시되 성령을 받으
라"(요 20:22)
"우리 주 예수 그리스도의 하나님, 영광의 아버지께서 지혜와 계시의
영을 너희에게 주사 하나님을 알게 하시고"(엡 1:17)

돌이켜보면 그 변화에는 두 번의 계기가 있었습니다. 두 번째 계
기가 바로 앞에서 언급한 설교 테이프입니다. 1-2분 동안 잠깐 들은 설교
가 계기가 되어 저는 그 주간에 성령에 대해 설교했습니다. 2004년 6월
20일 주일입니다. 저는 그때 사도행전 2:42-47을 본문으로 '성령 충만한
삶'이라는 제목의 설교를 했습니다. 그날 설교가 제 신앙의 큰 전환점이
되었습니다. 저는 신학교에 입학한 1977년부터 무려 27년 동안 성령에
무관심했습니다. 그랬던 제가 그때부터 다시 성령께 주목하기 시작했습
니다.

그때 제가 성령에 대해 깊이 이해했던 것은 아니었습니다. 겨우
시작이었을 뿐입니다. 하지만 그 이후 성령에 관해 많은 깨우침을 얻었
습니다. 그 깨우침은 삼위일체 하나님에 대한 이해로 이어졌습니다. 성
부께서 밭을 만드시고 성자께서 씨를 뿌리십니다. 거기에 성령께서 단비
를 내리십니다. 세 위격 모두가 계셔야 풍성한 믿음의 열매를 얻을 수 있
습니다. 성부가 뜻을 밝히시고 성자가 그 뜻을 믿게 하십니다. 성령께서
그 뜻에 순종케 하십니다. 세 위격 모두가 계셔야 비로소 온전한 신앙을
가질 수 있습니다.

요한계시록 첫 장에서 하나님은 '나는 알파와 오메가요'라고 말씀
하십니다.(계 1:8) 그리고 마지막 장에서도 '나는 알파와 오메가요 처음과
마지막이요 시작과 마침이라'고 말씀하십니다.(계 22:13) 하나님은 영원

전부터 영원 후까지 계시며 세상 만물을 창조하시고 또 심판하신다는 뜻입니다.

이 말씀을 믿음에 적용할 수 있습니다. 삼위일체 하나님이 믿음의 기초이자 완성이십니다. 신앙은 하나님의 계시로 시작해서 하나님의 뜻을 따라 완성됩니다. 하나님께서 모든 신앙과 신학의 시작이자 마지막이 되십니다. 굳센 믿음을 원한다면 삼위일체 하나님을 경외하고 사랑해야 합니다. 올바른 신학을 원한다면 삼위일체 하나님을 믿고 그 뜻에 순종해야 합니다.

> "모든 기도와 간구를 하되 항상 성령 안에서 기도하고 이를 위하여 깨
> 어 구하기를 항상 힘쓰며 여러 성도를 위하여 구하라"(엡 6:18)
> "기도를 계속하고 기도에 감사함으로 깨어 있으라"(골 4:2)

그런데 성령에 주목한 이 두 번째 계기는 첫 번째 계기로 인해 가능했습니다. 두 번째 계기가 변화의 열매에 해당된다면 변화의 뿌리는 첫 번째 계기였습니다. 그 첫 번째 계기가 바로 앞장에서 언급한 2001년 9월 새벽기도의 시작입니다. 저의 경우 모든 풍성한 은혜가 기도로부터 시작되었습니다. 이것이 바로 기도의 은혜입니다.

저는 지금 결코 온건한 자유주의자가 아닙니다. 부활이 없어도 예수를 잘 믿을 수 있다고 주장하지 않습니다. 오히려 매일 새벽에 '세상에 나가 그리스도의 비밀을 전하는 부활의 증인으로 살게 해주십시오'라고 기도하고 있습니다. 부활이야말로 신앙의 핵심이며 하나님의 가장 큰 복이기 때문입니다. 부활을 모르면 절대 예수를 잘 믿을 수 없습니다. 기도가 저를 성령께로 이끌고 성령께서 저를 모든 진리로 인도하셨습니다.(요 16:13) 기도가 우리를 참된 진리로 인도합니다.

저는 자유주의 신앙을 버렸습니다. 성령 충만을 사모하는 사람이

되었습니다. 저는 '인간 이성의 한계까지, 인간 능력의 한계까지'라는 신앙의 좌우명을 버렸습니다. '모든 일에 하나님을 인정하고 모든 일에 하나님을 의지하는 사람이 되게 해주십시오'라고 기도하는 사람이 되었습니다. 그런 지혜를 성령께서 주셨습니다. 하나님의 은혜입니다. 그런 은혜가 모두 기도로부터 시작되었습니다.

• 온전한 믿음

"영원부터 만물을 창조하신 하나님 속에 감추어졌던 비밀의 경륜이 어떠한 것을 드러내게 하심이라"(엡 3:9)
"이 비밀은 만세와 만대로부터 감추어졌던 것인데 이제는 그의 성도들에게 나타났고 하나님이 그들로 하여금 이 비밀의 영광이 이방인 가운데 어떻게 풍성한 것을 알게 하려 하심이라. 이 비밀은 너희 안에 계신 그리스도시니 곧 영광의 소망이니라"(골 1:26-27)

하나님께서 이 세상 처음부터 모든 사람에게 숨기셨던 비밀이 있습니다. 바로 예수 그리스도입니다. 그 비밀은 때가 되어 사람들에게 드러나게 되었습니다. 하나님의 아들이 나사렛 예수로 이 세상에 오신 것입니다. 그런데 이 비밀을 완전히 깨닫기 위해서는 반드시 성령의 도우심이 필요합니다. 진리의 영이신 성령의 도우심이 있어야 예수를 주로 믿을 수 있습니다. 고린도전서 12:3에 '성령으로 아니하고는 누구든지 예수를 주시라 할 수 없느니라'는 말씀이 있습니다.
성령의 도우심 없이 예수를 믿는 것은 불완전합니다. 그리스도에 관해 부분적으로 밖에 알 수 없습니다. 그런 사람은 예수님에 관한 모든 진리를 확신할 수 없습니다. 그래서 죄 사함의 기쁨을 모르고 영생에 대한 소망이 약합니다. 온전한 진리에 도달하지 못하면 온전한 은혜를 누릴 수 없습니다.

진리의 영이 도와주실 때 비로소 온전한 진리에 도달할 수 있습니다. 인간이신 나사렛 예수가 곧 하나님이심을 믿을 수 있습니다. 성탄절의 진리와 부활절의 진리를 믿을 수 있습니다. 성령강림절의 진리를 확신할 수 있습니다. 물세례와 성령 세례를 받은 사람이 성령으로 충만해야 하는 이유가 여기에 있습니다. 성령의 도우심이 있어야 인간의 경험과 이성의 한계를 넘을 수 있습니다. 그래야 성경 말씀을 온전히 믿을 수 있습니다.

성령께서 인간의 이성을 극복하고 하나님의 진리로 나아가게 하십니다. 믿는 자는 반드시 성령을 사모해야 합니다. 성령으로 충만한 사람이 되어야 합니다. 그런데 하나님은 기도하는 자에게 성령 충만함을 허락하십니다. 온전한 진리를 깨닫게 하시고 풍성한 은혜를 허락하십니다. 그래서 기도가 필요합니다.

> "보혜사 곧 아버지께서 내 이름으로 보내실 성령 그가 너희에게 모든 것을 가르치고 내가 너희에게 말한 모든 것을 생각나게 하리라"
> (요 14:26)
> "그러나 진리의 성령이 오시면 그가 너희를 모든 진리 가운데로 인도하시리니 그가 스스로 말하지 않고 오직 들은 것을 말하며 장래 일을 너희에게 알리시리라"(요 16:13)

예수님은 요한복음 14:26에서 '보혜사 곧 아버지께서 내 이름으로 보내실 성령 그가 너희에게 모든 것을 가르치시고 내가 너희에게 말한 모든 것을 생각나게 하시리라'고 말씀하십니다. 이 말씀은 성경과 신앙의 핵심을 이해하는데 있어 아주 중요한 말씀입니다. 진리의 성령이 오셔야 예수께서 말씀하신 모든 것을 깨달을 수 있습니다. 성경의 모든 진리를 알게 되는 것입니다. 그리고 그 모든 진리를 실천할 수 있습니다.

진리의 영이신 성령의 인도하심을 받아야 합니다. 그래야 인간의 이성과 경험을 극복할 수 있습니다. 온전한 진리를 믿고 깨달을 수 있습니다. 그것이 진리의 영이신 성령께서 이 세상에 오신 이유입니다. '성령께서 너희를 모든 진리로 인도하실 것'이라는 말씀의 진정한 의미입니다.(요 16:13)

성령께서 진리를 깨닫도록 도와주십니다. 성령의 도우심이 없으면 성경의 진리를 부분적으로 믿게 됩니다. 온전한 진리를 놓치는 것입니다. 성경에 인간의 지혜와 경험을 초월하는 진리가 있습니다. 창조, 재림, 종말과 같은 진리입니다. 영적 진리도 있습니다. 영적 거듭남, 원죄, 죄 사함, 부활, 부활의 몸, 영원한 생명과 같은 진리입니다. 초자연적 진리도 있습니다. 병 고침, 오병이어 기적, 물 위를 걸으신 기적 같은 것입니다.

성령의 도우심이 없으면 이런 진리에 애매모호한 태도를 가지게 됩니다. 믿는 것도 아니고 믿지 않는 것도 아닌 어중간한 입장을 가지는 것입니다. 성령의 도우심이 있어야 비로소 이런 진리를 내적으로 확신하게 됩니다. 성경이 창세기부터 요한계시록까지 하나님이 주관하신 한 권의 책임을 확신하게 됩니다. 성경이 진정한 생명의 말씀임을 믿게 됩니다.

성령은 진리를 실천하도록 도우십니다. 좋은 예가 원수를 위해 기도하는 일입니다. 성령의 도우심이 없으면 원수를 위해 기도할 수 없습니다. 나를 해치는 사람에게 복을 빌 수 없습니다. 인간의 상식으로 그런 기도는 불가능합니다. 그러나 성령께서 도와주시면 할 수 있습니다. 성령께서 도와주셔야 비로소 원수를 위해 기도할 수 있습니다.

또 다른 예는 힘들고 어려울 때 소망을 가지는 일입니다. 사람은 힘들고 어려울 때 낙심하기 마련입니다. 그런 때 성령께서 연단과 인내라는 하나님 뜻을 기억나게 하십니다. 하나님이 구원의 반석이시라는 말씀을 생각나게 하십니다. 믿는 자를 말씀으로 위로하시고 소망을 가지도록 도우십니다. 저의 경우 기도가 저를 성령 충만의 길로 인도했습니다. 기도가 저를 온전한 믿음의 길로 인도한 것입니다. 이것이 제가 누린 기도의 은혜 중 하나입니다.

2. 은혜를 누리는 삶

• 일상의 은혜

"여호와여 주는 의인에게 복을 주시고 방패로 함 같이 은혜로 그를 호위하시리이다"(시 5:12)

"여호와는 나의 반석이시요 나의 요새시요 나를 건지시는 이시요 나의 하나님이시요 내가 그 안에 피할 나의 바위시요 나의 방패시요 나의 구원의 뿔이시요 나의 산성이시로다"(시 18:2)

하나님의 은혜 중 가장 중요한 것은 구원의 은혜입니다. 죄 사함으로 시작해서 칭의, 성화, 영화로 이어지는 은혜입니다. 믿는 자가 마지막 날에 받을 영원한 생명과 영원한 상급이 하나님의 진정한 은혜입니다. 그러나 그런 구원의 은혜가 전부는 아닙니다. 하나님께서 생활 가운데 베푸시는 일상의 은혜도 있습니다. 일상의 은혜는 삶의 은혜를 말하는 것입니다. 이를 하나님의 깨우쳐주심, 인도하심, 보호하심, 채워주심, 기다려주심의 은혜로 요약할 수 있습니다.

깨우쳐주심은 옳고 그름, 선과 악, 진리와 비(非)진리를 깨우쳐주시는 은혜입니다. 인도하심은 바르고 선한 길로 가게 하시고 가야할 길을 가게 하시는 은혜입니다. 보호하심은 위험과 유혹으로부터 지켜주시는 은혜입니다. 채워주심은 일용할 양식과 필요한 물질을 허락하시는 은혜입니다. 기다려주심은 잘못과 허물이 있을 때 이를 즉각 벌하지 않으시고 회개하고 믿음의 길로 돌아오기까지 참으시는 은혜입니다. 물론 더 많은 일상의 은혜가 있지만 대략 이 다섯 가지로 요약할 수 있습니다.

예수께서 일상 가운데 진리를 깨우쳐주시는 은혜를 베풀어주십니다.(마 7:28-29, 마 16:21) 삶의 방향을 인도하시는 은혜를 허락하십니다.(마 8:22, 9:9, 19:21) 모든 위험으로부터 보호하시는 은혜로 보살펴주십니다.(마 9:20-22, 요 17:15) 필요한 것들을 채워주시는 은혜로 만족케 하십니다.(시 107:9, 마 14:13-21, 15:32-38, 눅 5:4-6, 요 21:5-11) 잘못과 죄를 회개할 때까지 기다려주시는 은혜로 사랑을 베푸십니다.(시 103:8-10, 마 17:17, 눅 9:53-55) 기도하는 사람이 그런 일상의 은혜를 누립니다.

> "내가 주를 바라오니 성실과 정직으로 나를 보호하소서"(시 25:21)
> "주는 나의 은신처이오니 환난에서 나를 보호하시고 구원의 노래로 나를 두르시리이다"(시 32:7)

제가 이런 일상의 은혜로 고백하는 일화를 하나 소개합니다. 기도의 은혜라고 믿는 사건입니다. 딸아이가 초등학교 5학년 때 몸은 비쩍 마르고 행동이 아주 산만했습니다. 그런데 밥은 오히려 무척 많이 먹었습니다. 저희는 그저 성장기의 일반적인 현상이라고만 생각했습니다. 결론은 갑상선 기능항진 때문이었습니다. 저희는 갑상선 문제일 줄은 상상도 못했습니다. 크느라고 많이 먹는다고 생각했고 먹어도 살찌지 않는 체질이라고 생각했습니다. 그리고 애가 한참 까불 때여서 산만한 것이라고 생각했습니다.

갑상선 기능항진을 발견한 과정은 이렇습니다. 아이가 엄지와 검지 사이 손등에 피부가 조금 벗겨져서 피부과 전문의를 찾았습니다. 그런데 그 의사가 피부는 아무 문제도 아니라고 하면서 오히려 목이 좀 굵어 보이니 갑상선 쪽으로 피검사를 하라고 했습니다. 피검사 결과에 큰 문제가 있었습니다. 정상 수치보다 몇 배가 높은 수치가 나왔습니다. 상당히 높은 수치였습니다.

그 후 1년 반 동안 약을 4알, 3알, 2알, 1알로 줄여가며 복용하면서 수치가 정상이 되었습니다. 그리고 약을 끊었고 지금까지 약을 먹지 않고 있습니다. 앞으로 재발할 가능성은 있겠지만 적어도 무엇이 문제인지 알고 있고 또 해결책도 알고 있습니다.

저희 가정은 그 일을 놓고 하나님께서 아이를 보호해 주셨다고 믿고 있습니다. 손등에 작은 피부 트러블이 생긴 일이 그렇습니다. 그 일은 그때 처음 있었고 그 후로는 그런 일이 없었습니다. 피부과 의사가 갑상선 검사를 하라고 한 일이 그렇습니다. 좋은 전문의를 만나 잘 치료된 일이 그렇습니다. 아직까지 정상인 일이 그렇습니다. 이 모든 것이 하나님의 은혜라고 고백하는 것입니다.

그것이 하나님의 은혜라는 것을 증명할 수는 없습니다. 우연이라고 말할 수도 있습니다. 그러나 많은 사람들의 공통된 고백은 '기도가 그치면 우연도 그친다'는 것입니다. 이사야 65:11에 '갓에게 상을 베풀며 므니에게 섞은 술을 가득히 붓는 너희여'라는 말씀이 있습니다. 이는 '행운'이라는 우상을 섬기는 사람과 '운명'이라는 우상을 섬기는 사람에 대한 경고의 말씀입니다. 믿는 자로서 '우연, 행운, 운명'이라는 말을 사용할 것이 아니라 '머리카락까지도 세시는 하나님'을 경외할 필요가 있습니다.(마 10:30)

사람은 누구나 열심히 살면서 많이 생각하고 또 최선을 다해 노력합니다. 하지만 인간으로서 알지 못하는 것들이 있습니다. 알 수 없는 것들도 있습니다. 부모가 자식의 장래를 염려하면서 어느 정도 도움을 줄 수 있습니다. 그러나 자식의 장래를 완전히 책임질 수는 없습니다. 아이를 내가 원하는 모습으로 만들 수도 없습니다. 또 내가 원하는 모습이 정답이라는 확신도 없습니다. 아이의 능력이 부족할 수도 있습니다.

그러므로 결국은 기도하는 것이 정답입니다. 하나님을 의지하고 성령으로 충만한 삶을 사는 것이 삶의 문제에 대한 해답입니다. 믿음으로 기도하는 사람이 이런 평안을 얻을 수 있습니다. 기도는 사람에게 평안을 주는 약입니다.

"그러므로 여호와께서 그의 사랑하시는 자에게는 잠을 주시는도
다"(시 127:2)

저는 2015년 9월부터 2016년 6월까지 하나님의 징계를 받았습니
다.(히 12:5-13 참고) 그동안 살면서 마음과 생각과 입술로 짓는 죄를 가볍
게 여겼기 때문입니다. 저는 15년 동안 새벽기도를 하면서 회개하는 기
도를 거의 하지 않았습니다. 예수를 믿은 지 55년 동안 회개할 것이 거
의 없는 것처럼 살았습니다. 법률적, 도덕적, 윤리적 잘못을 거의 저지르
지 않았기 때문입니다. 특별히 회개할 것이 없다고 생각했습니다. 저 자
신의 잘못은 게으름이나 무지 정도라고 생각했습니다. 저는 저 스스로를
그렇게 판단했습니다.

그러나 하나님은 제가 마음과 생각과 입술로 짓는 죄를 깨닫고
회개하기를 원하셨습니다. 그래서 2015년 9월부터 저를 징계하기 시작
하셨습니다. 누가 제 심장을 꽉 쥐고 있는 것 같은 답답함과 두려움이 시
작되었습니다. 아주 괴롭고 불편하고 무섭고 답답했습니다. 도무지 기쁨
과 평안을 얻을 수 없는 무척 힘든 날들이었습니다. 제가 평생 처음 경험
하는 현상이었습니다. 그런 상황이 2-3일 지속되다가 하루나 이틀 좀 약
해지고 다시 2-3일 계속되었습니다. 하나님은 제가 징계를 견딜 수 있는
힘을 주신 것입니다.(고전 10:13) 하나님의 은혜입니다. 만약 그런 상태가
일주일 내내 지속되었다면 저는 견딜 수 없었을 것입니다. 정말 힘들고
괴로웠습니다.

처음에는 그런 상태를 도대체 이해할 수 없어서 아주 혼란스러웠
습니다. 그러다 그해 12월에 저는 그것이 영의 문제 때문임을 깨달았습
니다. 그리고 회개하기 시작했습니다. 사흘 금식으로 시작해서 저의 영

적 상태를 돌아보면서 하나하나 회개하기 시작했습니다. 그 회개가 6개월 정도 지속되었습니다. 그 6개월 동안 모든 세속적 미디어를 끊었습니다. TV를 시청하지 않았고 신문을 읽지 않았습니다. 설교만 들었습니다.

그 기간 동안 저는 영적으로 매우 민감했습니다. 2016년 1월부터 4월까지 하루에 몇 번씩 통곡하며 회개했습니다. '하나님, 저를 용서해주세요, 용서해주세요'라고 울부짖으며 회개했습니다. 그리고 누가 큰 상처를 건드리는 것처럼 작은 일에 민감했습니다. 거리에서 노숙자, 어두운 표정의 사람, 가난한 복장의 사람, 잔인하고 난폭한 장면, 굶주리고 병든 아이 사진 등을 보면 참을 수 없는 눈물이 흘렀습니다. 하루하루가 힘들고 괴롭고 무서웠습니다. 정신이 매우 날카로워서 쉽게 잠들 수 없었고 자다가 깨곤 했습니다. 밤 11시 경에 겨우 잠들면 새벽 1시, 3시 경에 꼭 잠이 깨곤 했습니다. 그렇게 깨면 정신이 너무 또렷해서 다시는 잠들 수 없을 것 같았습니다.

저는 그럴 때마다 기도했습니다. 시편 127:2를 외우면서 '하나님, 사랑하시는 자에게 잠을 주신다고 하셨잖아요. 내 안에 계시는 성령님, 저를 도와주세요. 잠 잘 자게 해주세요'라고 기도했습니다. 다시 잠이 들 때까지 그렇게 기도했습니다. 그리고 단 한 번도 잠을 못 잔 적이 없었습니다. 그렇게 괴롭고 정신이 또렷한 상황에서 다시 잠들지 못한 밤이 하루도 없었습니다. 저는 그것이 분명 성령의 도우심 때문이라고 믿습니다. 저의 기도를 듣고 성령께서 도와주신 것이라고 믿습니다. 달리 말하면 기도의 능력이라고 믿는 것입니다. 기도는 이렇게 우리를 일상의 은혜로 인도합니다.

"하나님이 하갈의 눈을 밝히셨으므로 샘물을 보고 가서 가죽부대에 물을 채워다가 그 아이에게 마시게 하였더라"(창 21:19)

이외에도 일상의 은혜를 경험한 일들이 많습니다. 어느 토요일 저녁 설교에 참고하려고 기도에 대한 책을 찾는 일이 있었습니다. 일이층 세 군데로 흩어진 책장을 20-30분 정도 찾았습니다. 온 집안을 세 번이나 뒤졌지만 결국 찾지 못했습니다. 그래서 마지막 수단으로 기도했습니다. '하나님, 그 책을 찾을 수 있게 도와주십시오'라고 기도한 것입니다. 그런데 그 짧은 기도를 끝내면서 저도 모르게 고개를 오른쪽으로 돌리게 되었는데 그렇게 찾고 있던 책이 눈에 딱 들어왔습니다. 그 책만 보였습니다. 영화에서 어느 사물을 클로즈업 하듯이 보였습니다. 그렇게 찾아다니는 책이 실은 컴퓨터 책상 옆 책꽂이 중간에 꽂혀 있었던 것입니다. 기도의 은혜입니다. 하갈의 눈을 밝혀 샘물을 발견하게 하시는 은혜입니다.(창 21:19)

밴쿠버 목회 초기에는 이런 일이 있었습니다. 새벽기도를 서원하고 시작한 지 한 달 반 정도 되었을 때입니다. 금요일 아침 10시에 교회에서 성경 공부가 있었는데 여기에 늦게 되었습니다. 성경 공부 복사물 72장(9장씩 8명)을 프린터로 출력해서 그것을 스테이플로 찍는 시간을 계산하지 않았던 것입니다. 어머니를 모시러 가려고 차를 출발하며 시계를 보니 성경공부 시간에 10분 이상 15분까지도 늦을 수 있는 시간이었습니다. 순간적으로 기도를 시작했습니다. '하나님, 성경 공부에 15분 늦어서는 성도님들 볼 면목이 없습니다. 신호등 빨간 불에 걸리지 않도록 해 주십시오'라고 기도했습니다. 그리고 교회에 도착하기까지 계속 기도했습니다.

번잡한 도심에서 신호등 23개를 빨간 불에 한 번도 걸리지 않고 지나가기란 쉬운 일이 아닙니다. 그런데 그날 아침 그런 일이 일어났습니다. 먼저 어머니를 모신 후 다시 교회에 가기까지 23개의 신호등을 거짓말 같이 한 번도 걸리지 않고 파란 불과 노란 불에 지나갔습니다. 맨 마지막에 딱 한 번 빨간 불에 5초 정도 잠깐 섰습니다. 그리고 5분밖에 늦지 않았습니다. 제가 23개 신호등을 기억하는 이유가 있습니다. 그날 일이 너무 신기해서 집에서 어머니 집을 거쳐 교회까지의 모든 신호등 숫자를 세었기 때문입니다. 제 일생에 단 한 번 그런 일이 있었습니다.

물론 하나님이 원하시는 것은 준비 부족으로 시간에 쫓긴 후 '파란 불' 운운하며 기도하는 것이 아닙니다. 미리 준비하고 제대로 준비해서 여유 있게 출발하는 것입니다. 그런 기도를 할 필요가 없도록 하는 것입니다. 그러나 어쩌다 실수로 어려움에 처하게 되었을 때 하나님의 은혜를 간구하는 기도를 할 수 있습니다. 그런 때 하나님은 기도를 듣고 도와주십니다. 일상의 은혜를 베푸시는 것입니다. 기도하는 사람이 그런 은혜를 체험할 수 있습니다.

> "내 의의 하나님이여 내가 부를 때에 응답하소서 곤란 중에 나를 너그럽게 하셨사오니 내게 은혜를 베푸사 나의 기도를 들으소서"(시 4:1)
> "여호와 하나님은 해요 방패이시라 여호와께서 은혜와 영화를 주시며 정직하게 행하는 자에게 좋은 것을 아끼지 아니하실 것임이니이다"(시 84:11)

사실 이런 일들은 사소한 은혜에 불과합니다. 하나님께서는 더욱 큰 은혜를 베푸십니다.(시 4:1, 84:11, 86:15, 116:5) 하나님은 모세의 기도를 들으시고 이스라엘 백성을 재앙에서 구해주셨습니다.(민 11:2, 21:7-9) 삼손의 기도를 들으시고 원수를 갚게 하셨습니다.(삿 16:28-30) 한나의 기도를 들으시고 사무엘 외에 세 아들과 두 딸을 더 주셨습니다.(삼상 2:21)

하나님은 엘리야의 기도를 들으시고 사르밧 과부의 아들을 살려주셨습니다.(왕상 17:20-23) 엘리사의 기도를 들으시고 수넴 여자의 아들을 살려주셨습니다.(왕하 4:33-37) 히스기야의 기도를 듣고 병에서 고쳐주신 후 히스기야의 목숨을 15년 더 연장시켜 주셨습니다.(왕하 20:1-6) 이런 예는 끝이 없습니다. 기도하는 사람이 이런 은혜를 체험합니다.

• 기도의 능력

"너희 중에 고난 당하는 자가 있느냐 그는 기도할 것이요 즐거워하는 자가 있느냐 그는 찬송할지니라"(약 5:13)

기도에 은혜가 있는 이유는 기도에 능력이 있기 때문입니다. 기도의 능력이 은혜를 가져옵니다. 특히 기도에 고난을 이기게 하는 능력이 있습니다. 삶 속에서 여러 가지 어려움을 경험할 때 기도하면서 그 고난을 이길 수 있습니다. 특별히 하나님의 일에 대한 헌신으로 인해 고난을 겪을 때 더욱 그렇습니다. 야고보서 5:13에서 이를 확인할 수 있습니다.

그러므로 믿는 자들은 고난 가운데 안절부절 하면서 부질없이 낙심하지 말아야 합니다. 사람의 도움을 좇아 동분서주할 것이 아닙니다. 정말 하나님을 믿는 사람들이라면 기도해야 합니다. 주일에 그저 교회만 왔다 갔다 하는 사람들이 아니라면 기도에 고난을 이기는 힘이 있음을 알아야 합니다.

기도할 때 많은 것을 깨닫게 됩니다. 자신이 얼마나 부족한 죄인이었나를 깨닫게 됩니다. 성령께서 나로 인하여 근심하고 계심을 깨닫게 됩니다. 하나님의 놀라운 섭리와 은혜를 깨닫게 됩니다. 주님의 사랑을 깨닫게 됩니다. 이를 깨닫고 기도하는 사람은 어떤 고난 속에서도 절망하지 않습니다. 인내를 배우고 소망을 붙들어 결국은 감사하게 됩니다. 기도에 고난을 극복하는 능력이 있음을 믿고 기도하는 사람이 되어야 합니다.

"너희 중에 병든 자가 있느냐 그는 교회의 장로들을 청할 것이요 그들은 주의 이름으로 기름을 바르며 그를 위하여 기도할지니라"(약 5:14)

기도에 병든 자를 고치는 능력이 있습니다. 이스라엘에서 함께 신앙생활 하던 가정의 간증입니다. 그 가정의 집사님이 아이를 출산하면서 허리에 문제가 생겨 큰 고통을 겪었습니다. 오래 동안 누워서 지내야 했습니다. 그러던 어느 날 야고보서 5:14 이하 말씀을 읽고 마음에 감동이 일어났습니다. 교회의 장로들을 불러 기름을 바르고 기도하면 나을 것이라는 말씀입니다.

그 집사님은 꼭 목사님을 청하지 않아도 되리라는 생각이 들었습니다. 그래서 집에 있던 올리브유를 바르고 혼자서 기도했습니다. 그리고 실제로 고침을 받아 그 날로 일어났습니다. 기도에 이렇게 병든 자를 일으키는 능력이 있습니다. 물론 모든 병, 모든 환자를 고친다는 뜻은 아닙니다. 그 집사님이 그 후에 계속 올리브유로 모든 병을 고쳤다는 말도 아닙니다. 기도에 병 고침의 능력이 있어서 그런 은혜를 누리는 사람이 있다는 뜻입니다.

"그러므로 너희 죄를 서로 고백하며 병이 낫기를 위하여 서로 기도하라 의인의 간구는 역사하는 힘이 큼이니라"(약 5:16)
"엘리야는 우리와 성정이 같은 사람이로되 그가 비가 오지 않기를 간절히 기도한즉 삼 년 육 개월 동안 땅에 비가 오지 아니하고 다시 기도하니 하늘이 비를 주고 땅이 열매를 맺었느니라"(약 5:17-18)

야고보서 5:16에 '의인의 간구는 역사하는 힘이 있다'는 말씀이 있습니다. 의인이 간절히 비는 기도는 큰 효력을 나타낸다는 말씀입니다. 그러면서 5:17-18에서 엘리야를 예로 듭니다. 그런데 그 강조점이 어디에 있는지 살펴볼 필요가 있습니다. 하나님께서 엘리야의 간절한 기도를 듣고 비를 그치시고 또 내리셨습니다. 그런데 엘리야나 우리나 똑 같은 사람이라는 것입니다.

하나님은 엘리야 같은 사람의 기도만 들으시는 것이 아닙니다. 모든 성도의 기도도 똑 같이 들으십니다. 엘리야의 기도에만 능력이 있는 것이 아닙니다. 믿는 자 모두의 기도에 똑 같은 능력이 있습니다. 의인의 간절한 기도는 역사하는 힘이 있습니다. 겸손한 사람의 기도는 하나님을 감동시킵니다. 그래서 하나님의 능력을 입게 됩니다. 이것이 기도의 능력이고 기도의 은혜입니다.

그런데 기도하는 사람이 그렇게 의인이 됩니다. 겸손한 믿음을 가지게 됩니다. 기도하지 않으면 입으로만 하나님 중심으로 사는 사람이 됩니다. 실제로는 자기중심으로 사는 것입니다. 입으로 고백하지만 몸으로 실천하지 못하는 잘못을 벗어나는 길이 있습니다. 끈기 있게 기도하는 것입니다. 기도하는 사람이 말씀에 순종하는 사람입니다. 하나님 중심으로 사는 사람입니다.

기도하지 않는 사람은 자신의 능력을 의지하는 사람입니다. 하나님의 능력을 의지하는 것이 아닙니다. 그는 머리로는 하나님의 은혜를 믿습니다. 하지만 그 몸은 자신의 지혜를 믿습니다. 기도하는 사람만이 하나님의 능력을 의지하는 사람입니다. 그런 의미에서 기도는 신앙의 필수 조건입니다.

기도에 능력이 있음을 믿어야 합니다. 야고보서 5:13-18과 같은 말씀을 믿고 열심히 기도해야 합니다. 예수를 믿지 않고 기도하지 않거나, 예수를 믿고 열심히 기도해야 합니다. 예수를 믿는데 기도하지 않는다는 것은 앞뒤가 맞지 않습니다.

감사의 기도를 잊지 말아야 합니다. 하나님께서 허락하신 은혜가 얼마나 큰지 아는 사람이 바른 기도를 드릴 수 있습니다. 회개의 기도를 잊지 말아야 합니다. 자신의 허물로 죄를 고백할 때 의로운 기도를 드릴 수 있습니다. 기도의 능력을 믿고 열심히 기도하시는 가운데 하나님의 놀라운 은혜를 체험하게 됩니다. 그것이 기도하는 자에게 베푸시는 하나님의 복입니다.

• 영적 은혜

"내가 너희 보기를 간절히 원하는 것은 어떤 신령한 은사를 너희에게 나누어 주어 너희를 견고하게 하려 함이니"(롬 1:11)
"형제들아 신령한 것에 대하여 나는 너희가 알지 못하기를 원하지 아니하노니"(고전 12:1)
"사랑을 추구하며 신령한 것들을 사모하되 특별히 예언을 하려고 하라"(고전 14:1)
"찬송하리로다 하나님 곧 우리 주 예수 그리스도의 아버지께서 그리스도 안에서 하늘에 속한 모든 신령한 복을 우리에게 주시되"(엡 1:3))

기도의 은혜는 일상의 은혜에만 머무는 것이 아닙니다. 영적 은혜 또한 있습니다. 기도는 믿는 자를 신령한 은혜의 길로 인도합니다. 앞에서 새벽기도의 은혜가 성령에 대한 주목으로 이어졌다는 이야기를 했습니다. 그러면서 저는 성령을 사모하는 사람이 되었습니다. 성령을 잊고 살던 저는 기도하면서 성령을 사모하는 사람이 되었습니다. 그러나 이것이 전부는 아닙니다. 또 다른 영적 은혜가 있습니다.

저는 2006년 1월 1일 새해 목표로 1년 성경통독 2회를 서원했습니다. 제가 47살이 되던 해였습니다. 저는 그때까지 딱 한 번 성경통독을 했습니다. 구약신학 전공자로서 성경 연구는 열심히 했습니다. 히브리

대학 도서관에서 공부할 때는 수십 권의 책을 펼쳐 놓고 공부했습니다.

저는 이스라엘에 사는 구약 전공자답게 구약의 지명 하나하나를 확인하기 위해 애를 썼습니다. 지명 하나를 놓고 온갖 주석과 성서지도, 고고학 책, 10만분의 1 이스라엘 축척 지도를 참고하면서 1시간 씩 씨름했습니다. 그리고 그 지명을 확인하면 스스로 뿌듯해 했습니다. '그래, 이런 게 신학이야'라고 생각했습니다.

그러나 성경은 읽지 않았습니다. 성경 통독은 아무나 할 수 있는 평범한 수준이라고 생각했습니다. 사실 한글만 알면 누구나 성경을 통독할 수 있습니다. 중학생도 가능합니다. 저는 목사고 신학자라면 성경 통독이 아니라 성경을 연구해야 한다고 생각했습니다. 그래서 47살이 되도록 성경을 읽지 않았습니다. 성경 통독은 평신도들이나 하는 것으로 치부했습니다. 무서운 교만이고 심각한 무지입니다.

그러다 성경 말씀이 영의 양식임을 깨닫게 되었습니다. 성경 연구는 혼의 일이지만 성경 통독은 영의 일이라고 생각했습니다. 그러면서 2006년 1월 초에 1년 성경 통독 2회를 서원했습니다. 그 서원을 지금까지 지켜오고 있습니다. 좀 더 읽는 해도 있습니다. 앞으로도 당연히 지켜야 할 서원입니다.

성경 통독의 핵심은 믿음입니다. 성경이 영의 양식이라고 믿고 읽는 것입니다. 그리고 끈기입니다. 하루에 읽을 분량을 정해 놓고 읽는 것입니다. 서원했기 때문에 읽는 것입니다. 뜻이 잘 이해가 되지 않아도 읽는 것입니다. 그러면서 하나님의 은혜를 체험합니다. 말씀이 꿀보다 더 달다는 경험을 하게 됩니다. 영이 맑아지고 강해집니다. 감사가 풍성하게 되고 말씀이 주는 기쁨을 알게 됩니다. 저는 이런 성경 통독의 은혜 역시 기도에서 시작되었다고 믿고 있습니다.

그리고 기도로 인해 가정예배를 드리게 되었습니다. 저는 2015년 12월 30일 새벽에 아내를 위해 기도하고 있었습니다. 그때 아내는 어깨가 아파 1년 가까이 고생하고 있었습니다. 병원도 가고 물리치료도 받고 약도 먹고 주사도 맞고 했지만 낳지 않았습니다. 밤에 잠을 자다 아파서 비명을 지르기도 했습니다. 그런 아내를 위해 새벽에 기도하던 중 문득 '부부예배를 드려라' 하는 생각이 떠올랐습니다. 지금은 가정예배라고 부르고 있습니다. 기도 중이었기 때문에 저는 하나님께서 그런 생각을 주셨다고 믿었습니다.

아내에게 그 이야기를 했더니 아내도 좋다고 해서 2016년 1월 2일부터 부부예배를 드리기 시작했습니다. 순서는 찬송 1장, 성경 1장, 한 사람이 기도, 그리고 주기도문으로 마치는 것으로 정했습니다. 기도는 저와 아내가 하루씩 돌아가며 하기로 했습니다. 경험에 의하면 가정예배는 부담이 없어야 합니다. 그래야 계속할 수 있습니다.

이전에 잠깐 아이들과 함께 가정예배를 드린 적이 있었습니다. 그때는 제가 설교를 했는데 얼마하지 못하고 중단했습니다. 5분 설교도 설교여서 준비가 필요했던 것입니다. 그 설교 준비가 부담이 되어 중단했습니다. 그러나 찬송 1장, 성경 1장, 그리고 짧은 기도는 부담이 되지 않습니다. 쉽게 시작할 수 있고 누구나 할 수 있습니다. 그리고 계속 할 수 있습니다.

가정예배를 드린다고 해서 가정의 모든 일이 해결되는 것은 아닙니다. 그러나 하나님의 은혜가 분명히 있습니다. 부부예배를 드린 후 며칠 지나지 않아서 아내의 어깨가 저절로 낳았습니다. 병원도 가지 않고 약도 먹지 않고 물리치료도 받지 않았습니다. 그런데 1년 가까이 고통스럽던 아내의 어깨가 저절로 낳았습니다. 저희는 그것이 하나님의 은혜라 굳게 믿고 있습니다. 제가 아내의 어깨를 위해 기도하던 중에 부부예배에 대한 마음이 들었기 때문입니다.

제가 기도의 은혜라 믿고 있는 또 다른 일이 있습니다. 그것은 감사일기를 쓰기 시작한 것입니다. 저는 2016년 12월 19일 인터넷 방송을 보다가 감사노트를 쓴다는 어느 권사님의 영상을 보게 되었습니다. 매일 감사노트를 적는다는 내용이었습니다.

그날 저도 감사일기를 쓰기로 결심했습니다. 그리고 그 다음날부터 감사일기를 시작했습니다. 감사일기는 쓰기 쉽습니다. 그냥 감사할 일을 적기만 하면 됩니다. 준비하고 훈련할 필요가 없습니다. 노트 한 권만 준비하면 됩니다. 저도 바로 그 다음날 노트 2권을 사서 감사일기를 시작했습니다.

멋진 노트를 살 필요가 없습니다. 2-3천 원짜리 노트 한 권이면 충분합니다. 그리고 모든 일을 감사하면 됩니다. 저는 새벽기도부터 감사합니다. '새벽에 기도하게 하시니 감사합니다'라고 적는 것입니다. 식사도 감사하고 건강도 감사하고 운동도 감사합니다. 생필품 구매도 감사한 일입니다. 사례비도 감사하고 선교비도 감사한 일입니다. 모든 일에 감사할 수 있고 모든 일에 감사해야 합니다. 그것이 성경의 명령입니다.

고침 받은 10명의 나병환자들 중에 감사하러 돌아온 사마리아 사람은 병도 낫고 구원도 얻었습니다.(눅 17:11-19) 날마다 감사일기를 쓰면 감사에 감사를 더하는 삶을 살 수 있습니다. 범사에 감사하는 일을 실천할 수 있습니다. 그러면서 은혜를 체험하게 됩니다. 저는 기도가 저를 이런 영적 은혜로 인도했다고 믿고 있습니다. 기도하는 사람들의 공통된 고백입니다.

7장.
이루지 못한 기도

1. 방언에 대한 경험

• 기도와 다른 응답

"구하라 그리하면 너희에게 주실 것이요 찾으라 그리하면 찾아낼 것
이요 문을 두드리라 그리하면 너희에게 열릴 것이니 구하는 이마다
받을 것이요 찾는 이는 찾아낼 것이요 두드리는 이에게는 열릴 것이
니라"(마 7:7-8)

"너희가 기도할 때에 무엇이든지 믿고 구하는 것은 다 받으리라 하시
니라"(마 21:22)

"내가 진실로 너희에게 이르노니 누구든지 이 산더러 들리어 바다에
던져지라 하며 그 말하는 것이 이루어질 줄 믿고 마음에 의심하지 아
니하면 그대로 되리라"(막 11:24)

성경에 무엇이든 구하라는 말씀이 있습니다.(마 7:7, 21:22, 요 14:14) 그리고 의심하지 않고 간구하면 그 간구가 이루어질 것이라는 말씀이 있습니다.(마 21:22, 막 11:24) 이것이 기도에 대한 근본적 가르침입니다. 그리고 이런 간구의 결과는 하나님의 응답입니다. 하나님은 인간의 간구를 듣고 그 간구에 응답하십니다. 그래서 기도는 하나님의 응답으로 끝납니다.

> "우리 하나님 여호와께서 우리가 그에게 기도할 때마다 우리에게 가까이 하심과 같이 그 신이 가까이 함을 얻은 큰 나라가 어디 있느냐"(신 4:7)
> "내가 나의 목소리로 여호와께 부르짖으니 그의 성산에서 응답하시는도다"(시 3:4)
> "곧 네가 기도를 시작할 즈음에 명령이 내렸으므로 이제 네게 알리러 왔느니라"(단 9:23)

이스라엘 백성이 기도할 때마다 하나님께서 가까이 하셨습니다.(신 4:7) 다윗은 기도하면서 하나님의 응답을 믿었습니다.(시 3:4) 다니엘이 기도했을 때 하나님은 가브리엘 천사를 보내 응답하셨습니다. (단 9:21-23, 10:10-12)

> "한나가 마음이 괴로워서 여호와께 기도하고 통곡하며"(삼상 1:10)
> "한나가 임신하고 때가 이르매 아들을 낳아 사무엘이라 이름하였으니 이는 내가 여호와께 그를 구하였다 함이더라"(삼상 1:20)

한나는 기도로 사무엘을 얻었습니다. 아이가 없어 괴로울 때 하나님께 간구했습니다.(삼상 1:10-11) 그리고 사무엘을 낳았습니다. 하나님께서 한나의 기도에 응답하신 것입니다. 한나는 하나님의 응답을 전심으로 찬양했습니다.(삼상 2:1-10) 성경은 기도에 대한 하나님의 응답을 강조합니다. 믿는 자는 무엇이든 간구할 수 있고, 하나님은 모든 기도를 듣고 응답하신다는 것입니다.

> "이는 내 생각이 너희의 생각과 다르며 내 길은 너희의 길과 다름이니
> 라 여호와의 말씀이니라 이는 하늘이 땅보다 높음 같이 내 길은 너희
> 의 길보다 높으며 내 생각은 너희의 생각보다 높음이니라"(사 55:8-9)

그러나 경험에 의하면 기도의 응답이 없는 경우가 있습니다. 또는 간구한 것과 전혀 다른 결과를 얻는 경우도 있습니다. 기도에 대한 약속에 의문을 던지게 하는 경우입니다. 저는 1971년에 추첨으로 경주에 있는 신라중학교에 진학했습니다. 소위 '뺑뺑이' 1기였습니다. 돌아가는 기구를 오른쪽으로 두 번, 왼쪽으로 한 번 돌리면 번호가 적힌 '은행알'이 하나 나옵니다. 거기에 적힌 번호에 따라 지정 받은 중학교에 진학하는 방식이었습니다. 서울에서는 1970년에 시작되었고, 서울 외 전국에서는 1971년부터 시행되었습니다.

그 당시 경주에는 4개의 중학교가 있었는데 경주중학교가 제일 좋았습니다. 나머지 세 학교는 비슷비슷했습니다. 제가 뽑은 신라중학교는 시내에서 먼 학교여서 인기가 없었습니다. 북천이라는 강을 건너야하는 학교였기 때문에 대부분 원치 않는 중학교였습니다. 만약 입학시험이 있었다면 저는 경주중학교에 충분히 합격할 수 있었습니다. 그 정도 실력은 있었습니다.

그렇지만 제가 초등학교 6학년 때 나라가 추첨으로 중학교에 입학하기로 결정했고 저는 그렇게 중학교에 진학하게 되었습니다. 그래서 어머니는 새벽마다 기도하셨습니다. '우리 아들 꼭 경주중학교에 들어가

게 해 주세요. 원래 들어갈 수 있는 아이입니다'라는 기도를 1년 이상 하셨습니다. 구하면 주실 것이라는 마태복음 7:7-8을 믿고 간구하셨습니다. 의심하지 않고 구하는 것은 이루어진다는 마가복음 11:24를 믿고 기도하셨습니다. 그러나 그런 간절한 기도에도 불구하고 저는 신라중학교 번호를 뽑았습니다. 어머니는 엄청 실망하셨고 누님들은 울었습니다. 저는 뭐가 뭔지 잘 몰라서 덤덤했습니다.

제가 신학교에 다닐 때 어머니가 이런 말씀을 하셨습니다. '나는 네 중학교 추첨 문제로 1년 이상 기도했다. 그리고 하나님이 당연히 들어주실 것이라고 믿었다. 정말 조금도 의심하지 않았다. 그런데 네가 신라중학교에 가는 것을 보고 하나님이 들어주시지 않는 기도도 있음을 알았다. 하나님의 뜻과 사람의 생각이 다른 것을 그때 알았다'라고 말씀하셨습니다.

하나님의 뜻과 인간의 생각은 다릅니다. 성경도 이 사실을 강조합니다. 앞에서 인용한 이사야 55:8-9가 대표적인 말씀입니다. 하나님의 뜻과 사람의 생각은 아예 근본적으로 다릅니다. 하늘이 땅보다 높음 같이 다릅니다. 창조주와 피조물의 차이입니다. 사람은 체험으로 이 사실을 알게 됩니다. 그런데 그래서 기도의 어려움이 있습니다. 간구한 것이 이루어지지 않거나 미루어지기 때문입니다. 전혀 다른 결과가 있기 때문입니다. 그러면서 하나님의 약속에 의문을 가집니다. 기도의 능력을 의심합니다.

앞 장에서 언급한 것처럼 저는 기도 응답을 많이 체험했습니다. 기도하는 사람은 누구나 그렇습니다. 하나님께서 사람의 기도를 듣고 은혜를 베푸시기 때문입니다. 만 20년이 넘은 새벽기도 생활 중에 기도의 응답을 받은 경우는 셀 수 없이 많습니다. 그런 체험이 있기 때문에 기도의 은혜를 고백할 수 있는 것입니다.

그러나 모든 기도가 응답된 것은 아닙니다. 제 나름대로 간절히 간구했지만 기도 응답이 없었던 경우도 있습니다. 제가 특별히 기억하는 두 가지는 방언과 치유에 대한 간구입니다.

저는 새벽기도를 시작한 지 1년 쯤 지난 2002년 가을부터 방언기도를 간구하기 시작했습니다. 상념과 잡념 없이 기도를 오래하고 싶었기 때문입니다. 새벽기도를 하면서 곧 깨달은 것은 생각보다 기도가 어렵다는 사실이었습니다. 한 시간 기도가 꽤 어려웠고 또 기도 중에 상념과 잡념이 많이 생겼습니다. 저는 상념과 잡념 없이 오래 기도하고 싶었습니다. 그리고 간절히 기도하고 싶었습니다.

그런데 책을 읽거나 간증을 들으면 방언으로 기도하면 그런 문제가 해결된다고 했습니다. 방언으로 기도하면 잠깐 기도한 것 같은데 몇 시간이 흘렀더라는 이야기를 여러 번 들었습니다. 그래서 방언으로 기도하고 싶었습니다. 어머니가 40대 초반 이후 30년 이상 방언으로 기도하셨다는 사실도 제게 영향을 미쳤습니다. 그래서 새벽기도를 시작한 후 얼마 되지 않아서 방언기도를 간구했습니다.

사실 저는 초등학교 4-5학 때 아주 잠깐 방언을 한 적이 있었습니다. 무슨 계기가 있었는지는 기억이 없습니다. 당시 저희 가정에는 소위 '신령한' 분위기가 있었습니다. 어머니는 부흥회 때 성령을 체험하고 그 후 혼자 기도하시면서 치유의 은혜를 체험했습니다. 그러면서 집안에 방언, 입신, 신유 이런 단어들이 자연스럽게 들렸습니다. 어머니는 열심히 여러 부흥회에 참석하면서 치유의 은혜를 이어갔습니다. 그리고 '신령한' 분들이 집에 와서 예배를 드렸습니다. 그런 분위기 속에서 저도 방언을 하게 된 것입니다.

한 번은 그런 분들이 집에 와서 예배를 드린 후 저를 눕혀 놓고 합심해서 기도했습니다. 제가 좀 아팠던 것 같습니다. 축복기도였으면 제가 무릎을 꿇었을 텐데 그때 저는 누워서 기도를 받았습니다. 그렇게 기도를 받으면서 제가 방언을 했습니다. 제가 방언을 두 번째 한 때였습니다. 함께 기도하던 젊은 여 집사님 한 분이 그런 저를 보면서 '어머, 너무 귀엽게 방언을 한다'고 하셨습니다. 50년이 지난 지금도 아주 또렷이 기억하는 말입니다. 그 후 한두 번 정도 방언을 더 하고 더 이상 방언을 하지 못했습니다. 누가 계속 방언을 해야 한다고 가르쳐주지 않았고 저도 계속 할 생각을 못했습니다. 무엇보다 기도하지 않고 살았습니다.

그 후 저는 30년 이상 방언을 잊고 살았습니다. 신학교와 신학대학원 시절, 그리고 이스라엘 유학 시절 동안 한 번도 방언을 간구한 적이 없었습니다. 어머니가 계속 방언으로 기도하신다는 것은 알고 있었지만 저는 방언의 필요성을 느끼지 못했습니다. 무엇보다 저는 그 30년 동안 기도 자체를 하지 않고 살았습니다. 그러니 방언의 필요성을 느끼지 못한 것이 당연한 일이었습니다.

그러다가 새벽기도를 시작하면서 방언의 필요성을 느꼈습니다. 오래 기도하고 싶었고 간절히 기도하고 싶었기 때문입니다. 남들이 말하는 기도의 깊은 경지에 들어가고 싶었습니다. 잠깐 기도한 것 같은데 몇 시간을 기도하고, 조금 기도한 것 같은데 밤을 새워 기도했다는 경험을 하고 싶었습니다. 방언으로 기도하면 그렇게 된다고 하니 정말 그런 체험을 하고 싶었습니다.

• 더 좋은 선물

그런데 매일 새벽 그렇게 간구하였지만 방언을 선물로 받지 못했습니다. 반년이 지나고 1년이 지나면서 '잠깐이긴 하지만 어려서는 했는데 왜 지금은 안 될까?'라는 생각을 했습니다. '엉뚱한 데 쓰려는 것이 아니라 더 많이 기도하고 더 간절히 기도하고 싶어서 간구하는 것인데 왜 안 될까?'라는 생각도 했습니다. '방언을 구하지 않았는데 하나님께서 주

시는 경우도 많던데 나는 왜 안 될까?'라고 생각했습니다. '금식을 하면
될까?' 하는 생각도 했습니다.

　　그렇게 시간이 흘러가던 중 저는 앞장에서 언급한 것처럼 성령에
주목하게 되었습니다. 2004년 6월에 성령을 주제로 한 설교를 하고 9월
에 '성령의 열매'라는 제목으로 성경공부를 시작했습니다. 2005년 6월
에는 '하나님의 영'이라는 제목으로 성경공부를 했습니다. 그 후 계속 성
령에 관심을 가지면서 성령에 대한 핵심을 정리하게 되었습니다. 그것은
성령이 하나님의 능력이 아니라 하나님 자신이시라는 것입니다. 그리고
성령은 근본적으로 진리의 영이라는 사실입니다.

　　저는 2006년 초부터 성령에 관한 책을 쓰기 시작해서 그해 11월
에 원고를 완성했습니다. 그리고 이런저런 과정을 거쳐 2009년 10월에
『성령, 영으로 오신 하나님』을 출판하게 되었습니다. 저는 이 책의 출판
이 2002년 가을부터 시작한 방언기도에 대한 은혜라고 믿고 있습니다.

　　저는 기도에 집중하고 싶고 좀 더 오래 기도하고 싶어서 방언의
은사를 간구했습니다. 하나님은 그렇게 기도하던 제게 '성령에 대한 이
해'라는 은혜를 허락하셨습니다. 결과적으로 보면 그것이 훨씬 큰 은혜
입니다. 저는 성령에 대해 무관심하고 무지한 상태였습니다. 단지 기도
를 잘 하고 싶다는 이유 때문에 방언의 은사를 간구했을 뿐입니다. 하나
님은 저의 그런 기도를 들으시고 성령 전체에 대한 바른 이해를 허락하
신 것입니다. 그것이 얼마나 귀한 은혜인지 저는 알고 있습니다. 하나님
은 사람이 구하는 것보다 더 좋은 것을 주시는 아버지가 맞습니다.

　　　"우리가 지금은 거울로 보는 것 같이 희미하나 그때에는 얼굴과 얼굴
　　　을 대하여 볼 것이요 지금은 내가 부분적으로 아나 그때에는 주께서
　　　나를 아신 것 같이 내가 온전히 알리라"(고전 13:12)

이전에 저는 성경을 마치 청동거울에 비친 주님 얼굴을 보듯 희미하게 알고 있었습니다.(고전 13:12) 그러나 성령에 대해 바른 이해 후에는 주님 얼굴을 직접 대하듯이 명확하게 알게 되었습니다. 진리의 영이신 성령의 도움을 받아 진리의 말씀을 제대로 이해할 수 있게 된 것입니다. 방언기도의 은사보다 이것이 훨씬 더 큰 은혜입니다. 그래서 저는 이를 진심으로 감사하고 있습니다.

저는 방언을 구했지만 하나님은 성령 전체에 깨달음을 주셨습니다. 그 깨달음은 성령에 대한 책의 출판으로 이어졌습니다. 저는 1977년 신학교 입학 이후 2004년까지 30년 가까이 성령에 무지하고 무관심했던 것을 회개하는 마음으로 책을 썼습니다. 그리고 성령에 대한 책 출판은 다른 책의 출판으로 이어졌습니다. 그러면서 성경의 요점을 파악하고 정리하는 것이 저의 개인적 사명이 되었습니다. 그러니 방언기도에 대한 간구가 상상조차 할 수 없었던 놀라운 은혜로 전개된 것입니다. 이것이 저의 고백입니다.

그렇지만 간구한 것을 받지 못한 것은 사실입니다. 방언기도의 은사는 결국 받지 못했습니다. 저는 2004년 6월 이후 더 이상 방언기도를 간구하지 않았습니다. 사람의 생각과 하나님의 뜻은 다를 수 있다고 생각했습니다. 나는 방언기도를 구했지만 하나님 다른 은혜를 베푸시는 것이라고 생각했습니다. 그렇다면 하나님의 뜻에 순종하는 것이 옳다고 생각했습니다.

방언은 성령의 은사에 속합니다. 하나님의 선물이라는 뜻입니다. 그러므로 방언을 구한다는 것은 하나님의 선물을 내가 요청하는 것입니다. 물론 자식은 부모에서 선물을 요구할 수 있습니다. 하나님의 자녀도 마찬가지입니다. 하늘 아버지께 선물을 요청할 수 있습니다. 예수님도 무엇이든지 간구하라고 가르치셨습니다. 그러므로 믿는 자는 누구나 방언기도를 간구할 수 있습니다.

그러나 하나님은 그런 요청을 들으신 후 판단하십니다. 그 선물이 그 사람에게는 불필요할 수 있습니다. 그보다 더 좋은 선물이 있을 수 있습니다. 그 선물 말고 하나님이 생각하시는 다른 선물이 있을 수 있습니다. 그런 때 하나님은 사람이 요청한 것 말고 다른 선물을 주십니다. 그것이 그에게 더 좋은 선물이기 때문입니다. 그에게 꼭 필요한 선물이기 때문입니다. 하나님의 계획을 위한 선물이기 때문입니다.

그러므로 떼를 쓰는 것은 좋지 않습니다. 무조건 자기가 원하는 것을 계속 간구하는 것은 옳지 않습니다. 이런 간증을 들은 적이 있습니다. 고등학생 때 수련회에 갔는데 거기서 친구들이 다 방언의 은사를 받았습니다. 그런데 자신만 받지 못했습니다. 그것이 너무 억울하고 분해서 밤을 새워 떼굴떼굴 굴러서 결국은 방언의 은사를 받았다는 간증입니다. 10대 후반 아직 어리고 미숙할 때는 그렇게 기도할 수 있습니다. 그러나 40대 초반의 목사가 그렇게 기도할 수는 없습니다. 모든 성령의 은사는 하나님의 선물임을 인정해야 합니다. 그래서 주시는 분의 주권을 인정하는 겸손한 기도를 드려야 합니다. 그것이 창조주의 지혜를 구하는 피조물의 태도입니다.

성령의 은사라는 하나님의 선물을 정하고 그 선물을 내놓으라고 하나님께 강요할 수는 없습니다. 그것이 사람의 미숙한 기도는 될 수 있지만 하나님의 뜻을 구하는 성숙한 기도는 아닙니다. 창조주 하나님의 사랑을 믿고 겸손히 구하는 것이 올바른 태도입니다. 그 겸손함을 보시고 하나님께 그 사람에게 가장 좋은 것, 더 좋은 것, 더 필요한 것을 주십니다. 그러므로 간구한 것이 이루어지지 않는다고 해서 실망할 이유는 없습니다.

구했지만 끝까지 받지 못한 기도가 있을 수 있습니다. 그렇지만 그 받지 못한 것을 위한 기도는 결코 의미 없는 기도가 아닙니다. 하나님께서 분명히 그 기도를 들으셨습니다. 그리고 더 귀한 것을 허락하십니다. 이 사실을 분명히 믿고 마음의 평안을 얻어야 합니다. 자식을 위해 간절히 기도했던 한나는 기도를 마친 후 평안을 얻었습니다.(삼상 1:18) 기도의 모범적인 모습입니다. 선하신 하나님의 은혜를 믿고 평안과 기쁨을 얻어야 합니다.

2. 치유에 대한 간구

• 치유의 은혜가 없었던 기도

"내가 애굽 사람에게 내린 모든 질병 중 하나도 너희에게 내리지 아니 하리니 나는 너희를 치료하는 여호와임이라"(출 15:26)
"그가 네 모든 죄악을 사하시며 네 모든 병을 고치시며"(시 103:3)
"내 이름을 경외하는 너희에게는 공의로운 해가 떠올라서 치료하는 광선을 비추리니 너희가 나가서 외양간에서 나온 송아지 같이 뛰리 라"(말 4:2)
"예수께서 이르시되 딸아 네 믿음이 너를 구원하였으니 평안히 가라 네 병에서 놓여 건강할지어다"(막 5:34)
"심지어 병든 사람을 메고 거리에 나가 침대와 요 위에 누이고 베드로 가 지날 때에 혹 그의 그림자라도 누구에게 덮일까 바라고"(행 5:15)
"심지어 사람들이 바울의 몸에서 손수건이나 앞치마를 가져다가 병든 사람에게 얹으면 그 병이 떠나고 악귀도 나가더라"(행 19:12)

저는 기도에 치유의 능력이 있음을 굳게 믿고 있습니다. 앞에서 언급한 것처럼 어머니가 기도 중에 치유의 은사를 경험했기 때문입니다. 그 당시 어머니는 40대 초반의 나이에 위암 말기였습니다. 그리고 생명 이 몇 달 정도 남았다는 판정을 받은 때였습니다. 다섯 자식을 다 불러 놓고 유언 같은 당부의 말씀도 하셨습니다. 그런데 부흥집회에서 은혜를 체험하고 그 후 혼자 기도하시면서 치유의 은사를 경험했습니다. 기도 중에 '네가 아픈 곳에 손을 대고 병 낫기를 간구하라'는 하나님의 음성을 들었습니다. 그리고 치유의 은혜를 체험했습니다. 그 후 30년 이상 건강하게 사셨습니다. 저는 당연히 기도에 치유의 능력이 있음을 믿고 살았습니다.

성경에도 치유에 대한 기사가 아주 많습니다. 예수님이 사람들의 병을 고쳐주신 이야기는 수도 없이 많습니다. 베드로가 병을 고쳤고(행 5:15), 바울이 병을 고쳤습니다.(행 19:12) 치유 정도가 아니라 아예 죽은 자가 살아납니다. 엘리야는 기도 후 사르밧 과부의 아들을 살렸습니다.(왕상 17:20-22) 엘리사는 기도 후 수넴 여자의 아들을 살렸습니다.(왕하 4:33-35) 예수님은 회당장 야이로의 딸을 살리셨고(막 5:41-42), 나인 성 과부의 아들을 살리셨고(눅 7:14-15), 나사로를 살리셨습니다.(요 11:43-44) 베드로는 기도 후 욥바의 다비다를 살렸습니다.(행 9:40)

저는 아픈 사람들을 위해서 기도했습니다. 성경 말씀을 믿었기 때문입니다. 어머니의 치유를 경험했기 때문입니다. 다른 사람의 예를 보았기 때문입니다. 성경에 '무엇이든지 기도하면서 구하는 것은 받을 줄로 믿으면 그대로 될 것'이라는 말씀이 있습니다.(막 11:24) 저는 이 말씀을 믿었습니다.

그래서 저는 가까운 지인들의 암 소식을 들은 후 매일 기도했습니다. 저 나름대로 간절한 마음으로 꾸준히 기도했습니다. 새벽에 기도하고 밤에 기도했습니다. 가정예배를 드리며 기도했습니다. 생각날 때마다 기도했습니다. 그러나 제가 그렇게 기도한 분들이 짧게는 반 년, 조금 길면 1-2년, 꽤 길게는 6-7년 후에 암으로 돌아가셨습니다. 위암, 폐암, 췌장암이었습니다. 자세히 언급할 수는 없지만 분명히 사실입니다.

치유를 믿고 간구했지만 다 세상을 떠나셨습니다. 모두 여섯 분입니다. 다 예수 믿는 분들입니다. 저 말고도 그 분들의 가족, 교인, 친지들이 다 열심히 기도했던 분들입니다. 그렇지만 저는 그분들에게서 치유의 은혜를 경험하지 못했습니다. 의사들이 예상한 기간에 모두 세상을 떠났습니다. 병원에서 치료를 받았음에도 불구하고 말입니다.

저는 이런 경우를 더 많이 알고 있습니다. 제가 직접 기도한 적은 없었지만 주변에서 그런 이야기를 많이 들었습니다. 모두 믿는 자들이었기 때문에 가족과 교인들이 기도했을 것이 분명합니다. 그중에는 서원을 하거나 크게 헌금하신 분들도 있습니다. 그렇지만 치유의 은혜를 경험하지 못하고 세상을 떠났습니다. '무엇이든지 기도하고 구하는 것은 받은 줄로 믿으라'고 하신 말씀을 믿고 열심히 기도했음에도 불구하고 말입니다.

> "내가 그 둘 사이에 끼었으니 차라리 세상을 떠나서 그리스도와 함께 있는 것이 훨씬 더 좋은 일이라 그렇게 하고 싶으나"(빌 1:23)

그런 경우들을 보면서 제 믿음이 흔들린 것은 아닙니다. 신앙의 공황상태에 빠진 것도 아닙니다. 성경 말씀에 대해 의심이 생긴 것도 아닙니다. 저는 여전히 하나님의 전지전능하심을 굳게 믿습니다. 하나님의 선하심도 굳게 믿습니다. 성경이 영원한 진리의 말씀임을 굳게 믿습니다. 성경 전체가 하나님의 말씀임을 굳게 믿습니다.

그렇지만 그런 일을 통해 이루지 못하는 기도도 있음을 체험했습니다. 사람의 생사는 하나님이 주관하신다는 생각을 하게 되었습니다. 치유에 대한 성경의 약속과 제가 경험한 죽음 사이에 사람이 모르는 하나님의 뜻이 있다고 믿습니다. 그러면서 겸손을 배우게 되었습니다. 창조주를 인정하는 믿음도 가지게 되었습니다.

바울은 빌립보서 1:23에서 '이 세상을 떠나 그리스도와 함께 있는 것이 훨씬 더 좋은 일'이라고 말합니다. 사람은 누구나 죽음을 피하고 싶어 하지만 사실은 바울의 말처럼 주님과 함께 있는 것이 훨씬 더 좋은 일일 것입니다. 그래서 저도 제가 기도했던 여섯 분이 더 좋은 곳에 있는 것이라고 믿습니다. 그러면서 위로를 받습니다. 그러나 치유를 간구한 제 기도가 이루어지지 않은 것은 사실입니다.

• 하나님이 침묵하실 때

"여호와여 어찌하여 나의 영혼을 버리시며 어찌하여 주의 얼굴을 내게서 숨기시나이까"(시 88:14)
"제구시쯤에 예수께서 크게 소리 질러 이르시되 엘리 엘리 라마 사박다니 하시니 이는 곧 나의 하나님, 나의 하나님, 어찌하여 나를 버리셨나이까 하는 뜻이라"(마 27:46)

이루지 못한 기도와 비슷한 경우가 있습니다. 그것은 하나님의 침묵을 경험하는 일입니다.(시 88:14, 마 27:46) 간절히 기도하지만 하나님의 응답이 없는 것입니다. 하나님의 'Yes, No'가 없는 경우입니다. 이루어지지 않는 쪽으로 빨리 결론이 나면 포기라도 하겠는데 그렇지 않으니 괴롭습니다. 어쩌면 빠른 실패보다 오랜 무응답이 더 괴로울 수도 있습니다.
　제럴드 싯처 목사가 쓴 『하나님이 기도에 침묵하실 때』(제럴드 싯처, 마영례 역, 성서유니온, 2005)라는 책이 있습니다. 싯처 목사의 가족은 1991년에 교통사고를 당했습니다. 차 안에 어머니와 아내와 자신, 그리고 두 딸과 두 아들 모두 일곱 명이 타고 있었는데 그 사고로 어머니와 아내와 딸 하나를 잃었습니다. 싯처 목사는 사고를 당한 날 아침에도 분명히 딸을 위해 기도했다고 말합니다.(같은 책, 24-25쪽)
　싯처 목사의 책에는 응답되지 않은 기도에 대한 이야기가 많습니다. 교회에서 쫓겨난 육십 대 목사 가족이 모든 것을 잃고 힘들어 했습니다. 그러나 그들을 가장 힘들게 하고 어리둥절하게 만든 것은 하나님의 침묵이었다고 합니다. 열심히 기도했지만 하나님은 끝까지 침묵하셨습니다. 그 목사의 가족은 그 일이 제일 힘들었다고 합니다.(『하나님이 기도에 침묵하실 때』, 30-33쪽)

어떤 가정이 깨어지지 않도록 기도해 온 사람은 결국 그 가정이 이혼하는 것을 보고 이런 글을 썼습니다. '그 일은 하나님이 어떤 분이시며 또 어떻게 일하시는지에 대한 그리스도인들의 믿음을 흔들어 놓았어요. 정말 이해하고 싶지만 아직도 이해할 수 없어요. 베일을 벗기고 조금이라도 그 답을 볼 수 있게 해주기가 그렇게 힘든 일인가요?' (『하나님이 기도에 침묵하실 때』, 34-35쪽) 하나님의 침묵에 대한 원망입니다.

사실 이런 일은 이미 성경에 나와 있습니다. 예수님께서 겟세마네에서 간절히 기도하셨습니다. '할 수만 있다면 이 일을 피하게 해달라'고 기도하셨습니다. 그러나 하나님은 침묵하셨습니다. 예수님께서 십자가 위에서 고통 중에 기도하셨습니다. '나의 하나님, 나의 하나님, 어찌하여 나를 버리셨나이까'라고 기도하셨습니다.(마 27:46) 그러나 하나님은 침묵하셨습니다.

> "내 하나님이여 내 하나님이여 어찌 나를 버리셨나이까 어찌 나를 멀리 하여 돕지 아니하시오며 내 신음 소리를 듣지 아니하시나이까 내 하나님이여 내가 낮에도 부르짖고 밤에도 잠잠하지 아니하오나 응답하지 아니하시나이다"(시 22:1-2)

예수님의 이 마지막 외침은 시편 22:1입니다. 예수님은 극심한 고통 중에 시편 22편을 외치신 것입니다. 예수님은 지극히 고통스러운 상황에서 시편 22편을 기억하신 것입니다. 그 당시 전통에 의하면 구약의 어떤 본문 첫 구절을 인용하는 것은 사실상 그 본문 전체를 인용하는 것과 같다고 합니다.

"나는 벌레요 사람이 아니라 사람의 비방거리요 백성의 조롱거리니이다"(시 22:6)

시편 22:6에 '나는 벌레요 사람이 아닙니다. 사람들이 나를 멸시하고 조롱합니다'라는 말씀이 있습니다. 시인은 자신을 가리켜 '나는 사람이 아니다, 벌레다'라고 말합니다. 자신을 벌레로 생각할 정도로 극도로 좌절한 상태입니다. 그런데 여기서 다윗이 이 시의 저자라는 사실을 주목할 필요가 있습니다. 하나님의 은혜를 풍성히 누린 다윗이 이런 절망의 노래를 하고 있는 것입니다. 다윗이 하나님의 은혜를 잊어서가 아닙니다. 다윗이 배은망덕해서가 아닙니다. 다윗 같은 사람도 자신을 벌레로 여길 정도로 절망적인 상황에 빠질 수 있습니다. 이 시는 이런 사실을 가르칩니다.

하나님이 선택하신 사람인 다윗이 '나의 하나님, 나의 하나님, 어찌하여 나를 버리십니까?'라고 기도했습니다. 누구보다 하나님의 사랑을 많이 받은 다윗이 '나는 벌레요 사람이 아니라. 사람들이 나를 멸시하고 조롱합니다'라고 기도했습니다. 사람은 누구나 그렇게 될 수 있습니다.

"그는 곤고한 자의 곤고를 멸시하거나 싫어하지 아니하시며 그의 얼굴을 그에게서 숨기지 아니하시고 그가 울부짖을 때에 들으셨도다"(시 22:24)

그러나 시편 22편은 22:6으로 끝나지 않습니다. 이 시에는 24절도 있습니다. 하나님은 고통당하는 자를 외면하지 않으시고 그의 부르짖음에 귀 기울이시고 응답하여 주신다는 말씀입니다. 하나님은 고통당하는 사람의 괴로움을 지나치거나 모른 체하지 않으십니다. 다윗은 '하나님, 어찌하여 나를 버리십니까? 나는 벌레요 사람이 아니라'고 말할 수밖에 없는 상황에서, '하나님은 고통 받는 자의 괴로움을 외면하지 않으시고 그 기도에 귀 기울이시고 응답하신다'라고 찬양합니다. 이 24절을 강조해야 시편 22편이 온전한 시가 될 수 있습니다.

다윗은 '내가 벌레 같이 된 상황에서 하나님의 기도 응답을 체험한다'고 말합니다. '당신도 이 사실을 체험하라'고 말하고 있습니다. 고통의 순간에 시편 22:24를 기억하는 사람이 그런 체험을 합니다. 다윗처럼 복 있는 사람이 되는 것입니다.

싯처 목사는 한 순간에 어머니와 아내와 딸을 잃고도 기도했습니다. 시편 22:24를 믿은 것입니다. 그래서 사고가 일어난 지 11년 후에 『하나님이 기도에 침묵하실 때』라는 책을 쓸 수 있었습니다. 자신과 비슷한 경험을 한 사람들을 위로하고 그들의 믿음이 흔들리지 않게 붙잡아 주는 사명을 감당한 것입니다.

> "겸손한 자는 먹고 배부를 것이며 여호와를 찾는 자는 그를 찬송할 것
> 이라 너희 마음은 영원히 살지어다"(시 22:26)

시편 22:26은 겸손하게 하나님을 찾는 자들에 대한 축복의 말씀입니다. 겸손한 자는 하나님을 찾는 신실한 자라는 의미로 이해할 수도 있습니다. 26절 끝부분을 보면 다윗은 그들의 마음이 영원히 살기를 바랍니다. 극심한 고통의 순간에도 하나님을 찾는 자들이 마음의 평안을 얻습니다. 겸손하게 기도하는 사람들이 영원히 삽니다.

기도에 응답이 없다고 실망하지 말고 인내를 배워야 합니다. 기도가 너무 쉽게 이루어지면 기도를 가볍게 여기게 됩니다. 그 말은 곧 하나님을 가볍게 여기는 것입니다. 아이는 자신이 요구할 때마다 즉각 들어주는 부모를 존중하지 않습니다. 그런 아이는 성숙한 성품을 가질 수 없

습니다. 그러므로 열심히 기도하는데 응답이 없다고 해서 낙심할 일이 아닙니다. 사람이 더 겸손해지고 더 큰 인내를 배우기를 원하시는 하나님의 뜻일 수 있습니다. 사람이 알 수 없는 하나님의 뜻도 있습니다.

마가복음 11:24에 '무엇이든지 기도하고 구하는 것은 받은 줄로 믿으라. 그리하면 너희에게 그대로 되리라'는 말씀이 있습니다. 그러나 실제로는 구하고도 받지 못하는 경우가 있습니다. 이 문제에 관해 포어시드(P. T. Forsyth)는 '언젠가 우리는 하늘나라에 가서 하나님의 위대한 거절이 때때로 우리의 가장 진실한 기도에 대한 진실한 응답이었다는 사실을 알고 감사하게 될 것이다'라고 말합니다.(『기도』, 리처드 포스터, 송준인 역, 두란노, 1995, 244쪽)

사람은 근시안적 입장에 서서 최선이 아닌 것을 구할 때가 많습니다. 무지하기 때문입니다. 때로는 내 기도에 대한 응답이 다른 사람에게 해가 될 수도 있습니다. 다른 사람의 기도에 대한 거절이 될 수도 있습니다. 때로는 자기모순에 빠진 기도를 할 수도 있습니다. 겸손하기를 원하면서 실은 교만에 빠질 수 있는 기도를 할 수도 있습니다. 기도 응답이 자신에게 해가 될 수도 있습니다. 구한 것을 받을 준비가 되어 있지 않을 때 그렇습니다.

> "너희가 얻지 못함은 구하지 아니하기 때문이요 구하여도 받지 못함은 정욕으로 쓰려고 잘못 구하기 때문이라"(약 4:2-3)

만약 기도의 응답이 없을 경우 그것이 최선임을 믿어야 합니다. 이것이 하나님의 신실하심을 의심치 않는 믿음입니다. 하나님께서 사람이 바라는 대로 주지 않으시는 이유는 그렇게 하시는 것이 그에게 더 좋기 때문일 것입니다. 인간은 그 이유를 알 수 없습니다. 때로는 결코 이해할 수 없습니다. 그런 때도 하나님의 신실하심을 의심치 말아야 합니다.

이것이 참된 믿음입니다.

사실 사람의 기도가 전부 응답된다면 전혀 상상할 수 없는 일이 발생할 수 있습니다. 그러므로 기도가 응답되지 않는 것조차 감사드릴 수 있어야 합니다. C. S. 루이스는 '만일 하나님께서 내가 지금까지 드린 모든 어리석은 기도에 다 응답하셨다면 지금쯤 나는 어디에 있을까?'라고 말했습니다.(『기도』, 리처드 포스터, 송준인 역, 두란노, 1995, 244쪽) 때로는 기도가 이미 응답되었지만 그 응답을 볼 수 있는 안목이 없는 경우도 있습니다.

· 욥기의 교훈

"내가 하나님께 아뢰오리니 나를 정죄하지 마시옵고 무슨 까닭으로
나와 더불어 변론하시는지 내게 알게 하옵소서"(욥 10:2)
"내가 어찌하면 하나님을 발견하고 그의 처소에 나아가랴 어찌하면
그 앞에서 내가 호소하며 변론할 말을 내 입에 채우고 내게 대답하시
는 말씀을 내가 알며 내게 이르시는 것을 내가 깨달으랴"(욥 23:3-5)

고난의 이유는 여러 가지입니다. 마귀의 유혹으로 인한 고난이 있습니다. 악한 영의 유혹에 빠져 어려움을 겪는 것입니다. 악한 사람들이 주는 고난이 있습니다. 악인들은 이런저런 이유로 사람을 괴롭힙니다. 그들이 악하기 때문입니다. 나 자신으로 인한 고난도 있습니다. 나의 욕심과 욕망과 무지와 잘못으로 인한 어려움이 있습니다. 사고나 병으로 인한 고난도 있습니다. 천재지변으로 인한 고난이 있고 전쟁으로 인한 고난도 있습니다. 하나님이 주시는 고난도 있습니다. 믿음의 단련을 위한 어려움입니다.

고난을 당할 때 고난의 이유를 아는 것이 중요합니다. 병의 원인을 알아야 병을 고칠 수 있듯이 고난의 이유를 알아야 이를 잘 극복할 수 있습니다. 마귀의 유혹 때문이라면 특별히 성령의 도우심을 간구해야 합니다. 악인들 때문이라면 지혜로워야 합니다. 자신 때문이라면 절제하고 회개해야 합니다. 하나님의 연단이 이유라면 인내하며 하나님의 뜻에 순종해야 합니다.

그런데 그 이유를 전혀 알 수 없는 고난도 있습니다. 욥기에서 이 사실을 배웁니다. 욥은 10명의 자식을 다 잃었습니다. 그 많던 재산을 다 빼앗겼습니다. 온 몸에 종기가 나는 엄청난 고통을 겪었습니다. 아내와 친구에게 멸시를 받았습니다. 그 모든 이유는 사실 사탄 때문입니다. 사탄이 욥의 믿음을 시험해보기를 원했던 것입니다. 그런데 여기에 하나님도 연관되어 있습니다. 하나님께서 사탄의 시험을 허락하셨던 것입니다. 그러나 욥은 이 사실을 몰랐습니다.

욥의 친구들은 주야장천 욥 자신에게 고난의 이유가 있다고 주장합니다. 욥의 죄 때문이라는 것입니다. 빨리 그 사실을 인정하면 이 고난에서 벗어날 수 있을 것이라고 합니다. 그러나 욥은 절대 그 사실을 인정하지 않습니다. 욥은 '내가 10명의 자식과 그 많던 재산을 다 잃고 이렇게 고통을 받으며 모든 사람들의 조롱거리가 된 이유는 절대 나 때문이 아니다'라고 주장합니다.

그러면서 욥은 그 이유를 하나님께 묻습니다. '하나님, 제발 저를 좀 만나 주십시오, 저에게 말씀 좀 해주십시오. 제가 정말 묻고 싶은 게 있습니다'라고 요청합니다.(욥 10:2, 13:22-23, 23:3-5)

그 요청대로 결국 하나님께서 욥에게 말씀하십니다. 그러나 욥이 겪은 고난의 이유는 설명하지 않으십니다. '사탄이 너의 믿음을 시험하고자 했고, 그래서 내가 허락했다. 그래서 네가 고통을 겪었지만 너는 믿음을 통과했다'라고 설명하지 않으십니다. 하나님이 말씀하신 것은 단 한 가지 '네가 감히 창조주에게 따지느냐? 하나님과 논쟁하려는 것이냐?'라는 말씀이었습니다.

욥은 끝까지 자신이 겪은 고난의 이유를 알지 못했습니다. 그러면서 고난의 이유를 알고자 했던 자신의 태도를 회개했습니다. 그리고 고난의 이유를 밝히고자 했던 욥의 친구들은 하나님의 책망을 들었습니다. 욥에게 용서를 빌어야했습니다. 하나님은 고난의 이유를 따지고 든 욥과 친구들을 책망하신 것입니다. 욥기는 엘리후의 신학을 가르칩니다. 그것은 '사람이 죄가 없어도 고난을 당할 수 있다. 그렇다고 해서 하나님을 원망할 수는 없다. 왜냐하면 하나님은 창조주이시기 때문이다'라는 교훈입니다.

> "그때에 여호와께서 폭풍우 가운데에서 욥에게 말씀하여 이르시되 무
> 지한 말로 생각을 어둡게 하는 자가 누구냐"(욥 38:1-2)

고난을 겪을 때 하나님의 침묵을 경험할 수 있습니다. 그때 성경에서 배우는 지혜는 이렇습니다. '왜 이렇게 되었지? 어디서부터 잘못 되었지? 누구 잘못이지?' 하며 고난의 이유에 매달리지 말라는 것입니다. 그보다는 '하나님이 나의 고통을 알고 계신다, 나를 불쌍히 여기고 계신다. 나는 하나님만 의지해야 한다'하며 기도하라는 것입니다. 창조주 하나님의 사랑을 믿고 하나님께 기도하라고 가르칩니다. 고난 중에 구원의 길을 발견하라고 합니다. 기도하라는 뜻입니다.

하나님은 욥에게 '무지한 말로 나의 뜻을 어둡게 하는 자가 누구냐?'라고 말씀하십니다.(욥 38:2) 욥의 간청에 침묵하시던 하나님의 첫 음성입니다. 모든 사람이 이 말씀을 기억해야 합니다. 하나님의 뜻과 신비 앞에서 인간의 말은 무식한 말이 됩니다. 그러므로 인간은 입을 다물어야 합니다. 하나님의 깊은 뜻을 헤아릴 수 없기 때문입니다. 오직 하나님

의 은혜를 구하는 기도를 해야 합니다.

사람의 경험과 지혜로 설명할 수 없는 고난 앞에서 하나님은 사람의 기도를 요구하십니다. 고난의 당사자나 주변 사람들이 함부로 고난의 의미를 설명하는 것은 무지한 말일 뿐입니다. 하나님의 뜻을 어둡게 하는 것입니다. 그러므로 침묵을 지키며 기도하는 것이 이해할 수 없는 고난 앞에서 인간이 해야 할 일입니다.

욥이 당한 고난은 실은 사탄의 의심 때문에 일어난 것입니다. 그러나 하나님은 욥에게 그 사실을 설명하지 않으십니다. 암시조차 하지 않으십니다. 다만 창조주 하나님의 권능을 강조하시면서 욥의 겸손을 요구하십니다. 겸손한 기도가 필요한 이유입니다.

> "그들이 악인의 교만으로 말미암아 거기에서 부르짖으나 대답하는 자
> 가 없음은 헛된 것은 하나님이 결코 듣지 아니하시며 전능자가 돌아
> 보지 아니하심이라"(욥 35:12-13)

하나님은 교만한 자의 기도는 듣지 않으십니다. 교만한 기도는 헛된 말에 불과합니다.(욥 35:12-13) 『쉬운 성경』은 욥기 35:12-13을 '저들의 부르짖음에 하나님께서 대답하지 아니하시는 것은 악인들의 교만한 자세 때문입니다. 하나님은 사람들이 헛된 말로 부르짖는 것을 듣지 않으시며, 전능자는 그런 기도를 들은 체도 하지 않으십니다'라고 번역했습니다. 하나님께서 듣지 아니하시는 기도가 있습니다. 정확하게는 응답하지 않으시는 기도입니다. 악인의 기도, 교만한 기도, 말씀에 순종하지 않는 자의 기도가 그렇습니다.

> "질그릇 조각 중 한 조각 같은 자가 자기를 지으신 이와 더불어 다툴
> 진대 화 있을진저 진흙이 토기장이에게 너는 무엇을 만드느냐 또는

네가 만든 것이 그는 손이 없다 말할 수 있겠느냐"(사 45:9)

"그러나 여호와여, 이제 주는 우리 아버지시니이다 우리는 진흙이
요 주는 토기장이시니 우리는 다 주의 손으로 지으신 것이니이다"
(사 64:8)

"여호와의 말씀이니라 이스라엘 족속아 이 토기장이가 하는 것 같이
내가 능히 너희에게 행하지 못하겠느냐 이스라엘 족속아 진흙이 토기
장이의 손에 있음 같이 너희가 내 손에 있느니라"(렘 18:6)

"이 사람아 네가 누구이기에 감히 하나님께 반문하느냐 지음을 받은
물건이 지은 자에게 어찌 나를 이같이 만들었느냐 말하겠느냐 토기장
이가 진흙 한 덩이로 하나는 귀히 쓸 그릇을, 하나는 천히 쓸 그릇을
만들 권한이 없느냐"(롬 9:20-21)

성경에 하나님을 토기장이에 비유하고 인간을 진흙에 비유하는
말씀이 있습니다. 토기장이는 마음대로 진흙을 빚어 그릇을 만들 수 있
습니다. 그리고 마음대로 깨트릴 수 있습니다. 이는 진흙에 대한 토기장
이의 절대적 주권을 강조하는 표현입니다. 인간에 대한 창조주 하나님의
권능이 그렇다는 뜻입니다.

하나님께서 기도에 침묵하실 때 사람은 하나님 앞에서 겸손해야
합니다. 기도에 응답이 없을 때 하나님을 원망하는 일이 없어야 합니다.
간구와 다른 결과를 얻었을 때 하나님의 선하심을 의심하는 일이 없어야
합니다. 하나님의 전능하심을 의심하는 일도 없어야 합니다. 사람은 오
히려 하나님의 자비를 구해야 합니다. 하나님은 사람이 판단할 수 있는
분이 아니시기 때문입니다.

기도하는 사람은 하나님과 사람의 관계를 바로 알고 있어야 합니
다. 그 관계는 이중적입니다. 하나는 하늘 아버지와 하나님의 자녀의 관
계입니다. 이것은 사랑의 관계를 의미합니다. 그래서 사람은 모든 것을

기도할 수 있습니다. 그리고 하나님의 응답을 체험합니다.

다른 하나는 창조주와 피조물의 관계입니다. 이를 토기장이와 토기의 관계에 비유할 수 있습니다. 이것은 절대 순종의 관계를 의미합니다. 그래서 사람은 하나님의 침묵에 복종할 수밖에 없습니다. 이 이중적 관계를 잘 이해할 때 기도의 진정한 은혜를 체험할 수 있습니다.

기도 생활의 부작용이 있습니다. 그것은 과도한 자신감입니다. 기도하는 사람은 누구나 기도의 은혜를 체험합니다. 기도의 능력을 체험합니다. 기도하기 전에는 알지 못했던 은혜입니다. 기도하지 않던 때 알 수 없었던 능력입니다. 그런 놀라운 은혜와 능력을 체험하면서 모든 것을 다 이룰 수 있을 것 같은 자신감을 가지게 됩니다. 기도하면 다 이룰 수 있을 것 같은 자신감입니다. 체험에 근거한 자신감입니다.

그러나 그런 자신감이 지나치면 문제를 일으킵니다. 하나님의 뜻이 아닌 것을 하나님의 뜻으로 생각하게 됩니다. 자신의 생각을 하나님의 뜻으로 오해하는 것입니다. 기도하는 사람이 피할 수 없는 함정입니다. 그리고 쉽게 빠지는 함정입니다. 기도의 은혜와 능력을 체험한 사람은 누구나 그럴 수 있습니다.

저도 한때 그런 과도한 자신감에 빠졌던 적이 있습니다. 기도하기 때문에 모든 것을 이룰 수 있을 것 같은 착각에 빠졌습니다. 기도하는 대로 교회가 금방 부흥될 것 같았습니다. 그래서 큰 장소로 교회를 옮길 생각을 했습니다. 재정도 꽤 넉넉하게 있었습니다. 그러나 만약 제 생각대로 진행되었다면 1-2년 안에 교회가 큰 빚에 빠졌을 것입니다. 그리고 목회가 아주 어려워졌을 것입니다. 다행히 하나님의 은혜로 그런 위험에서 벗어날 수 있었습니다.

기도 후에 생기는 과도한 자신감은 마귀의 유혹입니다. 기도의 은혜를 교만으로 이끌어가는 계략입니다. 마귀는 기도의 은혜와 능력을 체험한 사람에게 속삭입니다. '이제 당신은 기도로 모든 것을 이룰 수 있다'는 속삭임입니다. 교만으로 인도하는 속삭임입니다.

그런 유혹에 넘어가면 사람의 생각을 하나님의 뜻으로 착각하게 됩니다. 사람의 생각을 하나님의 뜻으로 변질시키는 것입니다. 사람은 그런 유혹에 빠질 수 있습니다. 지금까지 기도하면서 하나님의 은혜와 능력을 체험했습니다. 그래서 앞으로도 그럴 것이라고 믿는 것입니다. 여전히 기도하고 있기 때문입니다. 기도 생활의 일종의 부작용입니다.

기도에 대한 하나님의 침묵이 이런 유혹을 이기게 합니다. 간구와는 다른 결과가 과도한 자신감을 사라지게 합니다. 사람은 하나님의 침묵을 체험하면서 겸손을 배웁니다. 간구와 다른 결과를 경험하면서 하나님 경외를 배웁니다. 창조주 하나님과 피조물인 인간의 근본적 차이를 깨닫게 되는 것입니다. 그런 의미에서 기도에 대한 하나님의 침묵은 은혜입니다. 겸손을 가르치기 때문입니다. 간구와 다른 응답은 하나님의 사랑입니다. 하나님 경외를 가르치기 때문입니다.

이루지 못한 기도는 피조물의 한계를 깨닫게 합니다. 창조주 하나님의 주권을 인정하게 합니다. 그러면서 겸손을 가르치고 하나님 경외를 가르칩니다. 교만을 극복하게 합니다. 그래서 마귀의 유혹을 이기게 합니다. 이루지 못한 기도는 결국 기도 생활의 부작용을 막아주는 치료약과 같습니다. 사람은 이루지 못한 기도를 통해 하나님의 주권을 인정하게 됩니다. 하나님의 침묵도 마찬가지입니다.

믿는 자는 기도하다가 낙심하지 말아야 합니다. 이루어지 않는다고 지레짐작하면서 기도를 중단하지 말아야 합니다. 하나님은 다른 은혜를 준비하고 계시기 때문입니다. 사람이 알지 못하는 은혜, 더 큰 은혜를 계획하고 계시기 때문입니다. 이 사실을 욥기에서 배울 수 있습니다.

욥은 자신이 당하는 고난의 이유를 알고 싶었습니다. 그래서 그렇게 기도하면서 '하나님, 제발 대답 좀 해주십시오'라고 간구했습니다. 그러나 욥은 끝까지 그 이유를 알지 못했습니다. 하나님께서 가르쳐주지 않으셨기 때문입니다. 욥의 기도는 이루어지지 않았습니다.

그렇지만 욥은 하나님의 은혜를 체험했습니다. 다시 열 명의 자식들을 얻었고 두 배로 더 많은 재산을 얻었습니다. 겸손을 배웠고 하나님을 직접 만나는 은혜를 체험했습니다. 이처럼 원하는 것을 얻지 못할 수는 있지만 새로운 것을 받게 됩니다. 원하는 것은 이루어지지 않았지만 알지 못하던 것을 깨닫게 됩니다. 이것이 기도의 은혜고 능력입니다.

제가 어머니의 기도처럼 경주중학교에는 가지 못했지만 하나님은 다른 것을 주셨을 것입니다. 어머니의 경우라면 그것이 겸손한 기도일 수 있습니다. 하나님 경외일 수도 있습니다. 저의 경우라면 3년 자전거 통학으로 인한 건강일 수 있습니다. 독립심일 수도 있습니다. 제가 지금까지도 깨닫지 못하는 은혜가 분명히 있었을 것입니다. 기도하는 사람은 이 사실을 믿어야 합니다. 전지전능하신 하나님께서 기도하는 사람을 사랑하시기 때문입니다.

· 범사에 하나님 인정과 찬양

"깊도다 하나님의 지혜와 지식의 풍성함이여, 그의 판단은 헤아리지
못할 것이며 그의 길은 찾지 못할 것이로다"(롬 11:33)

로마서 11:33은 바울이 하나님의 구원 계획을 찬양한 것입니다. 바울은 자기 동족 유대인들이 메시아이신 예수님을 거절한 문제를 놓고 깊이 고뇌하였습니다. 그러면서 바울은 다음과 같은 사실을 깨달았습니다. 하나님이 이전에 불순종하던 이방인들에게 지금 자비를 베푸신 것처럼, 지금 불순종하는 유대인들에게 앞으로 자비를 베푸실 것이라는 사실입니다.

그 사실을 깨달은 바울은 로마서 11:33에서 '오, 하나님의 지혜와 지식이 얼마나 풍부하고 깊은지요! 사람은 그 신비를 헤아릴 수 없습니다'라고 찬양합니다. 사람은 하나님의 자비를 측량할 수 없고 그 깊은 뜻을 알 수 없다는 말입니다. 이는 불순종하는 사람에게 자비를 베풀어 그에게 영원한 생명을 주시는 하나님의 섭리를 찬양한 것입니다.

사람들은 가끔 예수를 알 수 없었던 세종대왕이나 이순신 장군이 구원을 얻었느냐 하는 질문을 합니다. 구원을 얻었다고 하기에는 예수를 믿지 않았습니다. 그렇지만 구원을 얻지 못했다고 하기에는 뭔가 이상합니다. 예수를 알 수 없었던 사람들이기 때문입니다. 한편, 예수를 믿지만 말과 행동에 문제가 있는 기독교인이 있습니다. 사람들은 저런 기독교인도 예수를 믿는다는 이유로 무조건 구원을 받느냐고 질문합니다.

그런 질문들에 대한 답이 로마서 11:33입니다. '깊도다 하나님의 지혜와 지식의 풍성함이여'라는 말씀이 그런 문제에 대한 답입니다. 하나님은 이미 그 문제에 대한 답을 가지고 계십니다. 다 알아서 하실 것입니다. 사람이 하나님의 그 답을 모를 뿐입니다. 사람은 단지 하나님의 지혜와 지식의 풍성함을 찬양할 뿐입니다.

그런데 이 로마서 11:33이 이루지 못한 기도에 대한 답도 될 수 있습니다. 열심히 기도하고 꾸준히 기도하면서 간절히 구했지만 이루지 못한 기도가 있을 때 이 말씀을 기억해야 합니다. 하나님의 지혜와 지식의 풍성함은 사람이 감히 알 수 없습니다. 사람은 하나님의 판단을 감히 헤아릴 수 없습니다. 사람은 결코 하나님의 길을 찾을 수 없습니다. 기도를 들으신 하나님께서 알아서 하실 것입니다.

사람은 하나님의 의논 대상이 아닙니다.(롬 11:34) 하나님이 홀로 뜻을 세우시고 이루십니다. 사람은 단지 하나님의 권능을 인정하고 하나님의 뜻을 찬양할 뿐입니다. 하나님의 신실하심을 믿을 뿐입니다.(신 7:9, 삼상 26:23, 사 49:7, 호 11:12) 기도가 자신의 뜻대로 이루어지지 않을 때 하나님의 신실하심과 능력을 의심하지 말아야 합니다. 그런 의심이 도를 지나치면 하나님의 진노를 사게 됩니다. 가나안 정탐 후 이스라엘 백성이 그런 죄를 지었습니다. 그들은 가나안을 정탐한 40일의 하루를 일 년으로 쳐서 40년을 광야에서 방황하는 벌을 받았습니다.(민 14:33-34)

> "이는 만물이 주에게서 나오고 주로 말미암고 주에게로 돌아감이라
> 그에게 영광이 세세에 있을지어다 아멘"(롬 11:36)

로마서 11:36은 찬양의 정수(精髓)라고 할 수 있습니다. 간결하면서도 모든 것을 포함하는 찬양이기 때문입니다. '모든 것이 하나님으로부터, 하나님을 통해, 하나님을 위해 존재한다'는 말씀은 사람이 하나님을 찬양해야 하는 이유를 밝혀줍니다. 하나님이 모든 것을 존재하게 하시고 모든 것을 보살피시는 분이시기 때문입니다.

이 말씀은 신앙의 핵심을 포함하고 있습니다. 이 말씀은 인간이 누구이며 무엇을 위해 살아야 하는지 밝혀줍니다. 그리고 자연은 무엇이며 무엇을 존재하는지 밝혀줍니다. 로마서 11:36은 무척 간결하지만 인간과 우주 전체의 존재 이유와 목적을 밝혀줍니다.

사람은 이 말씀의 무게를 느끼고 그 의미를 깨달아야 합니다. 그것이 사람이 복된 삶을 사는 유일한 길입니다. 그는 하나님의 판단을 헤아릴 수는 없지만 하나님의 판단을 따라 살 수는 있습니다. 그는 하나님의 모든 길을 발견할 수는 없지만 하나님의 길을 따라 걸을 수는 있습니다. 그렇게 사는 것이 유일하게 복된 삶입니다.

이루어지지 않는 기도가 있을 때도 사람은 하나님을 찬양해야 합니다. 만물이 주에게서 나오고 주로 말미암고 주에게로 돌아가기 때문입니다. 사람의 모든 것이 그렇기 때문입니다. 진실로 로마서 11:36을 믿는 사람은 모든 일에 하나님을 인정합니다. 모든 일에 하나님을 의지합니

다. 간구하는 기도가 이루어지지 않을 때도 그렇습니다.

8장.
기도의 열매

1. 거룩한 삶

• 너희는 거룩하라

"나는 너희의 하나님이 되려고 너희를 애굽 땅에서 인도하여 낸 여호
와라 내가 거룩하니 너희도 거룩할지어다"(레 11:45)
"오직 너희를 부르신 거룩한 이처럼 너희도 모든 행실에 거룩한 자
가 되라 기록되었으되 내가 거룩하니 너희도 거룩할지어다 하셨느니
라"(벧전 1:15-16)

새벽기도를 시작한지 어느덧 20년이 넘었습니다. 그 기간 동안
말할 수 없는 기도의 은혜를 체험하고 또 누렸습니다. 저는 그 기도의 은
혜를 두 가지로 정리합니다. 하나는 '거룩한 삶'이고 다른 하나는 '자기
십자가'입니다. 기도의 은혜를 통해 거룩한 삶을 사모하고 자기 십자가

를 사모하는 사람이 되었다는 뜻입니다.

하나님은 '내가 거룩하니 너희도 거룩하라'고 말씀하십니다. 하나님 스스로 '나는 거룩하다, 나는 거룩한 존재다'라고 말씀하십니다. 하나님은 분명히 거룩하신 분이십니다. 그런 하나님께서 '내가 거룩하니 너희도 거룩하라'고 명령하십니다. 성경의 많은 명령들 중에서 가장 중요한 명령입니다. 그러므로 사람은 거룩해야 합니다. 거룩한 사람이 되어야 하고 거룩한 삶을 살아야 합니다.

이를 위해 먼저 거룩함에 대한 개념 정리가 되어 있어야 합니다. 믿는 자는 거룩함의 의미를 정확히 알아야 합니다. 그래야 자신이 거룩하다는 자의식을 가질 수 있습니다. 거룩의 의미를 정확히 알아야 자신이 거룩한지 아닌지 판단할 수 있습니다. 거룩함이 무엇인지를 제대로 모르면 거룩한 사람이 되기 어렵습니다.

문제는 성경에 거룩함에 대한 정확하고 구체적인 설명이 없다는 사실입니다. 정황으로만 알 수 있을 뿐입니다. 그래서 거룩함의 뜻을 제대로 알기 어렵습니다. 거룩해야 한다는 것은 알겠는데 그것이 무엇인지 정확히 모르는 이상한 상황이 되는 것입니다. 거룩한 삶을 강조할 때 이런 어려움이 있습니다.

> "하나님은 사랑이심이라"(요일 4:8)
> "여호와는 정의의 하나님이시라"(사 30:18)
> "모든 은혜의 하나님 곧 그리스도 안에서 너희를 부르사 자기의 영원한 영광에 들어가게 하신 이가"(벧전 5:10)
> "진리의 하나님 여호와여"(시 31:5)

하나님은 무한하신 분으로 그 속성을 제한할 수 없습니다. 그렇지만 성경에 나타난 하나님의 대표적 속성을 몇 가지로 정리할 수는 있습니다. 그것은 사랑과 정의, 그리고 은혜와 진리입니다. 하나님은 사랑이 충만하시며, 정의로우시며, 은혜로우시며, 진리의 근원이 되십니다. 이것이 성경을 통해 알 수 있는 하나님의 대표적 속성입니다. 사랑과 정의, 은혜와 진리는 가끔 짝으로 등장합니다.

거룩하신 하나님은 사랑과 정의, 은혜와 진리라는 속성을 가지고 있습니다. 그러므로 거룩한 사람은 사랑과 정의, 은혜와 진리의 사람이 되어야 합니다. 믿는 자가 거룩하다는 것은, 사랑이 충만하고 정의로우며 은혜와 진리를 따라 산다는 것을 의미합니다. 사랑의 사람, 정의의 사람, 은혜의 사람, 진리의 사람이 거룩한 사람입니다.

> "아버지께서 나를 사랑하신 것 같이 나도 너희를 사랑하였으니 나의 사랑 안에 거하라"(요 15:9)
> "내 계명은 곧 내가 너희를 사랑한 것 같이 너희도 서로 사랑하라 하는 이것이니라"(요 15:12)
> "내가 이것을 너희에게 명함은 너희로 서로 사랑하게 하려 함이라" (요 15:17)

첫째, 거룩한 사람은 사랑의 사람입니다. 하나님은 사랑이십니다.(요일 4:8) 그러므로 거룩한 사람은 당연히 사랑의 사람이 되어야 합니다. 사랑이신 하나님을 닮아서 사랑의 사람이 될 수밖에 없습니다.(요 15:9, 12, 17) 그 사랑은 하나님을 향한 사랑, 이웃을 향한 사랑입니다.

율법사가 예수님을 시험하려고 율법 중 가장 중요한 계명이 무엇이냐고 물었습니다. 그때 예수님은 '전심을 다해 주 너의 하나님을 사랑하고 네 이웃을 네 자신 같이 사랑하라'고 대답하셨습니다. 그리고 이 두 계명이 '온 율법과 선지자의 강령이라'고 말씀하셨습니다.(마 22:37-40) 사랑을 강조하신 말씀입니다.

거룩한 사람은 무엇보다도 전심을 다해 하나님을 사랑합니다. 이것이 가장 중요합니다. 그래서 예수님은 '아버지나 어머니를 나보다 더 사랑하는 자는 내게 합당하지 아니하고 아들이나 딸을 나보다 더 사랑하는 자도 내게 합당하지 아니하며'라고 말씀하십니다.(마 10:37) 이와 더불어 거룩한 사람은 반드시 이웃과 세상을 사랑해야 합니다. 그것이 하나님의 뜻입니다. 예수님은 마지막 만찬에서 사랑을 강조하십니다. 요한복음 15:9, 12, 17은 사랑의 사람을 강조하시는 말씀입니다.

'선한 사마리아 사람' 비유에서 하나님의 그런 뜻을 알 수 있습니다.(눅 10장) 제사장과 레위인은 강도 만나 죽게 된 사람을 외면했습니다. 그러나 유대인들이 업신여기고 이방인처럼 여긴 사마리아 사람이 도와주었다는 말씀입니다. 예수님은 율법사를 향해 '너도 이와 같이 하라'고 말씀하십니다.(눅 10:37)

> "오직 만군의 여호와는 정의로우시므로 높임을 받으시며 거룩하신 하나님은 공의로우시므로 거룩하다 일컬음을 받으시리니"(사 5:16)
> "지금 이후로 영원히 정의와 공의로 그것을 보존하실 것이라 만군의 여호와의 열심이 이를 이루시리라"(사 9:7)
> "대저 여호와는 정의의 하나님이심이라 그를 기다리는 자마다 복이 있도다"(사 30:18)
> "여호와께서는 지극히 존귀하시니 그는 높은 곳에 거하심이요 정의와 공의를 시온에 충만하게 하심이라"(사 33:5)

둘째, 거룩한 사람은 정의의 사람입니다. 하나님이 정의의 하나님이시기 때문입니다.(사 30:18, 말 2:17) 사랑은 풍성한데 정의가 빈약한 사람은 거룩하지 않습니다. 정의 없이 거룩할 수 없기 때문입니다. 거룩한데 거짓말을 잘 하고 약자를 괴롭히며, 사회적 불의에 무관심한 사람은 상상할 수 없습니다. 손이 없는 농구선수, 발이 없는 축구선수를 상상할 수 없듯이 말입니다. 거룩한 사람은 반드시 정의의 사람이 되어야 합니다.

구약의 예언자들은 하나 같이 정의를 강조했습니다. 시편과 잠언에도 정의와 불의에 대한 말씀이 많습니다. 예수님 역시 정의를 무척 중요하게 여기셨습니다. 예수님은 '화 있을진저 외식하는 서기관들과 바리새인들이여 너희가 박하와 회향과 근채의 십일조는 드리되 율법의 더 중한 바 정의와 긍휼과 믿음은 버렸도다 그러나 이것도 행하고 저것도 버리지 말아야 할지니라'고 말씀하십니다.(마 23:23) 정의를 강조하시는 말씀입니다.

정의의 사람은 거짓말을 하지 않고 음란하지 않습니다. 윤리적, 도덕적 죄를 범하지 않습니다. 가난하고 어려운 이웃을 돌보고 불의와 악을 미워합니다. 그리고 개인의 정의를 넘어서 사회 정의를 실천합니다. 국가가 외면하는 사각지대를 돌보고 인권 향상에 노력합니다. 독재에 항거하고 불의를 고발합니다. 사회악을 미워하고 나라의 법을 어기지 않습니다.

정의가 무너진 교회는 거룩한 교회가 아닙니다. 정의를 외면하는 기독교인은 거룩한 성도가 아닙니다. 사랑이 없는 교회는 거룩한 교회가 아닙니다. 정의가 없는 교회도 거룩한 교회가 아닙니다. 사랑을 강조하면서 정의를 죽이는 교회는 거룩한 교회가 아닙니다. 오늘날 한국 교회가 사회로부터 거룩하지 않다는 평가를 받는다면 사랑이 부족하기보다는 정의가 부족하기 때문일 것입니다.

"나를 사랑하고 내 계명을 지키는 자에게는 천 대까지 은혜를 베푸느니라"(신 5:10)
"여호와는 은혜로우시며 긍휼이 많으시며 노하기를 더디 하시며 인자

하심이 크시도다"(시 145:8)

"그리스도 예수 안에 있는 속량으로 말미암아 하나님의 은혜로 값없이 의롭다 하심을 얻은 자 되었느니라"(롬 3:24)

"하나님이 능히 모든 은혜를 너희에게 넘치게 하시나니 이는 너희로 모든 일에 항상 모든 것이 넉넉하여 모든 착한 일을 넘치게 하게 하려 하심이라"(고후 9:8)

셋째, 거룩한 사람은 은혜의 사람입니다. 거룩한 사람은 하나님의 은혜를 누리는 동시에 그 은혜를 전합니다. 믿는 자가 누리는 가장 큰 은혜는 구원의 은혜입니다. 하나님이 구원 받을 자격이 없는 죄인을 사랑하셔서 영생을 허락하신 은혜입니다.

그러므로 믿는 자는 은혜의 사람답게 은혜의 삶을 살아야 합니다. 고린도후서 6:2에서 바울이 말한 것처럼 '하나님의 은혜를 헛되이 받는 일'이 없어야 합니다. 그것이 거룩한 사람의 모습입니다. 하나님의 은혜를 헛되게 하는 일은 결국 하나님을 가볍게 여기는 것입니다. 그 죄가 결코 가볍지 않습니다.

그러나 하나님의 은혜는 구원의 은혜에만 머무는 것이 아닙니다. 하나님은 하나님 백성의 모든 삶을 주관하십니다. 그래서 믿는 자는 일상 가운데 하나님의 은혜를 체험합니다. 믿는 자는 구원의 은혜와 함께 일상의 은혜를 체험하는 은혜의 사람입니다.

하나님의 은혜를 잊고 자신을 위해 사는 사람들이 있습니다. 하나님을 팔아 배를 불리는 사람이 있습니다. 하나님을 이용해 명예를 얻는 사람들이 있습니다. 하나님보다 돈이나 성공을 더 사랑하는 사람도 있습니다. 거룩함을 잃어버린 사람들입니다. 은혜의 사람이 되는 것도 중요하지만 은혜의 삶을 사는 것이 더 중요합니다. 하나님의 은혜로 거룩한 자가 된 사람은 반드시 거룩한 삶을 살아야 합니다.

"내가 나의 영을 주의 손에 부탁하나이다 진리의 하나님 여호와여 나를 속량하셨나이다"(시 31:5)

"이러므로 땅에서 자기를 위하여 복을 구하는 자는 진리의 하나님을 향하여 복을 구할 것이요 땅에서 맹세하는 자는 진리의 하나님으로 맹세하리니 이는 이전 환난이 잊어졌고 내 눈 앞에 숨겨졌음이라"(사 65:16)

"그들은 내 백성이 되고 나는 진리와 공의로 그들의 하나님이 되리라"(슥 8:9)

"그들을 진리로 거룩하게 하옵소서 아버지의 말씀은 진리니이다"(요 17:17)

넷째, 거룩한 사람은 진리의 사람입니다. 사람은 진리로 거룩해지기 때문에 거룩한 사람은 당연히 진리의 사람입니다. 예수님은 '그들을 진리로 거룩하게 하옵소서. 아버지의 말씀은 진리니이다'라고 말씀하십니다.(요 17:17) 하나님 말씀이 진리인데 제자들이 그 진리로 거룩해진다는 뜻입니다. 그러므로 거룩한 사람은 진리를 알고 믿으며 진리를 전하는 사람입니다. 그는 진리로 인해 거룩한 사람이 되었습니다.

성경의 진리를 4가지로 요약할 수 있습니다. 삼위일체 하나님, 창조, 구원, 심판입니다. 한 가지 문제가 있다면 성경의 이런 진리가 사람 눈에 어리석게 보인다는 것입니다. 사람의 지혜로 보면 하나님의 지혜는 미련해 보입니다. 그 이유는 하나님의 지혜가 사람의 지혜와 근본적으로 다르기 때문입니다. 하나님의 지혜는 영원하고 전지전능하신 창조주의 지혜입니다. 반면에 사람의 지혜는 일시적이고 유한한 피조물의 지혜입니다.

하나님의 지혜가 어리석게 보이는 것은 인간의 착각일 뿐입니다. 하나님의 지혜가 인간의 한계를 넘어서기 때문에 그렇게 보이는 것입니다. 인간의 이런 어리석음을 진리의 영이신 성령께서 도와주십니다. 성령은 근본적으로 진리의 영이십니다.(요 14:17, 26, 15:26) 사람은 성령의 도움이 있어야 진리를 알 수 있고 믿을 수 있습니다. 이렇게 진리의 영이신 성령으로 충만한 사람이 거룩한 사람입니다.

• 거룩한 사람

"그런즉 사랑하는 자들아 이 약속을 가진 우리는 하나님을 두려워하는 가운데서 거룩함을 온전히 이루어 육과 영의 온갖 더러운 것에서 자신을 깨끗하게 하자"(고후 7:1)

"평강의 하나님이 친히 너희를 온전히 거룩하게 하시고 또 너희의 온 영과 혼과 몸이 우리 주 예수 그리스도께서 강림하실 때에 흠 없게 보전되기를 원하노라"(살전 5:23)

"사랑하는 자들아 너희는 너희의 지극히 거룩한 믿음 위에 자신을 세우며 성령으로 기도하며"(유 1:20)

거룩한 사람이 되기 위해서는 먼저 자신이 거룩한 사람이라는 확고한 자의식이 있어야 합니다. 세례 받은 사람, 새 사람, 하나님의 백성으로서 '나는 거룩한 사람이다'라는 확고한 자의식을 가져야 합니다. 유다서 1:20에 '지극히 거룩한 믿음 위에 자신을 세우라'는 말씀이 있습니다. 비슷한 말씀이 고린도후서 7:1과 데살로니가전서 5:23에 있습니다. 거룩함을 온전히 이루라는 말씀입니다.

이런 말씀처럼 자신이 거룩하다는 확고한 자의식을 가져야 합니다. 그런 자의식이 거룩한 사람이 되는 첫걸음입니다. 군인은 군인이라는 자의식이 있어야 합니다. 그래야 군인답게 살 수 있습니다. 훈련에 힘쓰고 나라를 지킬 수 있습니다. 그런 자의식이 없으면 민간인처럼 살면서 명령에 불복종할 것입니다.

시장에서 장을 볼 때 일부러 외곽의 할머니들을 찾아다닌다는 어느 분 이야기를 들은 적이 있습니다. 예수 믿는 사람입니다. 그분은 시장 큰 거리에 당당하게 물건을 진열한 가게들을 외면합니다. 그리고 할머니들의 상대적으로 초라한 물건들을 삽니다. 할머니들의 생활에 조금이라도 도움이 되고 싶어서입니다. 같은 돈에 조금 못한 물건을 사는 것이라고 해도 괜찮습니다. 같은 물건을 조금 비싸게 사는 것이라고 해도 상관없습니다. 단지 어려운 사람의 생활을 돕고 싶었던 것입니다. 그런 것이 사랑입니다. 그래서 거룩한 마음입니다.

믿는 자는 '나는 거룩한 사람이다'라는 자의식을 가지고 생활해야 합니다. 시장에서 시금치 한 단을 살 때도 그런 자의식을 가져야 합니다. 거룩한 사람으로서 시금치 한 단을 사면 시금치 파는 할머니의 고단한 삶을 볼 수 있습니다. 세상 사람과는 다른 모습으로 시금치 한 단을 사게 됩니다. 하나님은 믿는 자들이 그렇게 살기를 원하십니다. 거룩한 사람으로 장보기를 원하시는 것입니다.

> "속에서 곧 사람의 마음에서 나오는 것은 악한 생각 곧 음란과 도둑질과 살인과 간음과 탐욕과 악독과 속임과 음탕과 질투와 비방과 교만과 우매함이니 이 모든 악한 것이 다 속에서 나와서 사람을 더럽게 하느니라"(막 7:21-23)
> "그런즉 사랑하는 자들아 이 약속을 가진 우리는 하나님을 두려워하는 가운데서 거룩함을 온전히 이루어 육과 영의 온갖 더러운 것에서 자신을 깨끗하게 하자"(고후 7:1)
> "평강의 하나님이 친히 너희를 온전히 거룩하게 하시고"(살전 5:23)

한편, 거룩한 사람이 되기 위해서는 내면의 죄를 극복해야 합니다. 믿는 자가 성령의 전이기 때문입니다. 성령께서 그 사람 안에 계시기 때문입니다. 자신의 영에 성령님을 모셔 놓고, 미움, 원망, 불평, 음란, 탐욕 등을 가득 채우고 있다면 성령께서 심히 불편하실 것입니다. 마음과 생각의 죄는 반드시 회개해야 합니다. 반드시 깨끗한 내면을 가져야 합니다.

예수님도 사람의 마음에서 나오는 것이 사람을 더럽게 한다고 말씀하십니다.(막 7:21-23) 가장 유명한 것이 마음으로 간음한 것도 간음한 것이라는 말씀입니다.(마 5:28) 거룩한 사람이 되기 위해서는 반드시 마음과 생각의 죄를 극복해야 합니다. 내면이 정결하지 않으면 거룩한 사람이 될 수 없습니다.

> "하나님이여 내 속에 정한 마음을 창조하시고 내 안에 정직한 영을 새롭게 하소서"(시 51:10)

믿는 자는 '하나님, 제 속에 정한 마음을 창조하시고 제 안에 정직한 영을 새롭게 하소서'라고 기도해야 합니다.(시 51:10) 모든 추하고 악한 생각, 세상에 속한 생각, 욕망에 젖은 생각, 음란하고 폭력적인 상상, 남을 해치는 상상을 사로잡아 주님께 복종시켜야 합니다. 그런 마음과 생각과 상상을 회개해야 합니다.

날마다 '제 추하고 상한 마음 주님이 가져가시고 주님의 온전하고 정결한 마음을 주시옵소서. 저는 제 생각을 사로잡아 주님께 복종시키고 선한 싸움에서 승리하겠습니다. 주님 주시는 거룩한 마음을 가지고 주님 기뻐하시는 거룩한 생각을 하며 살게 하소서. 성령께서 저를 도와주시옵소서'라고 기도해야 합니다. 기도는 사람을 거룩한 내면으로 인도합니다.

"너는 이스라엘 자손의 온 회중에게 말하여 이르라 너희는 거룩하라 이는 나 여호와 너희 하나님이 거룩함이니라"(레 19:2)
"모든 사람과 더불어 화평함과 거룩함을 따르라 이것이 없이는 아무도 주를 보지 못하리라"(히 12:14)

믿는 자는 반드시 거룩한 사람으로 살아야 합니다. 그것이 하나님의 명령입니다. 다른 길은 없습니다. 거룩한 사람이라는 자의식을 가지고 살면서 내면의 죄를 극복해야 합니다. 사랑과 정의, 은혜와 진리가 풍성한 사람이 되어야 합니다. 그래서 하나님을 닮은 사람이 되어야 합니다. 그런 사람이 교회를 살리고 세상에서 하나님의 영광을 드러낼 수 있습니다. 기도하는 사람이 그렇게 하나님을 닮은 사람이 될 수 있습니다.

• 기도와 굳센 믿음

"오직 성령의 열매는 사랑과 희락과 화평과 오래 참음과 자비와 양선과 충성과 온유와 절제니 이 같은 것을 금지할 법이 없느니라"(갈 5:22-23)
"그러므로 너희가 더욱 힘써 너희 믿음에 덕을, 덕에 지식을, 지식에 절제를, 절제에 인내를, 인내에 경건을, 경건에 형제 우애를, 형제 우애에 사랑을 더하라"(벧후 1:5-7)

약한 믿음이 있고 강한 믿음이 있습니다. 미숙한 믿음이 있고 성숙한 믿음이 있습니다. 하나님은 믿는 자가 강하고 성숙한 믿음의 사람이 되기를 원하십니다. 그래야 모든 유혹을 이기고 세상의 소금과 빛이 될 수 있기 때문입니다. 하나님의 영광을 드러낼 수 있기 때문입니다.

그런데 믿음의 정도를 알 수 있는 방법이 있습니다. 자신의 믿음이 강한지 약한지, 성숙한지 미숙한지 판단할 수 있는 방법이 있습니다. 그것은 성령의 열매와 믿음의 열매를 살펴보는 것입니다. 갈라디아서 5:22-23은 성령의 열매에 대한 말씀입니다. 베드로후서 1:5-7은 믿음의 열매에 대한 말씀입니다. 내 안에 성령의 열매와 믿음의 열매가 풍성하면 강하고 성숙한 믿음의 사람입니다. 그렇지 않으면 약하고 미숙한 믿음입니다.

　　'성령의 열매'는 예수님의 성품을 말하는 것으로 참된 성도들이 가지는 신령한 성품입니다. 성령의 열매가 풍성한 사람은 예수님의 성품을 닮은 사람입니다. 그 성품은 바로 사랑과 기쁨이 넘치며 평화롭고 오래 참는 것입니다. 그리고 자비롭고 착하며 성실하고 온유하고 절제하는 것입니다. 한 마디로 거룩한 성품입니다. 믿는 자는 누구나 성령의 열매가 풍성한 사람이 되어야 합니다.

　　예수를 믿어도 성령의 열매가 부족할 수 있습니다. 성령의 열매는 교회만 다니면 저절로 생기는 게 아니기 때문입니다. 성령의 열매를 사모하면서 경건훈련에 힘써야 합니다. 악한 본성을 이기고 악한 영의 유혹을 물리쳐야 합니다. 그래야 성령의 열매가 풍성한 사람이 될 수 있습니다.

　　베드로후서 1:5-7의 '믿음의 열매'는 거룩한 행동, 거룩한 삶이라고 할 수 있습니다. 성령의 열매에서 믿음의 열매가 나옵니다. 거룩한 성품에서 거룩한 행동이 나오는 것입니다. 그래서 실은 이 둘이 연결되어 있습니다. 성령의 열매는 나무의 뿌리와 같고 믿음의 열매는 나무의 과실과 같습니다. 성령의 열매가 있어야 믿음의 열매가 있습니다. 성령의 열매가 믿음의 열매를 맺습니다. 그래서 성령의 열매와 믿음의 열매는 중복되기도 합니다. 사랑과 절제가 그렇습니다.

　　믿는 자는 믿음의 열매를 가져야 합니다. 그래야 하나님이 약속하신 가장 귀한 선물인 영원한 생명을 얻을 수 있습니다. 그 믿음의 열매는 덕, 지식, 절제, 인내, 경건, 형제 우애, 그리고 사랑입니다. 여기서 덕은 도덕을 의미합니다. 형제 우애는 교회 안 성도들 사이의 친교를 뜻합니다. 그리고 마지막의 사랑은 교회를 초월한 모든 사람에 대한 보편적 사랑을 의미합니다.

베드로후서 1:5-7의 의미는 이렇습니다. 세례를 받고 '저는 예수 믿는 사람입니다'라고 고백한다고 해서 끝난 게 아닙니다. 그렇게 믿음을 고백하는 사람은 도덕적으로 바로 살아야 합니다. 신앙의 내용을 잘 알아야 합니다. 욕망을 이겨야하고 고난 중에 인내할 줄 알아야 합니다. 거룩하고 경건한 삶을 살아야 합니다. 교우들을 사랑하고 만민을 사랑해야 합니다. 그래야 하나님이 약속하신 영원한 생명을 받을 수 있습니다.

만약 이 일곱 가지 믿음의 열매가 없다면 그는 맹인이고 근시안 자입니다.(벧후 1:9) 볼 수 없거나 제대로 못 보는 사람입니다. 그는 자신의 죄가 깨끗하게 된 것을 잊은 사람입니다. 세례 받은 것이 아무 소용이 없는 사람이라는 뜻입니다. 그래서 그는 하나님이 약속하신 가장 귀한 선물을 받을 수 없습니다. 이것이 믿음의 열매가 주는 교훈입니다. 기도는 믿음의 열매를 풍성하게 합니다. 기도가 사람을 강하고 성숙한 믿음으로 인도하는 것입니다. 기도 없이 강하고 성숙한 믿음을 가질 수 없습니다.

2. 자기 십자가

• 착하고 충성된 종

"아버지나 어머니를 나보다 더 사랑하는 자는 내게 합당하지 아니하고 아들이나 딸을 나보다 더 사랑하는 자도 내게 합당하지 아니하며 또 자기 십자가를 지고 나를 따르지 않는 자도 내게 합당하지 아니하니라"(마 10:37-38)

마태복음 10:37-38에 제자의 자격에 대한 말씀이 있습니다. 예수께서 제자들에게 예수의 제자가 되는 조건을 말씀하신 것입니다. 그 자격은 첫째, 예수님을 가장 사랑하는 것입니다.(마 10:37) 예수님의 제자는 예수님보다 가족을 더 사랑하는 일을 경계해야 합니다. 예수님보다 부모나 자식을 더 사랑하는 사람은 예수님의 제자가 될 자격이 없습니다.

부모 사랑도 중요하고 자식 사랑도 중요합니다. 그러나 예수님 사랑이 더 중요합니다. 그 이유는 예수께서 유한한 가족 사랑을 영원한 사랑으로 만들어주시기 때문입니다. 아무리 열심히 가족을 사랑해도 가족 사랑은 이 세상에서 끝납니다. 죽음이 그렇게 만듭니다. 예수님은 그런 가족 사랑을 영원한 사랑으로 바꾸어 주십니다. 예수를 믿는 가족은 죽음이 끝이 아니라 천국에서 부활의 몸으로 다시 만날 수 있습니다.

예수님의 제자가 되기 위한 두 번째 자격은 자기 십자가를 지는 것입니다.(마 10:38) 여기서 십자가는 사명에 대한 상징입니다. 예수님의 사명의 정점이 골고다의 십자가였습니다. 그래서 자기 십자가를 진다는 것은 곧 자기 사명을 감당한다는 뜻입니다. 기도하는 사람이 사명의 사람이 됩니다. 예수님의 제자가 되는 자격을 얻는 것입니다. 그렇게 사명의 사람이 되는 것이 기도의 은혜입니다. 그리고 사명의 사람은 기도합니다.

> "다섯 달란트 받았던 자는 다섯 달란트를 더 가지고 와서 이르되 주인
> 이여 내게 다섯 달란트를 주셨는데 보소서 내가 또 다섯 달란트를 남
> 겼나이다 그 주인이 이르되 잘하였도다 착하고 충성된 종아 네가 적
> 은 일에 충성하였으매 내가 많은 것을 네게 맡기리니 네 주인의 즐거
> 움에 참여할지어다 하고"(마 25:20-21)

마태복음 25:14-30에 '달란트 비유'가 있습니다. 이는 하나님 나라에 대한 비유로서 이 말씀에 순종해야 충성된 종이라 칭찬을 받고 하나님의 백성이 된다는 뜻입니다. 비유의 내용은 이렇습니다. 어느 주인이 집을 떠나면서 세 명의 종을 불러 그 능력에 따라 각각 은 다섯 달란트, 두 달란트, 한 달란트를 맡기고 떠났습니다. 달란트는 무게 단위로 1 달란트는 약 35kg입니다. 주인이 맡긴 것이 금이 아니라 은이라는 것을 마태복음 25:18의 '은돈'(argyrion, silver, silver money)이라는 말에서 알 수 있습니다.

개역성경은 마태복음 25:15를 번역하면서 금 다섯 달란트라고 했지만 원문에 금이라는 말은 없습니다. 그냥 달란트로 되어 있습니다. 반면에 마태복음 25:18에는 은돈이라는 헬라어 단어가 분명히 있기 때문에 주인이 맡긴 것은 금이 아니라 은이 맞습니다.

비유의 주인이 은 175kg, 70kg, 35kg을 종들에게 맡긴 목적은 사업을 하여 이익을 보라는 것입니다. 생활비를 준 것이 아닙니다. 다섯 달란트 받은 종은 사업을 잘 해서 다섯 달란트 이익을 냈습니다. 그래서 주인에게 착하고 신실한 종이라는 칭찬을 받습니다. 그리고 작은 일에 충성을 다했으니 더 많은 것을 맡기겠고 함께 기뻐하자는 말을 듣습니다.

두 달란트 받은 종도 사업을 잘 해서 두 달란트를 남겼고 같은 칭찬을 받습니다.

한 달란트를 받은 종은 그 돈을 땅에 묻어 두었다가 주인에게 그냥 돌려주었습니다. 완고한 주인이 두려워서 그랬다고 합니다. 혹시 사업을 하다 실패해 원금을 잃으면 혼날까봐 그랬다는 말일 것입니다. 주인은 최소한의 이익인 이자라도 받지 않은 이 종을 '악하고 게으르고 무익한 종'이라고 책망합니다. 그리고 맡긴 달란트를 빼앗아 다른 종에게 주라고 합니다. 바깥 어두운 곳으로 내어 쫓아 슬피 울며 이를 갈도록 하라고 합니다.

이 비유는 하늘나라에 대한 말씀입니다. 이렇게 하면 하늘나라에 들어갈 수 있고, 이렇게 하면 하늘나라에 들어갈 수 없다는 말씀입니다. 그래서 이 말씀이 중요합니다. 믿는 자의 진짜 소망인 하나님 나라에 들어갈 수 있느냐 없느냐 하는 문제를 다루기 때문입니다.

비유의 핵심은 단순하고 확실합니다. '받은 재능을 활용하는 착하고 충성된 종이 되라, 재능을 묻어두는 악하고 게으른 종이 되지 마라'는 것입니다. 믿는 자는 누구나 하나님의 백성입니다. 그래서 하나님께 받은 달란트가 있습니다. 그 달란트를 잘 활용하여 착하고 충성된 종이 되어야 합니다. 그 재능을 묻어두는 악하고 게으른 종이 되지 말아야 합니다.

그런데 이 비유에서 잘 파악되지 않는 사실이 하나 있습니다. 그 사실은 달란트 자체에 들어 있습니다. 1달란트를 돈으로 환산하면 6천 데나리온입니다. 노동자 하루 품삯이 1데나리온이므로 1달란트는 노동자가 6천 일에 해당되는 품삯입니다. 노동자가 일 년 365일 매일 일해서 16년을 모아야 되는 돈입니다.

그래서 본문의 1달란트를 오늘로 치면 수억 원에 해당되는 돈입니다. 그냥 쉽게 5억이라고 생각할 수도 있습니다. 비유의 주인은 종들에게 약 25억, 10억, 5억의 돈을 주면서 사업을 하라고 명령한 것입니다. 그 5억의 돈을 땅에 묻었다가 그대로 내 놓았으니 악하고 게으른 종이 맞습니다. 하다못해 그 돈을 은행에 맡겨 이자라도 받았어야 한다는 주인의 말이 맞습니다.

그러므로 달란트 비유에 숨어 있는 교훈은 가장 적게 받은 자도 실은 넘치도록 받았다는 것입니다. 하나님이 주신 재능이 남들에 비해 작은 것으로 보일 수 있습니다. 그렇지만 사실은 그 재능이 맡기신 일을 충분히 하고도 남을 정도로 풍성한 것입니다. 사소한 재능을 가진 것처럼 보이지만 실은 엄청난 재능을 가지고 있는 것입니다. 이것이 달란트 비유에 숨어 있는 교훈입니다.

하나님은 하나님 나라 백성 모두에게 재능을 주십니다. 그렇게 재능을 주시는 이유는 그 재능을 즐기며 살라는 뜻이 아닙니다. 그 재능을 이용해 돈을 벌라는 것이 아닙니다. 그 재능을 가지고 하나님 나라의 일을 하라는 것입니다. 그 일은 세상에 복음을 전하여 그들로 하여금 영원한 생명을 얻도록 하는 것입니다. 세상의 소금과 빛이 되어 하나님의 영광을 드러내는 것입니다. 그렇게 하는 사람은 착하고 충성된 종으로 칭찬과 상을 받습니다. 그 재능을 가지고 아무 일도 하지 않으면 책망과 벌을 받습니다. 악하고 게으르고 무익한 종이기 때문입니다.

달란트 비유는 예수님 다시 오실 때까지 남아 있는 시간을 슬기롭게 사용하라는 교훈이기도 합니다. 다르게 말하면 먹고 사는 일에만 전념하지 말고 의로운 일도 행하며 살라는 것입니다. 내 일에만 신경 쓰지 말고 나의 주인이 되시는 하나님의 일에도 마음을 쏟으라는 것입니다. 믿는 자는 착하고 충성된 종이라는 칭찬을 받아야 합니다. 그런데 기도가 믿는 자를 그렇게 사명의 길로 인도합니다.

• 사명을 위한 기도

"내가 기도하노라 너희 사랑을 지식과 모든 총명으로 점점 더 풍성하게 하사 너희로 지극히 선한 것을 분별하며 또 진실하여 허물없이 그리스도의 날까지 이르고 예수 그리스도로 말미암아 의의 열매가 가득하여 하나님의 영광과 찬송이 되기를 원하노라"(빌 1:9-11)
"이러므로 우리도 항상 너희를 위하여 기도함은 우리 하나님이 너희를 그 부르심에 합당한 자로 여기시고 모든 선을 기뻐함과 믿음의 역사를 능력으로 이루게 하시고"(살후 1:11)

바울은 주후 50년 경 2차 전도여행 때 마케도니아의 빌립보에 교회를 세웠습니다. 빌립보 교회는 유럽 땅에 세워진 최초의 교회입니다.(행 16:11-15) 바울은 빌립보 교회의 재정 후원을 여러 번 받았습니다.(빌 4:15-16, 행 18:5, 고후 11:8-9) 바울은 감옥에서 빌립보서를 썼습니다. 그럼에도 불구하고 빌립보 교회를 향한 따뜻한 감정이 잘 드러나 있습니다. 그래서 빌립보서는 친교의 모범이라는 말이 있습니다.

빌립보서 1:9-11은 빌립보 교회를 향한 바울의 기도입니다. 그런데 그 내용이 사명을 위한 기도입니다. 바울은 빌립보 교회의 사랑이 나날이 커지기를 기도합니다. 그 사랑으로 더욱 지식과 모든 총명을 갖게 되기를 기도합니다. 여기서 지식은 하나님을 아는 지식입니다. 모든 총명은 하나님의 뜻을 분별하는 능력입니다.

그리고 바울은 빌립보 교회가 선한 것과 악한 것을 분별하여 선한 것을 선택할 줄 알기를 기도합니다. 그래서 주님이 다시 오시는 날 순결한 성도들이 되기를 기도합니다. 자랑스러운 구원을 얻으라는 뜻입니다. 그리고 의의 열매가 가득해 하나님의 영광과 찬송이 되기를 기도합니다.

빌립보서 1:9-11에서 보는 바울의 기도는 자신을 위해 무엇을 구하는 간구기도가 아닙니다. 하나님의 선하심을 원하는 기도도 아닙니다. 하나님의 뜻에 순종하겠다는 기도'도 아닙니다. 오직 빌립보 교회의 사랑과 지식과 순결과 의의 열매를 위한 '사명의 기도'입니다. 그리고 바울은 데살로니가 교회 역시 사명을 잘 감당하기를 기도합니다.(살후 1:11) 데살로니가 교회가 하나님의 능력을 힘입어 선한 일을 더욱더 많이 하기를 기도한 것입니다.

찬송가 442장 후렴에 '우리 서로 받은 그 기쁨은 알 사람이 없도다'라는 가사가 있습니다. 주님과 사귀는 한량없는 기쁨을 그렇게 표현한 것입니다. 주님을 만난 사람은 그 기쁨이 너무 커 밤 깊도록 동산 안에 주와 함께 있기를 원합니다. 그러나 주님은 그런 우리를 다시 세상에 보내십니다. 세상에서 해야 할 일이 많기 때문입니다. 그래서 442장 3절에 '밤 깊도록 동산 안에 주와 함께 있으려 하나, 괴론 세상에 할 일 많아서 날 가라 명하신다'는 가사가 있습니다.

하나님은 믿는 자에게 사명을 주신 후 그를 다시 세상으로 보내십니다. 자기 십자가를 지라는 것입니다. 그래야 예수님의 제자가 될 자격이 있습니다. 기도로 가정과 교회를 세우는 사명자가 되어야 합니다. 모든 가정과 교회에 반드시 그런 기도의 사명자가 있어야 합니다.

"나는 이제 너희를 위하여 받는 괴로움을 기뻐하고 그리스도의 남은 고난을 그의 몸된 교회를 위하여 내 육체에 채우노라"(골 1:24)
"그러므로 예수도 자기 피로써 백성을 거룩하게 하려고 성문 밖에서 고난을 받으셨느니라 그런즉 우리도 그의 치욕을 짊어지고 영문 밖으로 그에게 나아가자"(히 13:12-13)

자기 십자가를 진다는 것은 골로새서 1:24와 관계가 있습니다.

'그리스도의 남은 고난을 그의 몸 된 교회를 위하여 내 육체에 채운다' 는 말씀입니다. 그리스도의 남은 고난이 교회 안에 있습니다. 믿는 자는 그 고난에 참여함으로써 그리스도의 영광에 참여합니다.(롬 8:17, 히 2:10, 13:12-13, 벧전 4:13, 16, 벧전 5:10) 이 비밀을 깨닫는 자에게 복이 있습니다. 바울은 이 비밀을 깨달았습니다. 그래서 바울은 골로새 교회를 위하여 받는 고난을 기뻐한다고 말했습니다.(골 1:24)

그리스도의 남은 고난이 교회 안에 있음을 알아야 합니다. 그 남은 고난을 자기 십자가로 지는 사람이 되어야 합니다. 그 일을 기뻐하는 사람이 되어야 합니다. 기도하는 사람이 그렇게 될 수 있습니다.

자기 십자가를 위한 기도는 가벼운 기도가 아닙니다. 이를 예수님의 겟세마네 기도에서 알 수 있습니다. 예수님은 십자가를 지시기 전에 겟세마네에서 기도하셨습니다. 십자가를 피하고 싶은 생각에 할 수만 있다면 이 잔을 피하게 해달라는 기도를 하셨습니다. 그 기도는 처절한 기도였습니다. 땀방울이 핏방울처럼 떨어지는 그런 기도였습니다. 사람이 상상하기 어려운 기도입니다.

사명을 위한 기도가 이런 것입니다. 충성된 종이 되기 원한다면 예수님의 겟세마네 기도를 본받아야 할 것입니다. 열심히 자기 십자가를 지고 싶다면 예수님의 겟세마네 기도를 기억해야 할 것입니다. 믿는 자는 누구나 예수님의 겟세마네 기도를 사모할 필요가 있습니다. 기도는 그렇게 믿는 자를 자기 십자가의 길로 인도합니다.

• 예수님의 고별 기도

"예수께서 이 말씀을 하시고 눈을 들어 하늘을 우러러 이르시되 아버
지여 때가 이르렀사오니 아들을 영화롭게 하사 아들로 아버지를 영화

롭게 하게 하옵소서"(요 17:1)

　　요한복음 17장은 예수님의 기도입니다. 예수님은 '고별 설교'(요 13:31-16:33) 후에 마지막 기도를 하십니다. 제자들에 대한 가르침을 기도로 마무리하시는 것입니다. 이 기도는 예수께서 하늘 성전의 대제사장으로서 드리는 장엄한 기도입니다. 이 기도를 3부분으로 나눌 수 있습니다. 첫째 부분(요 17:1-8)은 예수님 자신을 위한 기도입니다. 둘째 부분(요 17:9-19)은 12제자들을 위한 기도입니다. 셋째 부분(요 17:20-26)은 앞으로 예수를 믿을 자들을 위한 기도입니다.

　　예수님은 자신을 위한 기도에서 아버지께서 하라고 하신 일을 완성했다고 하십니다. 그래서 아버지의 이름을 영광스럽게 하셨습니다.(요 17:4) 그러면서 아버지께서 자신을 영광스럽게 해 주실 것을 간구하십니다.(요 17:5) 그 영광은 아들이 아버지와 함께 창세전부터 가지고 계시던 영광입니다. 이것은 자신의 영광을 자신이 구하는 이기적인 기도가 아닙니다. 예수께서 다시 아버지께로 가는 일, 즉 십자가 사건과 부활과 승천을 의미하시는 것입니다.

　　　　"내가 그들을 위하여 비옵나니 내가 비옵는 것은 세상을 위함이 아
　　　　니요 내게 주신 자들을 위함이니이다 그들은 아버지의 것이로소이
　　　　다"(요 17:9)

　　그리고 예수님은 제자들을 위해 기도하십니다. 그 이유는 예수님과 달리 제자들은 계속 이 세상에 머물러 있어야 하기 때문입니다.(요 17:11) 그들이 세상으로부터 미움을 받을 것이기 때문입니다.(요 17:14) 그들은 세상에 속한 사람들이 아닙니다. 제자들은 단순히 세상에 남는 것이 아니라 사명을 가지고 세상으로 파송을 받습니다.(요 17:18)

예수님은 제자들의 보전(保全)을 간구하십니다. 보전이라는 말은 온전하게 보호해서 유지한다는 뜻입니다. 예수께서 지금까지 제자들을 보전하고 지키셨습니다.(요 17:12) 그리고 이제 하나님께 제자들의 보전을 부탁하십니다.(요 17:11, 15) 예수께서 제자들의 보전을 세 번 말씀하신 것은 이것이 매우 중요한 문제이기 때문입니다.

제자들의 보전을 위한 기도의 목적은 아버지와 아들이 하나인 것처럼 제자들 모두가 하나가 되는 것입니다. 이것은 존재론적인 하나가 아니라 사역적인 측면에서 하나가 되는 것입니다. 예수님은 철저하게 아버지께서 주신 말씀을 전하고 아버지의 일을 하셨습니다. 이처럼 제자들 역시 예수님의 말씀을 전하고 예수님의 일을 하는 것을 의미합니다.

"내가 비옵는 것은 이 사람들만 위함이 아니요 또 그들의 말로 말미암아 나를 믿는 사람들도 위함이니"(요 17:20)

한편, 예수님은 제자들을 통해 자신을 믿게 된 자들을 위해 기도하십니다. 이는 참된 공동체, 참된 교회를 위한 기도라 할 수 있습니다. 예수님은 아버지와 자신이 하나인 것처럼 미래에 예수를 믿는 자들이 다 하나가 되게 해 달라고 기도하십니다.(요 17:21) 그것은 하나님의 말씀을 지키며 사는 것을 의미합니다. 믿는 자들이 다 하나가 되어야 하는 이유가 있습니다. 그렇게 될 때 하나님 아버지가 아들을 보내신 것을 세상이 믿게 될 것이기 때문입니다. 그리고 하나님의 사랑을 세상이 알게 될 것이기 때문입니다.

믿는 자들이 해야 할 일이 있습니다. 교회를 세우고 복음을 전하는 사람이 되어야 합니다. 예수께서 제자들을 위해 기도하시는 이유는 제자들이 거룩해지는 것으로 끝나는 것이 아닙니다. 거룩해진 제자들이 세상에 나가 예수를 전하고 사람들을 영생으로 인도하는 일로 이어집니다. 믿는 자는 누구나 그렇게 사명을 감당하는 사람이 되어야 합니다. 자기 십자가를 지는 사람이 되어야 합니다.

• 기도와 영광의 면류관

"이에 예수께서 제자들에게 이르시되 누구든지 나를 따라오려거든 자기를 부인하고 자기 십자가를 지고 나를 따를 것이니라"(마 16:24)

예수님은 마태복음 16:24에서 '자기를 부인하고 자기 십자가를 지고 나를 따르라'고 말씀하십니다. 자기 십자가를 지는 일이 자기를 부인하는 일과 관계가 있다는 뜻입니다. 자기를 부인해야 자기 십자가를 질 수 있습니다.

자기를 부인한다는 것은 자기의 유익을 구하지 않는다는 뜻입니다.(고전 10:24, 13:5) 그리고 이 세상 것이 아닌 영원한 것을 소망한다는 뜻입니다. 그런 사람이 천국 부자가 될 수 있습니다. 그러나 이 말의 근본적인 의미는 '모든 일에 하나님을 인정하고 의지하며 하나님만 경외한다'는 것입니다. 그런 사람은 반드시 기도합니다.

기도는 중요한 자기 부인의 삶입니다. 기도한다는 것은 하나님을 의지하고 인정한다는 뜻입니다. 하나님을 경외한다는 말입니다. 그런 것이 자신을 부인하는 것입니다. 그래서 자기를 부인하는 사람은 기도합니다. 기도하는 사람이 자기를 부인하는 사람입니다. 그렇게 자기를 부인하면서 자기 십자가를 지는 사람이 거룩한 사람입니다. 그런 거룩한 사람에게 하나님의 은혜가 있습니다.

자기를 부인하고 자기 십자가를 지는 사람이 되어야 합니다. 자기 부인으로 충분한 것이 아니라 자기 십자가까지 져야 합니다. 그가 성경의 가장 큰 두 계명을 지키는 사람입니다. 하나님을 전심으로 사랑하고 이웃을 내 몸처럼 사랑하는 사람입니다. 그가 복 있는 사람입니다. 천국 부자가 되어 생명의 면류관과 영원한 상급을 받기 때문입니다.

> "오직 모든 일에 하나님의 일꾼으로 자천하여 많이 견디는 것과 환난 과 궁핍과 고난과 매 맞음과 갇힘과 난동과 수고로움과 자지 못함과 먹지 못함 가운데서도"(고후 6:4-5)
> "내가 수고를 넘치도록 하고 옥에 갇히기도 더 많이 하고 매도 수없이 맞고 여러 번 죽을 뻔하였으니"(고후 11:23)

사실 자기 십자가를 지는 일은 가볍고 쉬운 일이 아닙니다. 힘들 고 어렵습니다. 때로는 위험과 박해를 각오해야 합니다. 그래서 고난 중 에 기도하는 일이 필요합니다. 예수님은 제자들을 세상에 보내시면서 '보라 내가 너희를 보냄이 양을 이리 가운데로 보냄과 같도다 그러므로 너희는 뱀 같이 지혜롭고 비둘기 같이 순결하라'고 말씀하셨습니다.(마 10:16) 세상의 유혹과 위험이 마치 양이 이리 떼 가운데 거하는 것과 같은 것입니다. 바울은 고린도후서 6:4-5와 고린도후서 11:23-27에서 자신의 겪은 고통과 고난을 상세하게 언급합니다.

> "제구 시쯤에 예수께서 크게 소리 질러 이르시되 엘리 엘리 라마 사박 다니 하시니 이는 곧 나의 하나님, 나의 하나님, 어찌하여 나를 버리셨 나이까 하는 뜻이라"(마 27:46)

예수님은 사역의 마지막 순간에 고통 가운데 기도하셨습니다. '나 의 하나님, 나의 하나님, 어찌하여 나를 버리셨나이까'라고 기도하셨습 니다.(마 27:26) 믿는 자는 예수님처럼 고난 중에 기도해야 합니다. 예수님의 기도는 그런 굳센 믿음의 모범을 보이신 것입니다. 자기 십자가로 인해 힘들고 어려울 때 평소보다 더 많이 더 간절하게 기도해야 합니다.

> "이 때에 예수께서 기도하시러 산으로 가사 밤이 새도록 하나님께 기도하시고"(눅 6:12)
> "예수께서 힘쓰고 애써 더욱 간절히 기도하시니 땀이 땅에 떨어지는 핏방울 같이 되더라"(눅 22:44)

예수께서 열심히 기도하시고 간절히 기도하셨습니다.(눅 6:12, 22:44) 자기를 부인하고 자기 십자가를 지는 삶을 사셨습니다. 믿는 자는 예수님의 이런 기도를 본받아야 합니다. 간절하고 순전(純全)한 심정으로 열심히 기도해야 합니다. 그래서 '나는 기도라'는 고백을 할 수 있어야 합니다.(시 109:4) 그렇게 기도의 사람이 되면 자기를 부인하는 삶을 살 수 있습니다. 기쁜 마음으로 십자가를 지고 갈 수 있습니다. 세상의 소금과 빛이 될 수 있습니다. 모든 고난과 유혹을 이길 수 있습니다.

> "시험을 참는 자는 복이 있나니 이는 시련을 견디어 낸 자가 주께서 자기를 사랑하는 자들에게 약속하신 생명의 면류관을 얻을 것이기 때문이라"(약 1:12)
> "이제 후로는 나를 위하여 의의 면류관이 예비되었으므로 주 곧 의로우신 재판장이 그 날에 내게 주실 것이며 내게만 아니라 주의 나타나심을 사모하는 모든 자에게도니라"(딤후 4:8)
> "그리하면 목자장이 나타나실 때에 시들지 아니하는 영광의 관을 얻으리라"(벧전 5:4)

하나님은 믿는 자에게 생명의 면류관과 의의 면류관을 약속하셨습니다.(약 1:12, 딤후 4:8) 마지막 날에 받을 영광의 면류관입니다.(벧전 5:4) 그래서 예수님은 이 마지막 날을 위해 항상 기도하며 깨어 있으라고 명령하십니다.(눅 21:34-36) 이 말씀에 순종하는 사람이 진정 복 있는 사람입니다. 기도의 사람은 분명히 이 두 면류관을 받습니다.

> "너희는 스스로 조심하라 그렇지 않으면 방탕함과 술 취함과 생활의 염려로 마음이 둔하여지고 뜻밖에 그 날이 덫과 같이 너희에게 임하리라 이 날은 온 지구상에 거하는 모든 사람에게 임하리라 이러므로 너희는 장차 올 이 모든 일을 능히 피하고 인자 앞에 서도록 항상 기도하며 깨어 있으라 하시니라"(눅 21:34-36)

나는 기도라 (기도의 시작과 성장)

초판 1쇄 발행   2024년 11월 29일

지은이   정순혁
펴낸이   장성환
펴낸곳   후밀리타스
주소   서울 서대문구 연대동문길 49 지층
전화   02-302-2850
이메일   siotstory@naver.com

편집 · 디자인   유니꼬디자인앤북스(gdunikko@naver.com)

ISBN   979-11-976837-3-2 (03230)

가격은 뒤표지에 있습니다.

Printed in Korea